미국 전쟁사 속
여성

Women in American
War History

미국 전쟁사 속 여성

Women in American War History

주미영 지음

인간사랑

차례

서문

역사적으로 인류의 삶은 늘 전쟁과 함께 해왔다. 인류 역사를 통틀어 전 세계 어느 곳에서도 전쟁이 일어나지 않았던 평화로운 날은 모두 합쳐봐야 채 닷새가 안 된다는 말이 있을 정도다. 단지 사람들은 전쟁의 규모에 따라 그리고 전쟁으로 인해 자신이 입는 피해 여부에 따라 기억하고 있는 전쟁이 다를 뿐이다. 전쟁이 끝나게 되면 갈등요인이 사라져 누군가에게는 좋은 상황이 되지만, 다른 누구에게는 나쁜 상황이 되는 양면성이 나타난다. 전쟁에 대한 사람들의 호불호를 떠나 한 가지 중요한 사실은 전쟁으로 수많은 생명이 희생되고 삶의 터전이 황폐화된다는 것이다. 그런데도 전쟁을 거듭 치러가면서 인류의 기술이 계속 발전되어 인류 생활이 나아진다는 이율배반적 해석도 존재한다. 필자 역시 이 책에서 후자의 견해처럼 미국 여성들이 전쟁을 기회 삼아 자신들의 권한 확대에 성공했다는 데 초점을 맞추고자 했다.

전쟁은 역사적으로 남성의 장으로 간주되어 왔다. 전쟁영웅은 늘 남자들이었고, 여자들은 전쟁 속에서 희생자나 피해자가 되었을 뿐이다. 사람들은 어렸을 적에 그 많던 세계 위인전 속에서 프랑스의 전쟁영웅으로 알려진 잔 다르크(Jeanne d'Arc)의 이야기를 기억한다. 농부의 딸이었던 어린 소녀가 프랑스를 위해 보여준 애국심과 용기는 감명 받기에 충분하다. 사람들이 잔 다르크의 행동에 대해 느낀 감동은 그녀의 애국심과 용기 때문인지 아니면 그녀가 여자라는 이유 때문인지 구별하긴 어렵지만, 어찌됐든 잔 다르크가 여자라는 것을 기억하지 못하는 사람은 없다. 왜냐하면 모든 전쟁과 관련된 전쟁 영웅들 중 홍일점이었기 때문이다.

어떤 국가들이든 그들의 역사에는 전쟁에서 활약했던 여전사의 활약에 대한 기록이 역사의 한 구석에 분명히 존재하든가 구전되고 있다. 하지만 어느 누구도 그들의 전쟁에서의 활동과 희생이 후대에 어떤 영향을 끼쳤는가에 대해서는 관심을 가지고 있지 않다. 이 책은 전쟁의 명분이나 평가에 초점을 맞추고 있지 않다. 전쟁을 둘러싼 세부적인 배경과 전개과정, 의미 등을 다루고 있는 전쟁 관련 역사서들은 너무나 주변에 산적해 있기 때문에 필자는 전쟁이라는 개념을 조금은 다른 의미에서 접근해 보고 싶었다. 전쟁과 평화가 동전의 양면과도 같다고 표현하듯이 전쟁과 여성이라는 두 단어 역시 어울리지 않는다.

전쟁 속 여성에 대한 많은 연구들은 힘의 논리에 초점을 맞추다보니 사회적 약자인 여성들이 전쟁 때문에 수많은 피해를 입었다는 측면만을 조명해왔다. 물론 이런 견해가 가치 없거나 잘못되었다는 것은 아니다. 이 책에서 필자는 미국 전쟁에서 주인공이 아닌 오히려 엑스트라에 불과한 여성들이 전쟁을 경험할 때마다 이전보다 더 많은 권한을 확보하고 생활환경을 개선해 더욱 강한 여성으로 변화되었다는 점을 강조하려고 노력했다.

정치학을 전공한 필자는 그간 비교정치와 미국정치와 관련된 강좌들을 강의하면서 주로 정치 분야에만 관심을 갖고 있었다. 영국의 식민지배로부터 독립해 민주주의 국가로 탄생한 미국은 "진정한 의미의 민주 국가인가?"에 대한 의구심이 들 때마다 미국 역시 다른 국가보다 좀 더 빨리 민주체제를 수용하면서 끊임없이 '자유'와 '평등'의 가치를 실현시키기 위해 노력해왔다는 점을 인정하곤 했다. 하지만 미국의 독립선언서와 헌법에 포함된 "모든 사람은 평등하게 태어났다"는 문구는 늘 미국 민주주의의 발목을 잡고 있다는 생각이 들었다. 미국 사회에는 성불평등과 인종차별의 문제 때문에 항상 '평등'을 갈망하는 많은 사람들이 있다. 이런 의미에서 이 책은 '평등' 가치를 찾아 가는 미국 여성들의 오랜 여정을 보여주고 있다. 다만 의미를 하나 더 보태면, 여성들이 배제된, 다시 말해 여성들의 참여에 가장 큰 차별과 많은 제한을 두고 있는 전쟁과 군대 활동이 오히려 여성들에게 평등권을 조금씩 확대해나갈 수 있게 해 준 촉매 역할이 되었다는 점이다. 전쟁은 인류에 대한 보편적 해악이지만 여성들에게는 '필요악'이 되고 있는 셈이다.

미국의 전쟁사 속에서 여성들의 발자취를 추적해보는 일은 마치 산속 동굴에서 나와 산을 내려와 논밭이 있는 마을을 지나 공장이 있는 산업도시를 거쳐 대도시에 도착한 것과 같은 느낌이었다. 미국이 치른 전쟁에 참여한 여성들을 찾는 것도 그렇고, 전쟁을 계속 경험해 오면서 여성들이 어떻게 변화된 삶을 살아왔는가를 추적하는 것도 바로 똑같은 패턴을 보였기 때문이다. 혹자는 여성들이 자신들의 권한을 확대하기 위해 기나긴 투쟁을 해왔다는 표현을 사용한다. 물론 미국 여성들은 자신들의 목표달성을 위해 연대하면서 꾸준하고 적극적으로 여성운동을 전개하면서 많은 결실을 얻어왔다. 하지만 필자는 이 책에서 여성운동에 초점을 둔 여성권한 확대를 논하기보다는 전쟁을 거듭해서 치루는 과정에서 여성들 스스로 삶에 대한 태도와 활동의 변화를 보여 줌으로써 미국 사회 전반에서 여성에 대한 인식이 달라졌고, 결국은 여성들이 문제 해결을 위해 목소리를 냈을 때 사람들이 자연스럽게 받아주기 시작했다는 좀 더 완곡한 표현으로 여권 확대를 설명할 수 있음을 보여주고자 했다.

남자만큼 용감한 여성들을 미국이 치른 전쟁에서 상당수 찾아 볼 수 있었다. 단지 오래 전에 일어난 사건에 대한 기록이 부재해 정확하게 정황이 알려지지 않았을 뿐이다. 군 활동에 대한 사회적 제약 때문에 신분을 감추고 남장을 해서 전쟁에 참여한 여성들도 많고, 전쟁터 안팎에서 군인들을 위한 허드렛일과 군수품 지원 및 심지어는 스파이 역할까지 해가면서 군인들에게 도움을 준 여성들도 상당수 있다. 해를 거듭해 가면서 이와 관련된 기록들이 늘고, 이들의 충성심과 애국심이 재평가되어 보상이 이루어진다는 사실만으로도 이제는 사람들의 인식이 많이 바뀌었음을 알 수 있다. 전쟁이 일어나서는 안 되겠지만, 만약 미국이 또 다시 전쟁을 치르게 된다면 미국 여성들에게는 어떤 변화가 나타날지 궁금해진다. 그들은 아직도 목말라 하고 있기 때문이다.

미국정치에 대한 연구에 집중해 왔고, 정치뿐만 아니라 역사, 문화, 사회, 경제 등 미국과 관련된 다양한 분야의 연구물과 저서들을 접해오면서 미국과 관련해서 연구한다는 것이 학자적 입장에서 큰 혜택을 받고 있다는 생각을 했다. 모든 영역을 총망라해서 미국의 식민지 시절부터 현 시점까지 살펴보니 미국이 경험한 전쟁과 여성의 변화를 어렵지 않게 찾아 볼 수 있었다. 그만큼 많은 미국과 관련된 연구와 저서들은 엄청나게 축적되어 있을 뿐만 아니라 자료수집의 차원에서도 접근성과 개방성이 높기 때문이었다. 미국은 세계에서 가장 많은 전쟁을 경험한 국가라 양쪽의 연관성을 살펴보는 위해서는 방대한 자료들을 읽어야 하는 고충은 있었지만, 연구주제에 대한 답을 찾는 일은 어렵지 않게 진행되었다.

이 책은 2009년도 한국연구재단의 인문저술지원사업 과제로 선정되어 진행된 결과물이다. 서로 다른 전공 영역의 학자들에게 저술의 기회를 주는 이 사업이 오랫동안 지속되어 많은 사람들이 지적 호기심을 해결해 주는 데 도움이 되길 바란다. 박사학위를 끝내고 귀국한 후 강의와 연구를 계속해오면서 바쁘게 지내다보니 단독으로 단행본 한 권 집필하지 못했던 아쉬움이 다소 해소될 수 있을 듯하다. 혼자서 작업하는 일이 공동작업보다 수월하다는 생각과는 달리 일에 대한 동기부여와 의지가 매우 중요함을 깨달았다. 이를 계기로 또 다른 책을 계획할 수 있는 마음의 준비가 될 것 같다.

이 책을 위해 기획하고, 준비하고, 집필하고, 출판하기까지 충분한 시간이 있을 거라고 예상했던 것과 달리 참 오랜 시간이 걸렸다. 집필하는 동안 옆에서 글 쓰는 작업이 잘 되고 있냐고 독촉하듯 물어봐주던 주변 사람들 모두는 늘 나에게 긴장감을 주는 조력자들이 되곤 했다. 이들 모두에게 고마운 마음을 전하고 싶다. 그리고 서둘러 출판을 가능하게 해주신 도서출판 인간사랑 여국동 사장님, 이국재 부장님, 그리고 누구보다도 빠른 시일 내 편집하는 데 많은 수고를 해주신 권재우 편집장님 및 편집진 여러분께 깊은 감사의 마음을 드린다.

1장
미국이 경험한 전쟁

인류 문명의 역사는 수많은 전쟁과 투쟁으로 점철되어 있다. 오랜 역사를 통해 전쟁은 어떤 국가들이 연루되든, 그 규모가 어떻든 상관없이 주로 '남자들의 장(場)'으로 간주되어 온 것이 사실이다. 심지어는 고대 그리스, 아메리카 인디언 사회, 독일, 19세기 아프리카와 아시아 등에서는 전쟁을 경험해보지 않은 남자는 제대로 '남성성(manhood)'을 지닌 자로 생각하지 않아서 결혼할 수도 없었다고 한다. 역사는 전쟁에서 활약한 남자들을 과장이라고 할 수 있을 정도로 격찬하고 있다. 여성들이 전사가 된다는 것은 여성에 대한 남성 지배가 위협받는 것으로 인식되었기 때문이다.

고대로부터, 심지어 현대 초반에 이르는 시기에 발생했던 전쟁을 배경으로 한 영화나 소설 속에서 여성의 모습을 찾아보는 일이 거의 불가능한 것은 아니었지만 제한된 비군사적 역할을 빼고는 여성의 위치를 찾아보기란 쉽지 않았다. 가부장적 문화에서는 여성이 전투에 참여하는 것이 제한되었기 때문이다. 그럼에도 불구하고 여성의 전쟁 참여는 신화(myth)와도 같은 이야기를 통해 전해지고 있을 뿐만 아니라 문화적 차이에 따라 특정 사회에서는 당연한 것으로 인식되는 경우도 있다.[1] 여성과 전쟁의 역사는 일반적으로 남성들의 전쟁수행 기록에 묻혀버렸을 뿐이다.

콜링우드(R. G. Collingwood 1994)는 "역사는 궁극적으로 인간에 대한 이해를 목표로 한다"고 말했다. 인류가 경험한 전쟁에 대한 역사는 거의 인류의 역사와 동일하리라고 추정된다. 흔히 많은 사람들은 인간의 본성에 대한 전제를 시작으로 인간의 역사를 논하길 좋아한다. 동서양을 막론하고 사람들은 인간에 대해 '성선설(性善說)'이나 '성악설(性惡說)' 중 하나를 선택하여 논리정연하게 특정 사건에 대해 분석하는 모습을 종종 볼 수 있다. 그러나 전쟁에 관해서는 이런 논란에서 벗어나 서양철학에서는 홉스(Thomas Hobbes)의 인간의 본성과 자연 상태에 대한 가정과 동양철학에서는 순자의 '성악설'을 기초로 이해될 수밖에 없다.

이런 의미에서 성별의 차이를 기초로 한 인간 본성에서는 차이가 있을 수 없다. 단지 인류 문화 및 생활의 특성 때문에 전쟁은 남성들의 장이 되어 왔기 때문에 전쟁을 중시하던 전근대적 문화로부터 군인의 젠더 정체성은 '남성성'의 가치를 강조해왔던 것이다. 반면 여성

---

1 BC 1,300년으로 거슬러 올라가 히티테(Hittite) 여전사, 성경 속 여성 지도자로서 법관인 데보라(Debora), 중국 군대에서 싸웠던 뮬란(Fa Mulan), 그리스 신화에 나오는 아마존(Amazon) 여전사들 등을 예로 들 수 있다.

들은 '남자들의 명예와 영광을 고무시키는 역할'을 해야 했다. 백인들이 정착하기 이전의 북아메리카 지역에 살던 인디언 문화 속에서도 남성들은 사냥과 전쟁을 책임지고 여성들은 농작물 재배, 오리 사육, 가사업무 등을 책임지는 분업화의 모습을 볼 수 있었다.

미국은 영국의 식민지로부터 독립하여 탄생된 국가이기 때문에 '전쟁'은 미국인들에게는 자신들의 역사에서 가장 중요한 사건이자 국가형성을 위한 필수조건 중 하나로 볼 수밖에 없다. 미국은 독립을 위해 전쟁이라는 수단을 사용했고, 역사 속에서 대내외적으로 적지 않게 많은 전쟁을 경험해 왔다. 미국이 싸웠던 대상이 누구였든 간에 전쟁을 치룰 수밖에 없는 명분이 있었고, 전쟁의 끝에는 승자와 패자라는 이분법적인 결과가 나왔다. 세계사 속에서 전쟁의 숫자는 셀 수 없을 정도로 존재하지만 미국이 경험한 전쟁은 미국 독립 시기부터 살펴볼 수 있기 때문에 그 수를 파악할 수 있다. 따라서 미국은 전쟁에서 주역을 맡았던 남성들 대신 여성들이 시간이 흐름에 따라 어떻게 변화되어 왔는가를 볼 수 있는 최적의 예가 될 수 있다. 정치적 위기와 전쟁은 여성들을 정치화한다. 여성들은 전쟁을 겪을 때마다 전쟁터로 떠난 남성들의 빈자리를 대신하며 달라진 새로운 환경에 적응하고 그들을 지원하는 활동을 하면서 강한 애국심을 보이기도 하고 자신의 정치적 권리를 요구하기도 한다.

현대사에서도 국제사회에서 발생한 수많은 전쟁에 거의 빠지지 않고 미국이 연루되거나 간여하는 경우를 볼 수 있다. 건국 당시 미국의 외교정책 노선은 '고립주의(isolationism)'를 추구했고, 오랫동안 이 정책이 유지되었기 때문에 미국 내에서의 전투나 아메리카대륙에서의 영토 확장을 위해 다른 강대국과의 전쟁이 불가피했다. 19세기 미국이 연루된 모든 전쟁이 바로 미국 내에서 벌어진 전쟁들이었다. 한편, 미국이 하나의 국가로서 경제적, 군사적으로 자립 능력을 어느 정도 키우기 시작하면서 미국은 다른 강대국들과 마찬가지로 더 이상 고립주의를 고수하지 않고 간섭주의 성향으로 외교정책이 전환되었고, 이에 따라 미국은 제1차 세계대전에 참가함으로써 이후 발발한 '전쟁의 장'에서는 대부분 주인공의 역할을 도맡아왔다고 해도 과언이 아니다.

현재는 미국 군대에서 여군을 보는 것이 신기하거나 특별한 일이 아니다. 직접 전투병이 되는 것을 제외하고는 모든 병과에서 활동 가능하다. 과연 미국은 언제부터 여자들이 법적으로 군인이 될 수 있도록 허용했을까? 미국 여성들의 군대 참여는 왜 가능해졌을까? 여군은 군대와 전쟁터에서 남자 군인들과 분명히 동일한 역할과 의무를 행사할까? 만일 그렇지 않다면 그 이유는 무엇일까? 여군들의 역할은 어떻게 변화되어 왔으며, 그 변화는 미국 여성들의 지위 변화에 독립변수인가 아니면 종속변수일까? 정말로 여성과 전쟁은 어울리지 않는다는 고정관념 때문에 의문시되는 점도 수없이 열거될 수 있다. 미국의 역사적 경험 속, 특히 전쟁 역사 속에서 과연 여성과 관련된 문제의 답을 찾을 수 있을 것으로 본다.

첫째, 전 세계적으로 미국만큼 수많은 전쟁을 경험해 본 국가는 없다는 점에 초점을 맞춰 전쟁이 미국에 끼친 변화가 과연 무엇일까 하는 호기심을 가지게 되었다. 미국 사회에서 전쟁이 여성들을 변화시켰다면 남자와 여자가 공존하고 있는 다른 사회에서도 여자들에게 변화가 나타날 수 있을 것이다.

둘째, 전쟁은 상식적인 수준에서라도 분명히 '남성적' 의미로 고정되어 왔는데, 인류의 반이 여성이라는 점을 감안했을 때 전쟁이 벌어지면 여자들은 무엇을 하고 있었는가에 궁금증을 가졌다. 미국의 전쟁 과정에서 여성들의 역할이 존재했을 것임에도 불구하고 대부분의 전쟁사는 여성의 역할을 무시하거나 전혀 다루지 않고 오직 남성들의 이야기만을 기록하고 있을 뿐이다.

셋째, 특히 유럽으로부터 이주해온 정착민으로부터 시작된 미국은 식민지 경험을 통해 독립 전쟁이나 남북전쟁(Civil War)이라는 쓰라린 내란도 경험하고, 국제사회에서 벌어진 다수의 전쟁에 참여한 경험 등 각기 다른 성향의 전쟁의 역사를 보여 주고 있다. 전쟁의 목표와 명분은 그 시대의 사람들이 추구하는 가치와 매우 밀접한 관계가 있다. 따라서 전쟁을 치르는 과정 속에서 여자들은 어떤 생각을 하고 어떤 변화를 꿈꿨을까?

넷째, 미국은 독립 시점부터 물론 정치엘리트들의 무한한 노력이 있었겠지만 민주주의적 가치가 자연스럽게 사회에 뿌리 내릴 수 있었음에도 불구하고, 실제로는 자유와 평등적 가치의 실천은 미흡했다. 그 중의 하나가 바로 인구의 절반 정도인 여성들에 대한 지위와 권리는 남자들에 비해 월등히 나빴기 때문이다. 그 이유는 무엇이었을까?

다섯째, 이 연구의 핵심 주제인 '전쟁을 거듭해올수록 여성들의 지위와 권한은 향상될 것이다'라는 가설에 대한 답을 찾고 싶었다. 왜냐하면 과거의 전쟁은 인력이 가장 중요한 요인이었고 남자들로 시작한 전쟁에서 사상자가 많거나 전쟁이 오래 진행된다면, 그만큼 더 많은 인력이 필요할 것이다. 결국 부족한 인력은 여성들의 도움 없이 해결되기 어려웠기 때문에 자연스럽게 여성들이 부족한 남자들의 자리를 채우기 위해 전쟁에 관여할 수밖에 없다. 따라서 전쟁 경험이 쌓일수록 여성들은 자신의 역할과 권리에 대한 의식개혁이 생기게 된다.

그렇다면 미국에서 정말 이런 변화가 있었을까?

여섯째, 전쟁 경험과 여성의 지위 및 권한의 변화 관계를 찾는 과정에서 특히 미국의 경우 여성이라는 범주를 동일 조건에서 관찰할 수 없다. 현재는 다문화주의로 대표되는 미국 사회지만 역사적 배경을 감안했을 때 인종차별의 역사는 상당히 오래 지속되었고, 지금도 완전히 사라졌다고 말하긴 어렵다. 따라서 인종적 차이에 따른 여성들과 전쟁경험 그리고 각기 다른 배경의 여성들 간의 변화에 대한 열의 및 노력의 차이도 구별되어야 한다.

마지막으로, 각기 다른 시기에 미국이 수행한 전쟁마다 여성들이 어떤 역할을 했는가를 살펴보면 변화의 양상을 파악할 수 있으며 이에 따라 여성들이 극복하고자 하는 자신들의 제약과 필요한 권한을 위한 활동도 달라질 것이다. 따라서 서로 다른 시기에 치러진 중요한 전쟁을 기준으로 이를 추적하면 미국 내 여성들의 삶의 변화, 사회에서의 역할 변화, 여성 관련법 개정과 여성의 권한 강화의 흐름이 정방향으로 가는지 알 수 있다. 그렇다면 현재의 미국 여성은 어디까지 와 있으며, 무엇을 더 요구하고 있는가?

전쟁이 남성 전유의 활동으로 인식되는 한 성평등에 대한 인식은 퇴보될 수밖에 없다. 그럼에도 불구하고 역사 속에서 여성에게 변화를 주었던 가장 큰 동력이 바로 전쟁이었다는 점은 간과할 수 없다. 전쟁이 발생할 때마다 사회는 실제로 많은 변화를 경험해 왔다. 특히 미국에서는 전쟁과 더불어 여성의 권한과 남녀 간의 평등성이 향상되어 왔다. 과연 그 변화가 어떤가를 보기 위해서는 시기별로 여성의 삶과 전쟁에서의 여성 참여를 관찰해 볼 필요가 있다.

그러면 미국 여성들은 언제 처음으로 전쟁에 가담할 수 있었을까?

미국사의 한 모퉁이에서 독립 전쟁 당시의 여성들의 활약상을 소개하는 걸 보면 독립 전쟁이 바로 그 시작일 것으로 추정된다. 물론 그 이전 식민지 시절에도 아메리카 식민지에서 아메리카 인디언들이나 영국을 대신하여 다른 국가와도 전쟁을 치른 적이 있다.

하지만 실질적으로 독립혁명이 발생하기 전에 경험했던 프렌치-인디언 전쟁, 즉 7년 전쟁(1756–1763)은 90만-140만 명이 사망한 큰 전쟁이라 할 수 있다. 대륙 회의에서 독립을 위해 전쟁이 필요하다고 결정한 후 아메리카 식민지가 영국에 맞서 싸울 때 여성들의 사회적 중요성은 점차 증가되게 되었다. 남성들이 전쟁터로 떠난 후 주로 여성의 일로 간주되어 왔던 천 짜는 기술이 보다 널리 인정받게 되었기 때문이었다. 전쟁은 또한 일부 여성들에게 남성들이 도맡아왔던 일을 할 수 있는 능력이 있음을 보여줄 수 있는 기회를 얻기도 했다. 많은 여성들은 그간 책임지지 않았던 가족을 위해 농사를 짓는 일부터 수확된 작물을 파는 일까지 모든 일을 도맡게 되었다.

미국이 식민지 시절부터 현재까지 연루되었던 전쟁은 두 가지로 분류된다. 또한 전쟁을 어떤 범주까지 포함시켜야 하는가도 중요하다. 국내에서 치른 전쟁과 미국 밖에서 치른 전쟁으로 구분될 수 있다. 이런 분류에 앞서 전쟁의 명칭에서 '전투(battles)'와 '전쟁(wars)'이라는 접미사가 붙는 경우가 있기 때문에 이에 대한 차별성을 충분히 이해할 필요가 있다. 두 개념은 간혹 동의어로 간주될 가능성이 있고, 혼동하기 쉽기 때문이다.

전투와 전쟁은
어떤 차이?

전투는 무력을 행사하는 둘 이상의 집단 사이에 발생하는 직접적이고 대립적인 그리고 구체적인 싸움으로 각 집단은 다른 집단을 반드시 이기려고 하는 싸움을 의미한다. 반면 전쟁은 국가나 교전 단체들이 서로 무력을 사용하는 싸움 또는 그 전 과정을 의미한다. 이로써 이 두 개념이 명확히 구별되긴 쉽지 않지만, 전투는 전쟁의 하부구조, 즉 미시적 차원의 무력갈등을 의미한다는 설명이 포함되면 차별화가 가능하다. 왜냐하면 전투는 전쟁 기간이나 군사작전 중 발생하는 싸움이기 때문에 시간, 장소, 활동 등이 정확하게 명시될 수 있는 특징을 지닌다. 전쟁은 군사 작전이나 전략에 의해 진행되는 반면, 전투는 전법이나 병법이 사용되는 단계이다.

전쟁은 전투에 비해 더 장기적으로 진행되는 광범위한 갈등적 양상을 의미한다고 볼 수 있다. 전쟁은 수개월이나 수년에 걸쳐 계속되는 반면, 전투는 하루나 며칠 간 진행된다. 게다가 전쟁은 동시에 여러 지역에서 진행될 수 있지만, 각 지역에서 펼쳐지는 군사작전들 중에서 구체적으로 이루어지는 개별적 교전이 바로 전투라 할 수 있다. 또 다른 차별적 특징으로 전쟁은 두 개 이상의 국가들 간에 이루어지는 국제전으로서 공식적인 전쟁 선포로 시작된다. 하지만 전투는 두 개의 군대나 소규모 군사 단위 사이에 지엽적으로 싸우는 경우다. 과거에는 전투나 전쟁의 구별에 큰 의미를 두지 않았으나, 현대에는 전투와 전쟁이라는 용어 사용에서 명확한 구별이 가능하다고 할 수 있다.

전쟁의 경우 엄청난 규모의 재산 손실과 헤아릴 수 없을 만큼의 인명 손실이 발생하는데, 이런 참혹한 상황은 하루 만에 혹은 한 장소에서 발생하지는 않는다. 공식적으로 전쟁은 1,000명 이상의 전사자가 발생한 경우일 때 적용하는 성향을 보인다. 전투는 전쟁 동안 특정 지역에서 비교적 단기적으로 치러지는데, 한 전투에서의 결과가 전쟁의 승패를 결정짓지는 않는다. 전투는 전쟁의 결과가 나오는 과정 속에서 수없이 많이 수행되기 때문에 승리하거나 패배하는 경우가 있을 수밖에 없다.

〈그림 1〉처럼 미국 안에서 벌어진 내란의 의미를 지닌 전쟁은 주로 아메리카 인디언 부족과의 전투가 대부분이고 유일하게 백인 주도의 내란은 남북전쟁뿐이다. 한편, 미국은 다른 국가와 전쟁을 수없이 치렀으나, 식민지 시절에는 영국의 대리인 자격으로 외국과의 전쟁에 연루된 경우도 있고, 아메리카 식민지가 아닌 이웃 국가들과의 영토 분쟁을 일으키기도 했다. 독립 이후 19세기 이후 21세기 현재까지 미국이 경험한 전쟁은 내부에서 치른 전쟁은 하나도 없으며, 모든 전쟁은 다른 국가와의 교전이나 다른 국가들 간의 전쟁에 간여하는 경우들이었다.

〈그림 1〉 미국이 국내외적으로 경험한 전쟁

미국 안 전쟁	연대	미국 밖 전쟁
1675-1676 필립 왕의 전쟁	1600년대	1689-1697 윌리엄 왕의 전쟁
1759-1761 체로키 전투	1700년대	1702-1713 앤 여왕의 전쟁 1744-1748 조지 왕의 전쟁 1756-1763 프렌치-인디언 전쟁 1775-1783 독립전쟁 1798-1800 미국-프랑스 전쟁
1813-1814 크리크 전투 1861-1865 남북전쟁	1800년대	1801-1815 1815 바르바리(Barbary) 전쟁 1812-1815 1812전쟁(미·영 전쟁) 1835-1836 텍사스-미국 전쟁 1898 미국-스페인 전쟁
	1900년대	1914-1918 제1차 세계대전 1939-1945 제2차 세계대전 1950-1953 한국 전쟁 1955-1975 베트남 전쟁 1961 피그만 침공 1983 그라나다 침공 1989 파나마 침공 1990-1991 걸프전쟁 1995-1996 보스니아-헤르체고비나 내전간섭
	2000년대	2001 아프가니스탄 침공 2003 이라크전쟁

1절 미국 내 전쟁

미국이 경험한 전쟁 중에서 특히 국내에서 발생한 전쟁은 아메리카 식민지 시절 유럽으로부터 이주한 정착민들과 아메리카 대륙에 거주하던 원주민들 사이에 치러진 전쟁이 대부분이다. 유럽인들은 이미 오래전부터 거주하고 있었던 아메리카 인디언들과 처음부터 사이가 나쁜 것은 아니었다. 문명사회에서 살았던 유럽인들은 다른 생활권에서 식생활을 해결하기 위해 인디언들로부터 옥수수, 호박 등을 농사짓는 법을 배우거나 모피와 가죽을 얻기 위해 인디언들과 물물교환을 했다. 대신 인디언들은 유럽인들이 모국에서 가져와 사용한 칼, 도끼, 총 등을 얻고자 했으나 유럽인들은 자신들의 생명을 위협하는 무기로 사용될 것을 우려해 별로 선뜻 주려 하지 않았다. 결국 정착민들과 인디언들의 관계는 이런 사소한 문제 때문에 나빠지기 시작했다. 이런 상황에서 영국에 의해 임명된 총독들이 정착민들과 인디언들 간에 발생한 갈등을 해결하는 방법이나 대책 또한 충돌의 주요 원인이 되었다.

필립왕의 전쟁(King Phillip's War)
1675 – 1676

이 전쟁은 아메리카 식민지 시절 필그림을 비롯한 영국인, 프랑스인, 네덜란드인들이 인디언들을 학살한 사건이 전쟁으로 비화된 대표적인 사례이다. 이 전쟁의 발단은 1643년 네덜란드 농부 한 명의 살해를 계기로 뉴암스테르담 총독이 와핑거족(Wappinger)에 대한 학살 명령이었다. 백인들에게 우호적이던 와핑거족 80명이 머리가 잘려져 장대에 꽂혀 맨해튼에 전시되었는데, 한 네덜란드 여인은 그 머리를 발로 차서 땅에 떨어지게 할 정도로 백인들의 분노가 컸다. 포로로 잡힌 인디언들은 거세가 된 이후 산채로 가죽이 벗겨졌고 사람들 앞에서 자신의 가죽을 먹어야 했다.

결국 백인들의 이런 인디언 학대로 뉴잉글랜드 지역에서 두 차례 전쟁이 발생했는데, 첫 번째는 피쿼트족(Piquot)과의 전쟁으로, 1637년 뉴잉글랜드 청교도들이 당시 영국인들이 가장 두려워하던 인디언 부족인 피쿼트족들을 소멸시키는 사건이 계기가 되었다. 이후 영국인들이 피쿼트족 소멸 당시 도움을 받은 내러갠싯족(Narragansett)과 모히칸족(Mohican)을 배반하고 뉴잉글랜드 인디언들을 완전 정복하려 하자 인디언 추장의 아들인 메타콤(Metacom)이 영국인들에 대항하여 1676년 전투를 벌이게 되었다. 인디언인 메타콤은 유럽식 복장과 관습을 받아들여 생활하고 있었기 때문에 사람들은 유럽인의 이름을 붙여 그를 '필립왕(King Phillip)'이라 불렀다.

이 전쟁은 뉴잉글랜드 역사상 가장 치열했던 전투였고, 유혈이 낭자한 전투였는데, 궁극적으로 아메리카 식민지에서 백인과 인디언들 간의 잔혹했던 관계의 반영이었다. 결국 메타콤이 살해되면서 전쟁은 끝나게 되었다.

체로키 전쟁(Cherokee War)
1759 – 1761

체로키 전쟁은 사우스캐롤라이나가 체로키 인디언들에 대항해 싸운 전쟁이다. 식민지의 욕심, 양쪽 모두 사상자로 인한 변경 지역에 대한 오해, 프렌치-인디언 전쟁에서의 체로키에 대한 불만 등이 모두 전쟁 발발의 원인이 되었다. 식민지는 체로키를 지속적으로 세 번에 걸쳐 공격했고, 체로키도 성공적으로 방어했다. 결국 이 전쟁은 양쪽의 화해로 종료되었다.

체로키 전쟁은 식민지 입장에서는 서부 확장의 열쇠를 쥔 체로키족의 생각에 대한 저항을 의미할 뿐 아니라 당시 사우스캐롤라이나가 아메리카 식민지들 중에서 가장 약한 식민지라는 자신들의 처지를 감추기 위한 수단으로 사용했다고 볼 수 있다. 한편 체로키족의 경우는 식민지가 자신들을 초토화시키고 수두를 퍼뜨려 자신들의 경제와 삶을 불안정하게 만드는 데 저항했던 것이다.

크리크 전투(Creek Battle)
1813–1814

1811년 말 미주리 주의 뉴마드리드 지진이 크리크랜드와 중서부 지역을 강타했는데, 이 지진으로 인해 레드스틱이라는 크리크족의 인디언 파벌이 전통적인 생활로 되돌아가겠다고 결의했다. 이들의 지도자인 윌리엄 웨더포드, 피터 맥퀸, 메나와 등은 영국과의 동맹을 이루고 있었고, 미국의 인디언 담당관이었던 벤자민 호킨스에 의해 행해진 백인들의 침해에 대해 다른 크리크 내 부족도 강렬하게 저항했다.

크리크 내란이 시작되기 전에 레드스틱은 고령의 추장들에게 자신들의 활동을 비밀에 부치기도 했다. 1813년 초반 리틀 워리어가 이끄는 레드스틱의 작은 파벌이 오하이오 강변에 정착한 두 가족을 말살하고 디트로이트에서 귀환할 당시 호킨스는 크리크족에게 리틀 워리어와 그 일행을 넘기라고 요구했다. 하지만 고령의 추장들은 연방관리에게 약탈자들을 넘겨주지 않고 자기들이 그들을 처형하기로 결정했다. 이 때문에 크리크족의 내란이 일어나게 되었다.

레드스틱과 미국 백인들 사이에 발생한 충돌은 1813년 7월 스페인령 플로리다에서 귀환하고 있던 레드스틱을 미국 군인들이 막아서면서 시작되었다. 스페인 주지사로부터 무기를 보급 받아온 레드스틱은 도망쳤고 군인들은 보이는 것은 모두 약탈했다.

결국 이 전쟁은 크리크족 내부에서 발생한 내란처럼 보이지만 실제로는 크리크족 내 작은 분파와 미국 연방정부와의 갈등의 의미를 지니고 있을 뿐만 아니라 한편으로는 미국 편에 있는 크리크족의 기존 추장들과 스페인의 지원을 받아 활동하고 있던 크리크족의 작은 분파인 레드스틱 간에 발생한 갈등이기도 하다.

남북전쟁(Civil War)
1861 – 1865

미국은 영국과의 독립 전쟁 이후 통합전력의 필요성과 쉐이의 반란(Shay's rebellion)의 영향으로 계속 유지해온 기존 연합형태에서 1787년 연방헌법의 제정을 통해 연방정부를 구성하게 되었다. 하지만 연방정부 설립 이후에 남부와 북부는 노예제를 배경으로 정치, 경제, 사회면에서 분열 양상을 보이게 되었다. 이러한 남북 대립은 악화될 때마다 타협안으로 다소 대립이 저지될 수 있었으나 자유주와 노예주라는 상호 배타적인 원리 하에서 연방의 존속이 불가능할 수밖에 없었다.

노예제를 둘러싼 남북 간의 갈등은 미국 사회를 분열의 양상으로 전개시켰다. 1830년 남북은 미주리 타협을 통해 미국영토를 위도 36도 30분을 기준으로 남북으로 분할하여, 남쪽 지역에서는 노예제를 인정하고 북쪽 지역에는 노예를 인정하지 않는다는 합의를 이루었다. 그러나 새로운 영토의 획득으로 1850년 남부와 북부는 캘리포니아에는 노예제를 부활하지 않지만, 뉴멕시코와 유타지역에는 해당지역 주민들이 투표로 노예문제를 결정하기로 타협했다. 그러나 1854년 노예제를 확장하려는 캔자스-네브래스카법이 제정되었다. 이에 반대하여 휘그당과 자유토지당이 중심이 되어 공화당이 창당되었고, 1856년 링컨이 공화당 후보로서 노예반대를 표방하면서 대통령 선거에 출마하게 되어 남북 간의 갈등 양상은 심화되어 갔다.

1860년 대통령 선거에서 링컨(Abraham Lincoln)이 당선되자 이에 위기감을 느낀 사우스캐롤라이나 주가 마침내 가장 먼저 연방으로부터 분리 독립하고, 이어서 남부의 다른 주들이 속속 분리 독립하여 그들 간의 남부동맹을 결성하였다. 미국 역사상 지극히 짧은 남북분단 시대가 되었다. 결국 남부와 북부는 1861년 남북전쟁이 시작되어 전쟁은 5년간 이어졌고, 1865년 마침내 전쟁이 종결되었다.

1865년 봄 남부군이 항복하면서 미국의 노예 제도는 사실상 끝이 났다. 링컨 대통령은 노예해방선언(Emancipation Proclamation)에서 남부군 소속 지역의 노예들의 해방을 선포했고, 결과적으로 남부의 모든 노예들은 자유의 몸이 되었다. 멕시코 접경지대와 남부 지역의 북부군 관할 구역 노예들은 주정부 조처(state action, 1865. 12. 6)나 수정 헌법 제13조에 의해 해방되었다. 북부의 완전한 복구 작업은 재건 기간이라고 알려진, 상당히 혼란스러웠던 전후시기에 이루어졌다. 전쟁으로 인해 103만 명의 사상자(당시 인구의 3%)가 발생했고, 사상자 중 62만 명은 군인이었고 그 가운데 3분의 2는 질병에 의한 사망이었다.

남북전쟁은 미국이 지금껏 참여한 모든 전쟁에서의 사망자 수와

맞먹는 수많은 미국인들의 죽음을 초래했다. 전쟁을 유발한 원인과 그 타당성 여부는 물론이고, 남북전쟁이라는 명칭 자체도 오늘날까지 끊임없이 이야기되는 소재이다. 약 4백만 명의 흑인 노예가 1861년부터 1865년 사이에 해방되었다. 1860년대의 인구조사에 따르면, 13-43세 백인 남자 전체의 8%가 전쟁으로 인해 사망했는데, 이 수치는 북부 인구의 6%, 남부의 18%나 된다. 약 56,000명의 군인이 남북전쟁 중 감옥에서 죽었다.

미국이 독립 이후 경험한 처음이자 마지막 내란인 남북전쟁은 지금까지의 다른 어떤 전쟁보다도 가장 중요한 의미를 지닌 전쟁으로 평가되고 있다. 이에 걸맞게 남북전쟁과 관련된 역사적 기록과 비화는 수없이 많이 축적되어 있다. 또한 이 전쟁을 통해 전통적인 여성적 삶을 살던 미국 여성들의 의식 전환과 삶의 방식 변화는 여성뿐 아니라 남성들의 의식 변화에도 영향을 줄만큼 큰 의미를 담고 있다.

〈표 1〉 유럽에서의 왕위계승 전쟁으로 인해 비화된 전쟁

전쟁기간	유럽에서의 명칭	식민지에서의 명칭
1689-1697	아우구스부르크 동맹전쟁	윌리엄 왕의 전쟁
1702-1713	에스파냐 왕위계승 전쟁	앤 여왕의 전쟁
1744-1748	오스트리아 왕위계승 전쟁	조지 왕의 전쟁
1756-1763	7년 전쟁	프렌치-인디언 전쟁

2절 미국 밖 전쟁

윌리엄 왕의 전쟁(King William's War)

1689–1697

영국의 명예혁명 이후 유럽에서는 영국과 프랑스가 견원지간(犬猿之間)이 되어 거의 80년 동안 간헐적으로 전쟁이 계속되었다. 이런 일련의 전쟁은 아메리카 대륙에 엄청난 영향을 주었다. 윌리엄 왕의 전쟁은 뉴잉글랜드 북부에서 영국인들과 프랑스인들 사이에서 일어난 전쟁이었으나 단지 몇 차례의 엉거주춤한 충돌을 야기했을 뿐이다.

프랑스 탐험대는 북아메리카 지역에서 1680년대 미시시피강 삼각지대까지 남하해서 주변지역을 프랑스 영토라고 주장했고, 그곳을 루이 14세를 기리는 뜻에서 루이지애나(Louisiana)라고 불렀다. 그 후 상인과 선교사들이 남서부 방면으로는 리오그란데강, 서쪽으로는 로키산맥까지 진출했다. 프랑스는 인디언과 평화 공존하는 방식을 취했다. 그러나 가장 강력한 인디언 연맹인 이로쿼이연맹(the Iroquois Confederacy)과는 가깝지 않았다. 모호크족, 세네카족(Seneca), 카유가족(Cayuga), 오논다가족(Onondaga), 오네이다족(Oneida)의 5부족이 방어를 목적으로 15세기에 맺은 이로쿼이연맹은 1640년 이후 오하이오 계곡과 그 주변의 광범위한 지역에서 강력한 힘을 행사하고 있었다.

앤 여왕의 전쟁(Queen Anne's War)

1702 – 1713

이 전쟁은 에스파냐 계승 전쟁 당시 유럽 대륙에서의 전쟁과 병행하여 북아메리카 식민지에서 벌어진 영국과 프랑스 간의 전쟁이다. 아메리카 식민지에서 벌어진 전쟁이지만 식민지가 대리전을 치렀다는 점에서 미국 밖 전쟁의 범주로 설명된다. 1701년에 시작되어 거의 12년 동안 계속된 이 전쟁으로 아메리카 남부 변경지역에서 스페인과, 북부에서는 인디언과 합세한 프랑스인과의 싸움이 동시에 일어났다. 1713년 위트레흐트(Utrecht) 조약으로 영국과 프랑스 간의 갈등이 종식되었고, 프랑스는 북미 대륙의 상당한 영토를 영국에게 양도했다. 이로부터 20년 후에 스페인 식민지에서 영국인의 교역권을 둘러싼 분쟁으로 영국과 스페인 사이에 전쟁이 일어났는데, 이는 유럽에서 대규모 전쟁으로 확대되었다.

조지왕의 전쟁(King George's War)

1744 – 1748

아메리카 식민지들은 그들이 조지 왕의 전쟁(King George's War)이라고 불렀던 이 전쟁에 끌려들어가서 1744년부터 1748년 사이에 프랑스인과 일련의 싸움을 했다. 영국과 프랑스는 북미 대륙에선 거의 1세기 동안 비교적 평화롭게 공존했으나, 1750년경부터 정착지 분쟁이 일어났다.

영국과 프랑스 사이에 치러진 식민지 전쟁의 하나로 육상에서는 뉴잉글랜드 주변이 주된 전쟁터였으며 인디언의 지원을 받은 프랑스군이 영국군과 대결했다. 이와 병행하여 서인도 제도와의 무역패권을 둘러싼 해상전도 치열하게 전개되어, 거의 해적처럼 된 영국인이 에스파냐와 프랑스의 상업을 위협하게 되었다. 위트레흐트 조약(Treaties of Utrecht)에 의해 강화조약이 성립되어 북아메리카 관계에서 영국은 프랑스로부터 허드슨만 지역과 뉴펀들랜드의 아카디아 지역을 획득하게 되었다.

이 전쟁은 오스트리아의 왕위계승 전쟁의 일부로서 북미지역에서 이루어진 것이었다. 영국은 1742년 오스트리아의 마리아 테레지아와 밀약하고 프랑스와 전쟁을 개시했다. 즉 네 번에 걸친 프렌치-인디언 전쟁 중 세 번째에 해당된다. 1744년 오스트리아 왕위계승 전쟁이 전 유럽으로 확산되면서 프랑스와 스페인은 영국에 대항하기 위해 동맹을 결성하였다. 이들 간의 전쟁선포는 캐나다 지역의 프랑스 요새에 알려졌고 이들 동맹은 퀘벡으로 물자공급을 위한 육로를 염려하여 노바스코샤의 영국기지를 침공하였다.

북아메리카 대륙에서는 아카디아와 북부 뉴잉글랜드의 경계를 둘러싸고 식민지 전쟁이 일어나서 영국군의 우세 아래 전투가 진행되어 1745년 루이스부르그를 영국이 점령했다. 아헨 화약(和約) 결과 점령지는 상호 반환한다는 선에서 일시적인 타협이 이루어졌다. 프랑스와 영국의 갈등은 계속되기 시작했고 인디언과 동맹을 맺은 프랑스군은 뉴욕의 사라토가 마을을 파괴했는데 100명 이상의 거주자들이 사상되었다. 올버니의 북부지역의 영국군 모두가 버려졌다. 이후에도 이 전쟁을 통해 영국 식민지의 성인 남성 인구의 8% 정도가 생명을 잃는 결과를 발생했다. 결국 루이스부르그 요새는 프랑스에게 되돌아갔다.

프렌치-인디언 전쟁(French Indian War)

1756 – 1763

프랑스와 영국이 전 세계에 걸쳐 9년 동안 벌인 전쟁 중에서 아메리카를 무대로 한 전쟁인 프렌치-인디언 전쟁은 북아메리카 대륙에서 일어난 영국과 프랑스 간의 식민지 전쟁이다. 영국은 오하이오강 유역의 쟁탈을 둘러싸고 프랑스와 교전했다. 최초에는 계속 고전했는데, 1759년 9월 퀘벡 및 몬트리올을 점령하여 영국군의 승리로 끝났다. 1763년의 파리 화약에 의해서, 영국은 프랑스로부터 케이프브린튼섬, 캐나다, 미시시피강 동쪽의 프랑스령을 확보했다.

프렌치-인디언 전쟁은 오하이오강 상류 지역 버지니아와 펜실베이니아 식민지에 살던 사람들에게 교역과 정착의 기회를 열어줄 대영제국의 영토인지, 아니면 프랑스의 영토인지를 결정하는 국지적인 문제 때문에 시작되었다. 그렇지만 이 문제의 이면에는 어떤 민족 문화가 북아메리카의 심장부를 장악하게 될 것인가라는 훨씬 더 큰 쟁점이 내재되어 있었다. 서로 탐내고 있던 이 지역에서 수적으로는 영국계 정착민들이 다수를 차지하고 있었지만, 탐험과 무역, 인디언과의 유대적인 측면에서는 프랑스가 우세했다. 이미 1749년부터 뉴프랑스(북아메리카의 프랑스 영토)의 총독은 영국인들의 정착지를 애팔래치아 산맥 동쪽 영토로 국한시킬 목적으로 그 지역의 모든 영국인들에게 추방 명령을 내렸다.

1754년 봄 프랑스군은 오하이오 강 여러 지류에서 버지니아군을 몰아냈고 이에 조지 워싱턴 대령이 응전하여 소규모 전투가 벌어졌다. 워싱턴의 부대는 개전 직후 펜실베이니아 주 니세서티 요새에서 포위되어 항복하지 않을 수 없었다. 결국 두 나라 중 어느 한쪽이 지배권을 갖고 있든 전 세계 모든 지역으로 전쟁이 확산되었다. 신대륙에서는 프랑스의 육군이 월등히 우세했기 때문에 개전 이후 4년 동안 영국 정규군과 아메리카 식민지군은 심각한 패배를 당했다. 식민지인들의 전쟁 지원 능력이 부족하여 영국의 고충은 배가되었다. 그러나 1757년 말부터 세 가지 요인으로 인해 전쟁의 양상이 바뀌기 시작했다. 그중 하나는 윌리엄 피트 영국 총리가 보여준 활기찬 지휘 능력이었다. 또한 실제로 그는 '제국의 대전'을 승리로 이끈 주역으로 평가받았다. 이어 영국이 재정 및 산업 자원, 식량 공급, 해군 장비 등에서 계속 우위를 보인 반면, 프랑스는 전국적 파산과 경제의 마비상태로 치닫고 있었다. 영국군과 아메리카군은 점차 야전 전투에 익숙해지고 있었다.

1758~59년 영국군은 프랑스 해안과 세인트로렌스 만을 효과적으로 봉쇄함으로써 루이스버그, 프롱트나크 요새, 카리용 요새, 크라운포인트, 뒤켄(지금의 피츠버그), 나이아가라 요새 등에서 중요한 승리를 거두었다. 영국의 승리는 에이브러햄 평원 전투(1759. 9. 13)에서 절정에 달해 퀘벡은 결국 항복할 수밖에 없었으며, 양국 사령관인 제임스 울프와 몽칼름 후작도 치명상을 입었다. 1년 후에 몬트리올과 캐나다의 전 지역이 함락되었고, 파리 조약(1763. 2. 10)에 따라 프랑스는 북아메리카에서 모든 군사적 그리고 정치적 기득권을 포기했다. 영국은 전쟁에서 승리했지만 역설적으로 전쟁으로 인한 부채, 확장된 식민지 제국의 행정 및 정착 등 승리에서 생겨난 문제들을 떠안게 되었는데, 이러한 부담으로 인해 10년 후에 치른 미국 독립 전쟁에서 패배하게 되었다.

이 전쟁의 이름은 프랑스와 인디언이 동맹을 맺고 영국에 저항했기 때문에 붙여진 것이다. 이 전쟁은 공식적으로는 7년이지만 사실상 9년 동안 계속되었으며, 이로쿼이 연맹 인디언들을 제외하고 거의 모든 인디언들이 프랑스와 손을 잡았다. 북아메리카 대륙에서 1750년대와 1760년대에 벌어진 전쟁은 영국과 프랑스가 세계무역과 해상 지배권을 놓고 싸운 전쟁의 일부였다. 미국에선 '프렌치-인디언 전쟁', 유럽에서는 7년 전쟁(the Seven Years' War)으로 알려진 이 전쟁은 1757년 윌리엄 피트(William Pitt)가 영국의 새로운 수상으로 등장하면서 전환점을 맞게 되었다. 그는 유럽에서의 전쟁보다 먼저 북아메리카에서 프랑스를 몰아낼 것을 결심하고 1757년 23,000명의 육군과 14,000명의 해군을 파견하였다.

이 전쟁은 7년 전쟁의 일면이었고, 방대한 북아메리카 영토의 통제권을 결정했다. 이 전쟁으로 확대되기 이전에 해외 영토의 지배권을 둘러싸고 벌어졌던 영국과 프랑스 간의 세 차례 치러진 전쟁은 각각 윌리엄 왕의 전쟁(1689-97), 앤 여왕의 전쟁(1702-13), 조지 왕의 전쟁(1744-48)으로 구분할 수 있다.

독립 전쟁(The War of Independence)
1775-1783

미국 독립 전쟁은 미국 혁명전쟁(American Revolutionary War)으로 불리기도 한다. 당시 7년 전쟁 이후 영국이 전비 사용으로 인해 재정난에 빠져 식민지들에게 과도한 징세를 요구하기 시작함으로써 북아메리카의 13개 식민지들의 반발이 일기 시작했다. 아메리카 식민지는 다른 지역 식민지와는 달리 종주국인 영국과의 관계가 억압과 착취의 관계가 아닌 자율적인 자치가 허용되는 생활을 누리고 있었다. 다만 영국이 부과하는 세금만 바치면 되었다.

하지만 7년 전쟁 이후 식민지 정착민들에게 인지세법(Stamp Act, 1765) 등을 시작으로 새로운 세금을 부과하면서 결국은 정착민들의 불만을 일으켜, 영국에서 수입되는 차에 대한 세금에 반발하는 보스턴 차 사건(1773)이 터지면서 무력 충돌로 이어지게 되었다. 영국이 식민지의 저항을 저지하기 위해 보스턴 항구에 군대를 파견하였다. 이런 와중에 렉싱턴(Lexington)에서 지역 민병대(militia)가 영국군과 전투를 시작했으며, 이를 계기로 식민지들은 영국으로부터 독립하기 위한 전쟁을 할 것인지 결정하기 위해 대륙 회의를 소집하였다. 식민지 내에는 영국에 충성하는 충성파(royalists)와 애국파(patriots) 간의 의견 충돌이 있었지만 애국파의 의견이 우세하여 1775년 정규부대인 대륙군을 구성하고 조지 워싱턴을 군 총사령관으로 임명함으로써 영국과 전쟁을 하게 되었다.[2]

이 시기에 미 육군, 해병대, 그리고 해군의 역사가 시작되었다고 볼 수 있다. 1776년 초 워싱턴 장군 지휘 하의 군인은 2만 명 정도였는데, 이 중 삼분의 이는 대륙군, 나머지 삼분의 일은 식민지 주들의 의용군이었다. 1783년 전쟁이 끝날 무렵에는 대륙군 해군과 해병대는 해체되었다. 독립 전쟁 8년 동안 참여했던 군인의 수는 약 25만 명이었지만 늘 9만 명을 초과하지는 않았다. 아메리카의 군대는 유럽 수준

---

2 당시 영국에 충성적인 성향을 보였던 충성파는 식민지 인구의 약 15-20% 정도였던 반면, 애국파는 약 40-45%에 해당되었다(Jack P. Greene and J. R. Pole. A Companion to the American Revolution (Wiley-Blackwell, 2003) p. 235.

에서 본다면 매우 소규모의 군대였고 군사력도 미약했지만, 영국 군대는 대서양을 건너와 전쟁을 해야 하는 한계를 넘을 수는 없었기 때문에 대륙군에 패배할 수밖에 없었다.

1776년 미국이 독립선언서를 공포한 후에도 전쟁은 바다에서 진행되었는데 식민지들은 프랑스와 연합해 영국과 싸웠다. 한편 대부분의 아메리카 인디언들은 영국 편에서 대륙군과 전쟁을 했는데, 그 이유는 자신들의 영토를 식민지들에게 빼앗기는 것을 우려했기 때문이었다.

미국–프랑스 전쟁(Franco-American War, The Quasi-War) **1798–1800**

이 전쟁은 미국과 프랑스가 해상에서 싸우게 될 뻔 했던 선포되지 않은 전쟁으로 '준(準)전쟁'으로 일컬어지고 있다. 프랑스대혁명에 대해 미국이 중립적 태도를 보이고 조약에 대해 동의하지 않음으로써 전쟁이 일어날 뻔 했다. 전투는 해상에서 발생되었고 프랑스는 자국의 상선나포선과 전함을 포획하던 미국 해군을 후퇴하게 만들어 전쟁이 크게 비화되지 않게 만들었다. 1800년 후반 프랑스의 태도가 변해 미국에 대한 적대감은 모르트퐁텐 조약(Treaty of Mortefontaine)으로 끝을 맺었다. 전쟁은 공식적으로 7월에서 9월까지 진행되었으나 실제로는 프랑스의 상선나포선이 수년 전부터 미국 전함을 포획하려고 노리고 있었다.

이 전쟁의 원인 중 하나는 1794년 미국과 영국 사이에 이루어진 제이 조약(Jay Treaty) 때문이었는데, 프랑스는 이 무역협정을 자신과 미국 식민지 간의 1778년 동맹조약 위반으로 간주했다. 프랑스는 지속되고 있는 영국과의 싸움에서 미국이 중립적 입장을 보이고 있음에도 불구하고 미국이 영국 편을 들고 있다고 생각했다.

바르바리 전쟁(Barbary War)
1801–1805, 1815

조지 워싱턴 행정부 당시 미국은 지중해에서 해적들로부터 노략질을 당할 것을 우려하여 오스만 제국의 자치국이었던 바르바리 제국에 일정한 조세를 내고 보호를 요청하였다. 그런데 바르바리가 점차 조세를 올려 국고가 바닥이 날 지경에 이르자 이에 항의하여 1801년 미국 해군과 해병대를 트리폴리로 보냈다. 트리폴리탄 전쟁(Tripolitan Wars)이라 불리는 이 전쟁은 19세기 초 미국과 북아프리카 바르바리 제국 간에 발생한 두 번의 전쟁을 의미한다.

결국 바르바리 해적들이 지중해에서 미국 상선에 대해 공물(tribute)을 요구한 결과 미국 해군이 해적들이 있는 도시를 공격하고 그 지도자들로부터 정정당당하게 해상을 통과시킬 것에 대한 양보를 얻어냈다. 이 전쟁은 '미국의 잊혀진 전쟁(America's Forgotten War)'으로 불리기도 한다. 바리바리 제국에 저항한 미국의 행동은 제퍼슨(Thomas Jefferson)과 매디슨(James Madison) 대통령 행정부에 의해 수행되었다. 그들은 이 전쟁이 성공적이라고 했는데, 그 이유는 민주공화파(Democratic-Republicans)들이 해적들의 요구를 거절한 것과 이전의 연방파 행정부가 말로만 명분을 지킴으로써 문제 해결에 실패한 것을 대조했기 때문이었다. 미국군의 전함이 침몰되었지만 바르바리와 평화조약을 맺고 전쟁을 끝냈다. 당시 미국의 사망자는 35명, 부상자는 64명이었으나 바르바리 군대의 사망자 800여명, 부상자 1,200여명으로 미국의 최초 해외원정 전쟁으로서 꽤 좋은 성과였다고 평가되었다.

미국–영국 전쟁(America-British war)

1812–1815

미국에서는 '1812년 전쟁'으로, 영국에서는 '1812–15년 미국전쟁'으로 불리는 이 전쟁은 미국이 영국에 선전포고하면서 시작되었다. 당시 미국 매디슨 대통령과 그 지지자들이 영국에 적대적이었기도 하지만 영국이 프랑스로 가던 미국 선박들을 나포하여 미국의 수출전선에 타격을 준 것이 전쟁의 주요 원인이었다. 미국의 해상운송 문제를 둘러싼 영국과 미국 간 긴장상태가 벌어지는 가운데, 캐나다의 영국 관리들이 미국 지역의 인디언들을 뒤에서 조정하여 미국에 저항하도록 부추기고 물자를 제공해 주는 등 미국을 자극하고 있었다.

또한 영국이 미국의 캐나다 지역에 대한 팽창정책에 반대하던 인디언 부족들을 지원하는 등 미국의 캐나다 침공에 대한 방어 전략을 채택하고 있었던 영국의 행태도 전쟁의 원인이었다. 게다가 현재는 플로리다 주, 앨라배마 주, 미시시피 주, 루이지애나 주로 분리되었지만 당시 이 지역은 스페인령 플로리다로 광활한 지역이었다. 플로리다 지역은 이웃 남부 주의 백인들을 끊임없이 위협하고 있었다. 백인 소유의 노예들이 국경을 넘어 플로리다 쪽으로 도망가기도 했고, 플로리다의 인디언들이 백인 정착촌을 자주 기습하기도 했다. 따라서 영국의 동맹국인 스페인의 영토를 확보하기 위한 하나의 명분으로 우선 영국과의 전쟁이 필요하다고 생각하게 되었다.

당시 선거에서 유권자들이 영국과의 전쟁을 지지하는 의원들을 초당적으로 선출함으로써 평화를 선호했던 매디슨 대통령이었지만 의회와 민심에 따라 의회에 영국에 대한 선전포고를 요청한 결과 통과되어 영국과의 전쟁이 시작되었다. 이 때문에 미국에서는 '제2의 독립전쟁'이라고 불리기도 하지만, 전쟁 반대파들은 '매디슨의 전쟁'이라고 비아냥거렸고, 이성보다는 감정이 앞서 발생한 전쟁이라는 평가도 있다. 미국은 북쪽으로는 캐나다 지역까지 확보하는 데 성공했지만, 유럽의 상황은 미국에게 불리했다. 영국은 나폴레옹이 러시아와의 전투에서 패배하자 영국의 주요 군사력을 미국 전쟁에 투입함으로써 워싱턴 D. C.에 진입하여 백악관이 불타 잿더미가 되는 등 많은 피해를 입었다. 미국은 볼티모어에서의 전투를 비롯한 대부분의 전투에서 패배하였고, 영국 역시 오랜 전쟁으로 지치고 빚더미에 놓이는 상황이 벌어지자, 결국 전쟁은 종식되었다. 궁극적으로는 이 전쟁은 양측 모두에게 승리를 안겨 주지 않은 것처럼 보였지만 1814년 12월 24일 평화조약에 양국이 서명한 후에 뉴올리언스에서 전투가 벌어져 앤드류 잭슨 장군이 대승을 거두었다.

텍사스 독립 전쟁(Texas War of Independence)

1835 – 1836

이 전쟁은 멕시코와 멕시코의 코아우일라 테하스 주(Coahuila y Tejas)의 텍사스 지역 정착민 사이에서 발생한 군사적 충돌이다. 이 지역은 멕시코 영토였지만 25,000명 정도의 미국인이 거주했던 곳이다. 이 지역민들은 무력으로 멕시코에 저항하기 시작하면서 멕시코로부터 분리하여 자치정부를 수립하고자 했다. 멕시코 대통령과 안토니오 산타아나(Antonio Lopez de Santa Anna) 장군은 1824년 멕시코 연방헌법을 폐지하는 대신 더욱 중앙집권이 강화된 1835년 신헌법을 선포했다.[3] 새로운 법은 멕시코 전역에서 인기가 없었기 때문에 많은 주에서 폭력 현상이 발생하게 되었다. 멕시코 정부와 텍사스 지역의 정착민들은 물론 멕시코 출신의 많은 텍사스 주민들 간의 적대감은 멕시코에서 1835년 7부 법령 때문에 악화되었고, 결국 텍사스 지역 주민들이 이에 반대하여 멕시코로부터 분리하고 싶어 했다.

전쟁은 곤잘레스(Gonzales) 전투로부터 시작되었다. 멕시코 정부는 산타아나 장군을 전쟁에 보냈으나 텍사스 지역 작전에서 미국에 체포되었고, 미국에게 텍사스의 독립을 약속한 후 귀국할 수 있었다. 이 전쟁을 통해 1836년 텍사스 공화국이 탄생했다. 이 전쟁은 1840년대 멕시코와 텍사스 간에 벌어진 해상 전쟁으로 이어지기도 했다.

멕시코–미국 전쟁(Mexican-American War)
1846–1848

1836년 텍사스 독립 전쟁 이후에도 멕시코는 텍사스를 자신들의 영토 일부로 간주하고 있었는데, 1845년 미국이 텍사스를 합병하면서

---

3 헌법적 7부 법령(Las Siete Leyes Constitucionales)은 국가 수립 초기 멕시코 공화국의 조직 구조를 변경하여 연방정부의 중앙집중화를 강화시키려는 것으로 궁극적으로 주민의 권리를 제한하고 대통령의 권한을 강화한 신헌법이다.

양국 간 무력갈등으로 비화된 것이 바로 멕시코-미국 전쟁이다. 미국은 멕시코 연안의 해상봉쇄는 물론 뉴멕시코, 캘리포니아, 그리고 현재의 멕시코 북쪽의 일부 지역해안을 정복하였다. 미군은 멕시코시티를 장악함으로써 멕시코의 북부지역을 1,500만 달러에 미국에게 팔도록 강요했다. 당시 민주당 출신의 포크(James K. Polk) 대통령은 태평양 연안까지 영토를 확장하는 것을 목표로 하고 있었다. 하지만 이 전쟁에 대해 미국 내에서는 휘그당과 노예제를 반대하는 자들이 강하게 반대 의사를 보이기도 했다.

미국-스페인 전쟁(Spanish-American War)
1898

미서전쟁(美西戰爭)으로 더 잘 알려진 이 전쟁은 1898년 4월부터 8월까지 쿠바 문제를 둘러싸고 미국과 스페인 간에 쿠바와 필리핀에서 벌어진 전쟁이다. 스페인이 쿠바의 독립 운동을 거부하자 미국이 이를 해결할 것을 요구하면서 전쟁이 발발되었다. 미국 내 강력한 영토 확장주의 정서가 미국 정부로 하여금 필리핀, 푸에르토리코, 괌을 포함한 스페인의 식민지를 병합하도록 부추겼다.

아바나에서 일어난 혁명 때문에 미국은 전함 메인호(Maine)를 출항시켜 미국이 이들에게 큰 국가적 관심을 보이고 있다는 것을 알리고자 했다. 메인호의 이유 모를 폭발로 미국인들 사이에 긴장감이 고조되었지만, 스페인이 자신의 식민지를 억압하고 있다는 황색 언론을 이용함으로써 미국의 여론을 움직였다. 하지만 전쟁은 필리핀과 쿠바에서 미국의 승리로 끝을 맺었다. 1898년 12월 10일, 파리 조약은 쿠바와 필리핀, 푸에르토리코, 괌의 지배권을 미국에게 넘겨주었다. 이 전쟁은 노예 문제로 촉발된 내란인 남북전쟁을 겪은 후 내부 정비와 북미 대륙 개척에 몰두하던 미국이 그 힘을 바탕으로 본격적으로 제국주의 정책을 추진하기 시작한 상징적 사건이다.

제1차 세계대전(World War I)

1914–1918

1914년부터 1918년까지 4년 4개월간 지속된 제1차 세계대전은 최초의 세계적 규모의 전쟁이다. 1914년 7월 28일 오스트리아-헝가리의 세르비아에 대한 선전 포고(근본적 원인은 사라예보 사건)와 8월 1일에 독일 제국의 대(對)러시아 선전 포고로 공식적으로 시작되어, 1918년 11월 11일 독일의 항복으로 끝난 전쟁이다. 이 전쟁은 대영 제국, 프랑스 제3공화정, 러시아 등의 주요 연합국과, 독일 제국, 오스트리아-헝가리의 주요 동맹국이 양 진영의 중심이 되어 싸웠으며 약 900만 명이 전사했다.

미국은 독립 이후부터 줄곧 고수해오던 고립주의적 외교정책 노선에 따라 전쟁이 한참 진행 중일 때 영국과 독일 사이에서 중립적 입장을 표명하고 있었다. 윌슨(Woodrow Wilson) 대통령은 계속해서 "독일의 무차별 잠수함 공격에 대해서 방관하지 않겠다"라는 의사를 표명했고, 독일은 이에 대해 공격을 중단할 것임을 몇 차례 약정했다. 그러나 1917년 2월, 독일의 외무 장관이었던 아서 치머만이 멕시코 주재 독일 대사 펠릭스 폰 에카르트에게 보냈던 암호 전문 치머만 전보에서 "멕시코가 미국을 공격할 경우, 멕시코가 1848년에 미국에 빼앗긴 모든 영토를 되찾을 수 있도록 해 주겠다"라는 내용 때문에 미국은 참전 쪽으로 기울어졌다. 얼마 후 독일이 유보트를 이용해 영국 배를 공격하였는데 그 안에 탔던 많은 미국인들이 사망하게 되었다. 결국 윌슨 대통령은 의회에 독일에 선전 포고할 것을 1917년 4월 6일 제의했다. 이는 미국 영토에 대한 독일 공격에 한정한다는 내용으로 하원 373 대 50, 상원 82 대 6으로 승인되었다. 12월에는 오스트리아-헝가리에 대해서도 선전 포고했다.

제1차 세계 대전을 계기로 미국은 민주주의를 위한 투쟁을 강조하기 시작했고, 국제 정치의 이념화, 도덕화가 시작되었다. 이상적인 집단안전보장정책의 일환으로 국제 연맹(UN)이 창설되었고 법률적, 도덕적 세계 여론에 부응하여 평화를 구하는 시대가 도래했다. 미국은 초강대국의 지위에 올라서게 되었지만, 자신의 주장으로 창설된 국제 연맹 참여를 거부하면서 다시 고립주의 노선으로 되돌아감으로써 강대국으로서 국제사회 내 역할에서의 괴리를 보였다.

제2차 세계대전(World War II)
1939 – 1945

인류 역사상 가장 많은 인명 피해와 재산 피해를 남긴 가장 참혹했던 전쟁이었던 제2차 세계대전은 1939년 9월 1일 새벽 4시 45분 나치 독일군이 폴란드의 서쪽 국경을 침공하고, 소련군이 1939년 9월 17일 폴란드의 동쪽 국경을 침공하면서 발발하였다. 일부에서는 1937년 7월 7일 일본의 중화민국 침략, 1939년 3월 독일군의 프라하 진주 등을 개전일로 보기도 한다. 1945년 8월 6일과 8월 9일, 미국의 원자폭탄 투하 이후 8월 15일 일본이 무조건 항복하면서 끝이 났다. 그 결과로 한국, 타이완 등 일본의 식민지로 남아 있던 지역들이 독립하거나 모국으로 복귀하였다.

전사자는 약 2,500만 명, 민간인 희생자도 약 4,000만 명에 달했다. 전쟁 기간 중 일본은 1937년 중국 침략 때 난징 등에서 대학살을 감행하면서 겁탈과 방화를 일삼으며 수십만 난징 시민을 무자비하게 살해하고, 1938년부터 일본인을 비롯한 조선인, 중국인, 동남아시아인 등 여러 나라의 여성을 일본군 위안부로 동원하였다. 한편 독일은 '인종 청소(Ethnic cleansing)'라는 이유로 수백만 명 이상의 유대인과 집시를 학살하였다. 또한 미국은 1945년 3월 10일 일본의 수도 도쿄와 그 주변 수도권 일대를 대규모로 폭격한 이른바 도쿄 대공습을 감행해 15만 명을 살상했고(재일 조선인 포함), 같은 해 8월 6일과 9일에 각각 히로시마와 나가사키에 원자 폭탄 공격을 감행하여 약 34만 명을 살상하였으며, 영국과 미국의 공군은 드레스덴과 뮌헨 공습을 감행하여 각각 20여만 명을 살상하는 등 전쟁의 피해는 매우 심각했다. 이 전쟁은 크게 서부 유럽 전선, 동부 유럽 전선과 중일 전쟁·태평양 전선으로 구분할 수 있다. 유럽 전선만으로 국한하면 히틀러 전쟁이라 부르기도 한다.

한국전쟁(Korean War)
1950–1953

한국인들에게는 6·25 전쟁으로 익숙한 이 전쟁은 국제사회에서는 한국전쟁으로 더 많이 알려져 있다. 1950년 6월 25일 새벽 4시에 한반도를 지나는 북위 38도선 이북을 점유하고 있던 북한의 조선인민군이 38도선을 넘어 이남의 대한민국을 남침함으로써 전쟁이 발발했다. 1953년 7월 27일의 정전 협정으로 인해 휴전선을 사이에 두고 한반도는 남한과 북한으로 분단되었다. 이 전쟁은 평화협정 없이 끝난 상태라 서류상으로는 아직도 정전 상태로 기록되어 있다.

미국에서는 '잊혀진 전쟁(The Forgotten War)', '알려지지 않는 전쟁(The unknown War)'으로 불리는데, 이 전쟁의 원인에 대해서는 너무나 많은 시각이 존재한다. 하지만 전쟁이 한반도 내에서 민주진영 국가와 공산진영 국가 간의 싸움으로 전개되었던 만큼 냉전시대에 발생한 이념 전쟁이었다. 17개국이 남한을 돕기 위해 참전했고, 북한을 위해서는 중국과 러시아가 참전했다.

미국은 이 전쟁에 민주진영 국가 중에서 가장 많은 군인을 파견했는데, 그 규모는 외인부대 인원 총 34만 명 중 88%인 약 30만 명이나 되었다. 미국 국방부 통계에 의하면 전투에서 33,741명이 사망했고, 비전투 중 사망자 2,833명, 부상자 92,134명, 행방불명(MIA) 8,176명, 전쟁포로(POW) 4,439명이었다.[4]

---

4 Kathleen T. Rhem. "Defense.gov News Article : Korean War Death Stats Highlight Modern DoD Safety Record." defense.gov. US Department of Defense. June 8, 2000.

베트남전쟁(Vietnam War)

1955 – 1975

냉전 시대에 반공산주의와 공산주의 간의 갈등이었던 베트남 전쟁은 1955년 11월 1일에 베트남, 라오스, 캄보디아에서 시작된 전쟁이다. 1975년 4월 30일 사이공이 공산군에 의해 함락되면서 종전되었다. 제2차 인도차이나 전쟁이라고도 한다. 1955년부터 1975년까지 계속된 이 전쟁은 민족적인 공산주의자들인 베트남민주공화국(북베트남)과 남베트남 민족해방전선(베트콩)이 베트남공화국(남베트남)과 싸운 내전의 성격이 있는 반면, 미국과 한국을 비롯한 미국 동맹국들이 남베트남을 지원하기 위해 개입하고, 이에 맞서 중국과 북한도 비공식적으로 각각 전투원을 파견하여 북베트남을 지원함으로써 국제전의 양상을 띠게 되었다. 이 전쟁은 한국전쟁과 더불어 냉전 기간의 대표적인 전쟁으로 알려지고 있다.

미국이 전쟁에 개입하게 된 이유는 베트남의 공산화를 막기 위한 봉쇄정책(containment policy) 때문이었다. 처음에는 인도차이나 반도를 식민 지배했던 프랑스에 저항하는 식민지전쟁으로 보였으나 베트남을 미국이 지원하고 있음을 알고 베트콩이 크게 저항하기 시작했다. 미국의 군사 참여는 1960년대 초반부터 증가하기 시작했는데, 전투병이 투입되기 시작한 것은 1965년이었고 전쟁이 가장 치열했던 시기는 1968년이었다.

결국 반전 여론과 불투명한 전세에 미국은 휴전 협정을 맺고 베트남 전역에서 퇴각했지만, 남베트남과 북베트남, 베트남 해방 전선은 전쟁을 재개하여 사이공을 북베트남군이 점령하고 남베트남 정부 대신 남베트남 임시혁명정부가 세워지면서 끝이 났다. 미국은 이 전쟁에 대해 수치심을 느꼈는데, 그 이유는 미국이 참전하여 패배한 유일한 전쟁으로 기록되고 있기 때문이다.

피그만 침공(The Bay of Pigs Invasion)
1961

미국이 쿠바의 피그만을 공격한 사건으로 피델 카스트로(Fidel Castro) 정부를 전복시키기 위해 해외로 망명한 쿠바인들이 CIA의 훈련을 받아 시도했으나 실패한 사건이었다. 이 침공은 케네디 대통령 취임 후 3개월도 안되어 발생했다. 이 침공은 이미 케네디 이전의 아이젠하워 대통령이 승인했던 것으로 1959년 쿠바혁명 후 반혁명 세력들이 카스트로에 저항하다 외국으로 추방되는 사태가 벌어졌고, 미국이 이들을 지원하여 카스트로를 축출하고 친미정부를 세우려는 목적에서 발생한 공격이었다.

그레나다 침공(Invasion of Grenada)
1983

카리브 해에 위치한 작은 국가인 그레나다를 미국이 1983년 2천여 명의 해병대 병력으로 침공한 사건이다. 그레나다에서 4년간 혁명정부가 지배해왔는데, 유혈 군사 쿠데타로 정부를 몰아내는데 성공한 후 들어선 새로운 정부에 공산국가인 소련과 쿠바가 강력한 재정적 지원과 무장한 건설노동자들을 보내는 등의 지원을 해줌으로써 그레나다가 공산화될 것을 미국이 크게 우려했다. 결국 미국은 그레나다를 '제2의 쿠바'로 만들지 않기 위해 미국을 비롯한 동카리브 국가기구(OECS)가 군사력을 투입하는 기습 공격을 단행했다.

미국 정부의 레이건(Ronald Reagan) 대통령은 공산화를 막기 위해 어쩔 수 없는 결정이었다고 명분화 했지만, 국제사회로부터 미국이 주권침해 행동을 했다는 비난과 더불어 언론보도 차단이라는 비민주적 사태로 언론사들로부터 큰 비판을 받기도 했다. 베트남 전쟁 이후 선전포고 없이 약 7,000여명의 미군이 동원된 최초의 대규모 군사작전(Operation of Urgent Fury)이었던 이 침공은 미국이 군사 목표를 달성하긴 했지만 국내외로부터 환영받지 못한 사건이었다.

파나마 침공(United States Invasion of Panama) 1989

파나마의 장군이었던 마누엘 노리에가(Manuel Noriega)는 부시(George H. W. Bush)가 CIA국장이었던 1967년 이후 미국으로부터 고액을 받아가면서 중요한 정보를 제공해 주던 자였다. 하지만 그는 불법마약 운송을 차단하는 미국의 마약단속청(Drug Enforcement Administration)과 일을 함께 하면서도 마약 밀매자들에게 고액의 재정적 지원을 받는 비리를 저지르고 있었다. 그는 CIA와의 특별한 관계로 마약단속청의 감사를 피할 수 있었기 때문에 마약과 관련된 돈을 세탁할 수 있었다.

결국 1986년 초 레이건 대통령은 독재자인 노리에가에게 사임하라고 회유했지만 그는 단호히 거절했다. 이 사건이 언론에 노출되면서 미국에서는 '이란 콘트라(Iran-Contra)'라는 정치스캔들이 터졌다. 레이건 대통령에게 국방부 간부들이 파나마 침공을 요구했지만, 부시가 자신의 부하였기 때문에 문제가 복잡해질 것을 우려해 침공을 허락하지 않았다.

부시는 대통령이 된 후 파나마 선거를 무효화하면서 재집권한 노리에가를 방문하기도 했다. 노리에가의 독재에 저항하는 파나마 국민을 지원하지 않는다고 비난하는 미국 언론의 압력 때문에 결국 부시는 더 이상 노리에가와 협상하지 않겠다고 선언했다. 결국 1989년 12월 20일 노리에가를 체포하기 위해 병력 2만 4천명을 파나마로 파병하여 '대의명분작전(Operation of Just Cause)'을 수행했다. 1989년 5월의 대선에서 당선한 기예르모 엔다라(Guillermo Endara)가 미국의 군사력을 배경으로 대통령에 취임하고, 노리에가는 1990년 1월 미군에 투항함으로써 침공 작전은 끝을 맺었다.

걸프전쟁(Gulf War)
1990–1991

1990년 8월 2일 이라크는 전격적으로 쿠웨이트를 침공하여 합병을 선언하였다. 역사상 처음으로 아랍 국가가 다른 아랍 국가를 침공하여 합병시키자, 미국을 중심으로 유엔과 미국, 영국, 프랑스, 사우디아라비아, 이집트 등에서 파병된 다국적군은 작전을 개시했고, 이로 인해 걸프전이 시작되었다. 1991년 1월 17일 시작된 걸프전은 정보 전쟁, 자원 전쟁, 환경 전쟁이었다. 중동의 원유 매장량은 세계 전체 매장량의 67%를 차지하고 있었고, 걸프전 당시 미국은 전체 원유 수입의 2.6%를 이라크로부터, 1.0%를 쿠웨이트로부터 수입하고 있었다.

이라크의 후세인이 쿠웨이트를 침공한 이유 중에는 석유 할당량과 유가 문제, 쿠웨이트의 이라크 원유 불법 채굴 문제도 포함되어 있었다. 따라서 걸프전은 석유 자원의 소유권 문제, 생산량 할당 문제, 유가 문제, 국경선 문제 등 여러 문제들이 복합적으로 얽혀 발생한 전쟁으로 볼 수 있다. 미국을 중심으로 서방국가와 다국적군의 국가들은 8월 2일부터 12개에 이르는 대(對) 이라크 유엔결의안을 통과시켜 이라크를 침략자로 규정하고 이라크 무역제재 등의 강력한 이라크 응징을 결의하였다.

쿠웨이트로부터 평화적으로 철수하라는 UN의 요구를 이라크가 거부하자 미국은 1990년 '사막 보호 작전(Operation of Desert Shield)'과 '사막 폭풍 작전(Operation of Desert Storm)'을 통해 이라크를 공격했다. 이 전쟁은 철저한 하이테크 전쟁으로 이라크 사망자 15만 명에 비해 다국적군 사망자는 100여 명에 불과했다. 걸프전의 결과 미국은 중동 지역에서 그들의 패권을 확고히 하는 계기가 되었고, 사우디아라비아에 군사기지를 건설할 수 있었다.

걸프전의 발발로 중동 지역은 아랍과 이스라엘의 갈등이라는 전통적 갈등의 원인이었던 인종, 종교, 국경, 사회 갈등 이외에도 아랍인 간의 갈등이라는 새로운 형태의 갈등을 겪게 되었다. 걸프전은 베트남 전쟁 이후 실추된 미국의 자존심을 회복한 전쟁이자 미국이 미래에 추진할 전쟁의 양상이 어떻게 될 것인지를 명확히 보여 주었던 전쟁이었다.

아프가니스탄 전쟁(Afghanistan War)

2001–2011

21세기 미국이 경험한 최초의 전쟁으로 미국 역사상 최장기 수행한 전쟁이기도 하다. 2001년 9·11 테러가 발생한 후 이슬람 테러 단체인 알카에다에 보복하기 위해 미국과 영국에 의해 실시된 '항구적 자유 작전(Operation Enduring Freedom)'으로 시작되었다. 미국은 처음에는 오사마 빈 라덴(Osama bin Laden)을 체포하고 알카에다를 소탕하여 알카에다 조직에 은신처를 제공하는 탈레반 정권까지 축출할 목적이었다. 왜냐하면 1996년 제2차 아프가니스탄 내전에서 승리한 탈레반 정권이 아프가니스탄을 폭압적 지배하고 있었기 때문이었다.

2001년 9·11 테러 발생 후 삼일 만에 미국의 조지 W. 부시(George W. Bush) 대통령은 군사 보복을 명령했고, 미국 정부는 탈레반 정권에 알카에다 지도자 오사마 빈 라덴의 인도를 요구하였는데, 탈레반 정권은 국경지역과 영공을 폐쇄하고 중화기 및 병력을 증강 배치시켰다. 아프가니스탄 전쟁은 2001년 10월 7일부터 시작되었다.

'항구적 자유 작전'은 미국을 중심으로 파키스탄과의 국경을 따라 동부와 남부 지역에서 진행되었는데, 이 작전은 NATO의 작전이 아니었지만 참여국들은 NATO 회원 국가들이었다. 약 18,000명의 미군을 포함한 20,000명의 병력이 작전에 동원되었고 미국은 초기에 주요 도시와 교통망을 완전히 장악하게 되었다. 아프가니스탄 민중들도 해방을 염원하여 대부분 미국을 환영했다. 하지만 2003년 미국은 이라크와 전쟁을 시작하면서 미군 전투 병력과 동맹국 전투 병력 대부분이 이라크로 재배치되면서 아프가니스탄에 소홀해 지는 틈을 이용해 탈레반 세력이 다시 반격하게 되었다.

결국 미국은 '국제 안보 지원군(International Security Assistance Force)' 병력 증파를 추진했지만, 미국 내 반전 여론 때문에 별 진전을 보지 못하고 있었다. 오바마(Barack Obama) 대통령이 이라크에서의 철수를 합의한 후 아프가니스탄에 병력을 집중하겠다고 공약했다. 2010년 대규모 병력을 동원해 다시 오마바 빈 라덴을 찾기 시작했고 탈레반과 싸웠다. 2011년 5월 오사마 빈 라덴이 작전 중 사살됨으로써 이 전쟁은 종지부를 찍었다. 이후 오바마 대통령은 2014년까지 단계적으로 미군을 철수하겠다고 선언했다.

이라크 전쟁(Iraq War)
2003 – 2010

2001년 9·11 테러 사건 이후 2002년 1월 부시 대통령은 연두교서를 통해 북한, 이라크, 이란을 '악의 축(Axis of Evil)'으로 규정하였다. 이라크 침공 이전 미국과 영국은 이라크가 대량학살무기를 소유하고 있을 가능성 때문에 자국 안보와 자국을 둘러싼 동맹국 및 지역 동맹이 위협받고 있다고 주장했다. 2002년 유엔안보이사회는 이라크가 대량 학살 무기와 크루즈미사일을 소유하고 있는지를 검사하기 위해 유엔 무기 감시관들에 협조할 것을 요구하는 결의안이 통과되었다. 하지만 유엔감시단(The UN Monitoring, Verification and Inspection Commission, UNMOVIC)은 유엔 조항에 따라 이라크에서 조사할 수 있었지만 대량 무기 소유에 대한 증거는 찾을 수 없었다.

결국 미국은 이라크의 대량 살상 무기(Weapons of Mass Destruction,

WMD)를 제거함으로써 미국 국민과 세계 자국민 보호와 세계평화에 이바지 한다는 대외명분을 내세워 영국과 호주와 함께 2003년 바그다드 남동부 등에 미사일 폭격을 가함으로써 전쟁을 개시했다. 징병제로 100만 명이 넘는 이라크군은 수적으로 우세함에도 불구하고 미군에게 일방적으로 패배했다. 결국 같은 해 미군의 후세인 체포로 종전되었다.

미군은 후세인 독재세력의 지지 기반을 와해시킴으로써 그동안 유지되던 이라크 내 치안이 와해되었으며 이로 인해 보복살해 등 종파분쟁이 발생하고 치안부재로 인한 무장 세력의 형성과 이들의 저항으로 미군 수천 명이 전사하는 결과를 낳았다. 미국은 뒤늦게 부족한 지상군을 증원하고 이라크 경찰과 군을 재건하여 미군 전사자 수가 크게 줄고 안정을 되찾았지만 미군이 철수하지 못하고 있었다. 이라크가 2009년 국가주권의 날을 선언하자 미군 철수가 시작되었고, 마침내 2010년 8월 미국의 모든 전투 병력이 철수했다.

2장

미국 독립 전쟁과 여성

여성들의 전쟁 참여나 국방에서의 기여는 인류 역사에서 흔히 경시되는 경향이 있다. 이는 많은 국가에서 여성들이 군인이 되거나 전쟁에 참여할 수 있는 자격이 허용되기 시작한 것이 그다지 오래되지 않았기 때문이지만, 전쟁에 대한 인식이 힘의 상징인 남성들의 장으로 인식되고 있기 때문이기도 하다. 민주주의 국가로 탄생했던 미국의 독립 전쟁 당시 영국 식민지 내 백인들 사이에서도 마찬가지로 여성들은 남성들보다 열등하다고 간주되었을 뿐만 아니라 법률적으로도 여성들의 지위는 열등한 상황이었다.

아메리카 식민지의 여성은 아메리카 인디언, 흑인 노예, 그리고 남성들의 배우자로서의 필요성 때문에 온 영국인이라는 세 부류만 존재했을 뿐이었다. 하지만 미국의 역사 속에서 '여성'을 대변하는 것은 영국 여성만 해당되었다. 비록 이들은 영국 남성 4명당 1명의 비율이었지만 제임스타운에서 가정부로, 아내로, 엄마로, 농사군 등의 역할을 통해 식민지 발전에 영향을 준 여성들로 간주되었다.

1619년 버지니아 식민지에 처음으로 탄생한 버지스 의회(House of Burgesses)[5]는 여성들이 투표권이 없었기 때문에 백인 남성들만의 토론장이 마련된 셈이었다. 1620년 메이플라워호에 몸을 실은 102명 중 여성은 42명이었지만 이들도 질병과 좋지 않은 환경 속에서 몇 명만 생존했을 뿐이었다. 식민지 시절 아메리카의 여성들은 남성들과 동일한 권한을 행사할 수 없었기 때문에 노예들과 거의 비슷한 지위에 머물러 있었다. 아메리카 식민지에서 여성들은 성경을 읽을 수 있도록 강독 교육을 받을 수 있었지만, 이름을 쓸 수 있는 여성은 거의 없었다. 여성은 단지 나약한 존재로서 기본적인 것 이외에는 배울 수 있는 능력이 없다는 믿음이 보편적이었다.

17세기 초 여성들의 권한은 과연 어느 정도 보장되었을까? 당시 여성들은 법의 테두리 안에 있지 않았다. 그들은 투표를 할 수도 정부에서 일할 수도 없었다. 그들은 정치적 권한도 없었지만 어떤 정치적 대표성도 없었다. 여성들은 때로는 자신들의 의견을 견지할 수 없었기 때문에 대신 남편들이 대변해 주기도 했다. 여성들은 실제로 남성들의 소유물과 같았고 집이나 어린이도 여성의 소유물로 간주될 수 없었다.

---

5 이 의회는 북아메리카 식민지 버지니아에서 구성된 최초의 의회다. 버지스(burgess)는 영국에서 유래된 것으로 영국 의회의 하원 선거구를 대표하는 의원이나 도시의 선출되거나 임명된 관리를 의미한다. 아메리카 식민지에서는 최초로 선거를 통해 의원을 선출했는데 버지니아 식민지의 각 정착지에서 2명씩 선출되었고, 당시 식민지 경영을 맡았던 버지니아 회사가 이들을 임명했다.

여성들은 결혼과 동시에 재산 관련 권한이 모두 남편에게 양도되었다. 결국 이 때문에 과부들은 남편으로부터 물려받은 재산을 계속 소유하기 위해 재혼하지 않고 홀로 생활하기도 했다.

미국 독립 이전 영국의 식민지 시절에도 영국과 프랑스는 아메리카 인디언들과 전쟁하는 경우가 비일비재했다. 이런 과정에서 백인 여성들은 생존을 위해 자기방어 명분으로 사람을 죽이거나 적군을 위협하는 것을 자연스럽게 습득했다. 기록에 의하면 일부 시골에서는 여성들이 아메리카 인디언들을 죽이고 어떤 마을에서는 여성 폭도들이 인디언들에게 린치를 가하기도 했다고 한다. 이 때문에 식민지하에서 일부 여성들이 남장하여 군대에서 활약했을 뿐만 아니라 독립 전쟁 발발 전부터 영국에 대한 저항활동에 여성들이 적극적으로 참여하고 있었던 기록을 쉽게 찾아볼 수 있다.

보스턴 차사건(Boston Tea Party)이 벌어졌던 당시 사라 풀턴(Sara Bradlee Fulton, 1740–1835)은 영국이 식민지가 수입하는 차(tea)에 대해 세금을 부과하자 이에 저항하기 위해 군중들의 조직화에 적극적으로 참여했다. 그녀의 남편과 친척 대부분이 모두 함께 저항운동에 참여했고, 보스턴 항구가 영국군에 의해 포위되자 간호사 역할을 하면서 대륙군의 조지 워싱턴 장군에게 몰래 메시지를 전달하는 일도 맡았다. 그녀는 '보스턴 차사건의 어머니'로 알려져 있는데, 그 이유는 영국군 진영을 통과해 아메리카 진영에 메시지를 전달하는 활동을 했기 때문이었다.

미국에서 여성들이 전쟁에 관여하게 된 것은 1775년 영국에 대항하는 미국 독립 전쟁이 시작되면서 점차 증가하기 시작했다. 당시 여성들은 부상자들을 간호하기도 했고, 군복 세탁이나 수선도 했고, 전시에는 캠프에서 요리를 담당하기도 했다. 이처럼 전쟁에서의 여성 활동은 20세기 초까지 미국 군부 내 남성 군인들이 하지 않았던 일들을 주로 담당하는 전통을 유지했다. 여성의 역할은 군대에서 매우 소중하고 필요한 부분이었다. 현재 군대 내 여성들은 군부 내 모든 직종의 91%에 종사하고 있지만 직접적인 군사 활동을 하는 군인의 약 14% 정도에 불과하다. 여성들은 테러와의 전쟁에서 중요한 역할을 계속하고 있고 고귀한 헌신과 희생을 감수하고 있다.

1절 미국 독립 전쟁에 참여한 여성

1775년에서 1783년까지 8년 동안 지속되었던 독립 혁명(전쟁)은 미국이 영국으로부터 벗어나 하나의 국가로 탄생하는 출발점이었다. 영국은 당시 식민 지배를 하고 있던 다른 국가들과는 달리 아메리카 식민지들에게 '분리지배' 원칙 하에서 자율적인 삶을 허용하고 있었다. 아메리카 정착민들의 영국에 대한 의무는 단지 영국 정부에 세금을 바치는 것이었다. 그럼에도 불구하고 식민지들이 영국에 저항하여 독립하고자 했던 것은 프렌치-인디언 전쟁(1755-1763)[6] 이후 영국이 전

---

6 이는 북미 지역에서 영국과 프랑스 간의 식민지 확장을 위한 전쟁으로 영국과 아메리카 식민지를 한 축으로 프랑스와 아메리칸 인디언들의 동맹이 또 다른 축으로 해서 싸운 전쟁으로 영국이 승리함으로써 북아메리카에서의 식민지 지배권을 획득하게 되었다.

쟁 비용에 대한 부담감을 견디다 못해 식민지에게 경영비용은 물론 대륙 방어 비용을 부과하기 위해 이전과 달리 강압적인 새로운 세금이 부과되기 시작했기 때문이었다.[7]

미국 전쟁사에서 최초로 여성이 군대에서 근무하기 시작한 때가 독립 전쟁으로 기록되고 있지만, 정확히 말하면 군인이 아니라 군대 내에서 간호, 봉재, 요리 등의 도움을 주는 전통적인 역할만을 수행했을 뿐이다. 1862년, 즉 남북전쟁 이전에는 전투 의무는 항상 자원에 의해 이루어졌지만, 오직 18-45세의 백인 남자들은 지역민병대(militia unit)에 소속되어 있어야만 했다. 이는 식민지 민병대법(Colonial militia laws)에 기초한 것으로 건강한 백인 남자들은 무보수로 최소한의 군사 훈련을 수행해야 했다.[8] 독립 전쟁에서도 대륙 회의(Continental Congress)가 주별 민병대로부터 징병하여 일 년 동안 대륙군으로 복무하도록 권유했다. 하지만 강제적이지 않았기 때문에 그야말로 전쟁을 위해 군대에 가는 문제는 영국에 대한 적대감이나 아메리카 식민지에 대한 애정과 관련된 문제였다.

당시 여성들은 법원, 선술집 모임, 지역민병대 소집에서 제외되었지만 혁명에 대한 열정은 남성들 못지않게 높았다. 1760년대 인지세법, 1770년대 차 불매운동 때에도 적극적인 활동을 했지만, 독립 전쟁 동안에도 여성들은 각자 자기 견해에 따른 파벌 속에서 혁명의 열기에

---

7 새롭게 부과되기 시작한 세금은 설탕, 와인, 커피 등 수입품에 대한 관세, 모든 인쇄물에 부과하는 인지세, 유리 및 차(tea)에 부과하는 관세 등이었다.

8 평화주의자들이었던 퀘이커교도가 많이 거주했던 펜실베이니아 식민지에는 이 법이 없었다.

휩싸여 있었다. 전쟁 당시 미국 여성들 역시 애국파(Patriots)와 충성파(Royalists)로 나뉘어져 각 파벌을 도왔다.[9] 일부 여성들은 정치적 충성심을 보일 수 있는 기회를 통해 여성의 행동에 대한 제약을 뛰어넘을 수 있었다. 이는 여성들이 자신들의 성향과는 상관없이 전쟁에서 위험에 빠질 남편들의 입장을 고려한 결정이었다. 영국에 계속 충성을 바친 충성파 여성들은 가족과 공동체로부터의 지원이 끊겨 어려운 시간을 보냈던 반면, 애국파 여성들은 남편들이 전쟁에 나가 싸우는 동안 재정적 결정을 스스로 내려야 하는 상황에서 자율적으로 행동할 수 있는 기회를 처음으로 갖게 되면서 더욱 강한 자존심과 긍지를 느낄 수 있었다.

여성들은 전쟁 중에 농장일과 가사 등을 도맡아 가정 경제를 책임지고 재산을 보호하기 위해 노력했다. 이들의 임무는 남자들이 전쟁에서 집으로 돌아올 때까지 이런 활동을 지속하는 것이었다. 당시 남성들만 군대 소집이 가능했고, 여성들은 군 입대가 불법이었기 때문에 일부 여성들은 남장을 하고 대륙군(American Continental Army)에 참여하기도 했다.

독립 전쟁 때 영국과 미국 모두 군대를 따라 다니는 군부대 수행원(camp followers)이 있었는데, 이들은 군대를 보호하고 유지하는 데 일조했다. 전쟁에서 여성들의 합법적인 활동은 군부대 수행원 자격만 가능했는데, 주로 의무대에서의 간호활동, 식사 준비, 군복 제공, 세탁, 요

9 애국파는 영국 국왕에 저항하여 독립된 아메리카 식민지를 희망하는 자들이었던 반면, 충성파는 아메리카로 이주한 영국의 엘리트들로 여전히 영국에 대해 존경심과 충성심을 지닌 자들이었다.

리 등의 활동만이 가능했다. 물론 이들은 군복을 입지는 않았지만 군인들과 마찬가지로 열악한 거처와 보수를 공유하고 있었다. 남편이 군인인 여성들은 재산이 몰수되는 경우도 있었다. 군부대 수행원들과는 다르게 매춘부들은 군부대 내에는 존재하지 않았고 외부에서만 활동해야 했다.

대륙 회의는 부대 내 남자 15명 당 여성 1명의 비율로 여성을 허용했으나, 실제로 그 비율은 이보다 더 높았다. 왜냐하면 여성 노동이 필요했고, 이들이 없을 경우 남자들이 정서적으로 황량해지도록 둘 수 없었기 때문이었다(De Pauw 1975, 183-186). 이러한 군부대 수행원들 중 여성은 마치 20세기에 창설된 여성부대(WAC : Women's Army Corps)와 매우 유사한 성향을 보였다. 이들 여성들은 전쟁터에서 간호사로 일하거나 군인 남편을 둔 부인들로 짐을 나르고, 위생병과 같은 업무를 수행하면서 남자들의 절반 정도의 식량을 배급받았다. 이밖에도 군부대 수행원에는 꽤 많은 남자들도 포함되어 있었다(Mayer 1996).

군부대 수행원은 대부분 군인이나 장교를 위해 일하도록 배정되어 개인적으로 일했지만, 나머지는 계약직이거나 군 전체를 위해 일하는 고용인이었다. 대부분의 여성들은 하위계층 여성으로 잡일은 하는 육체노동자였던 반면, 어린애들을 데리고 다니는 소수의 특별한 숙녀들은 상류층 장교의 부인들로서 남편들과 동반함으로써 정신적인 안정감과 보살핌을 지원해 주는 역할을 담당했다. 대표적으로 워싱턴 장군의 부인인 마사 워싱턴(Martha Washington)도 군부대마다 남편을 따라다녔다. 그럼에도 불구하고 워싱턴 장군은 필요치 않은 여자들을 부대에서 내보내고, 여자들을 마차에 태우지 말라고 명령하기도 했다.

일부 충성파(loyalists) 여성들은 영국군에 아메리카의 대륙군 정보를 전달하는 스파이 역할을 하거나 위문 활동을 담당하기도 했다. 예를 들면 '미스 제니(Miss Jenny)'로 불리던 여성과 앤 베이츠(Ann Bates)는 영국을 위해 아메리카인들을 상대로 스파이 활동을 했다. 또한 일부 여성들은 충성파 남편들 때문에 재산이 몰수되는 어려움을 겪기도 하고 심지어는 강간을 당하는 치욕을 경험했다.

이와 반대로 애국파 성향의 여성도 충성파를 대상으로 스파이 역할을 했는데, 독립 전쟁의 영웅으로 알려진 낸시 하트(Nancy Hart, 1735-1830)가 대표적이었다. 그녀는 충성파들을 집으로 초대해 음식을 대접하면서 술을 먹인 후 총을 쏴 1명을 죽이고 5명을 포획하기도 했다. 에밀리 가이거(Emily Geiger, 1765-1825)도 민간인으로서 충성파 진영을 넘나들며 중요한 정보를 대륙군에 전달해왔는데, 이 과정에서 충성파들에게 잡혀 조사를 받던 중 메시지를 삼켜 증거를 없앴으며 풀려난 후에도 사우스캐롤라이나 민병대의 섬터(Thomas Sumter) 장군에게 구두로 정보를 전달할 정도로 강한 의지를 보이기도 했다. 리디아 배링턴(Lydia Barrington) 역시 필라델피아에서 아메리카 군인들을 돕기 위해 영국을 상대로 스파이 활동을 했다.

1778년 뉴욕시 세터켓(Setauket)이 영국에 점령당하자 워싱턴 장군의 명령에 따라 벤자민 탈마주(Benjamin Tallmadge) 대위가 '컬퍼 스파이 링(Culper Spy Ring)'이라는 스파이 연계조직을 만들었는데, 이 조직은 뉴욕, 롱아일랜드, 코네티컷에서 주로 정보를 수집하는 활동을 했다. 이 비밀 조직의 구성원들 중 여성들이 핵심 역할을 했는데, 당시 이들은 남편들의 신념을 공유해야 했고, 정치에 직접적으로나 공개적으로 연루되면 안 되었기 때문에 스파이로 의심받을 가능성이 없었다. 안나 스트롱(Anna Strong)은 애국파인 남편이 영국에 체포된 후 롱

〈그림 2〉 미국 독립 전쟁의 영웅 몰리 피처

http://womenshistory.about.com/od/waramrevolution/ss/Molly-Pitcher.htm

아일랜드에서 뉴욕과 코네티컷, 뉴저지로 이어지는 정보 전달 스파이들의 활동을 지원했다.

애국파 여성들은 남자로 위장해서 군대에 간 후 부상을 입으면 치료하는 동안 의사에 의해 여자로 밝혀지기도 했지만 그들의 애국심에 감동받아 벌을 받기 보다는 칭송을 얻곤 했다. 전쟁에 참여하는 여성들은 거의 대부분 남편과 함께 전쟁터에 가기도 하고, 남편이 사망한 후 그 자리를 채워 활동했다. 메리 헤이즈(Mary Ludwig Hays McCauley) 역시 1778년 뉴저지 몽모스(Monmoth) 전투에서 군인들에게 물을 나르는 일을 하다 대포를 쏘던 남편이 쓰러지자 대신 대포를 발사하는 포수로 활동했었다. 그녀가 바로 '몰리 피처(Molly Pitcher)'로 알려진 인물이다. 이 용어는 지금도 미국인들에게는 전쟁터에서 부상자들을 간호하거나 물을 나르는 역할을 하는 여성을 지칭하고 있다.

이후 전쟁에 참여하는 여성들을 몰리 피처로 부르기 시작했다. 그녀는 워싱턴 총사령관으로부터 금메달을 받고 하사관이 되기도 했다. 결국 몰리 피처는 두 가지의 의미를 담고 있다. 첫 번째는 여성이 포병과에서 화약을 운반하는 역할을 할 경우이고, 두 번째는 보병에서 부상당한 남편을 대신할 경우를 의미한다.

미국에서 최초의 여군은 매사추세츠 주 출신 데보라 샘슨(Deborah Sampson)이라고 한다. 그녀는 독립 전쟁 당시 이등병 로버트 셔트리프(Robert Shurtliff)라는 젊은 남자로 위장해 대륙군(Continental Army)에 자원입대해 3년간 복무했다. 이 과정에서 두 번 부상을 당했지만, 남장을 들키지 않기 위해 허벅지에 박힌 총탄을 직접 빼기도 해서 어떤 의사도 그녀가 여자라는 사실을 알지 못했다. 하지만 열병이 나서 의식을 잃은 그녀의 열을 식히는 과정에서 입대 후 거의 2년 반 만에 여성이었음이 드러났지만 의사는 사실을 알리지 않은 채 그녀를 집으로 데려가 오히려 극진히 보살펴 주었다. 어찌됐든 그녀에 대한 얘기가 조지 워싱턴 장군에게 알려지면서 전쟁에서의 공로를 인정받아 후에 홀아비인 그녀의 남편이 국가로부터 연금과 토지를 수여받게 되었다.[10]

1775년 대륙군이 소집되자 워싱턴 장군은 "훌륭한 여간호사들이 부족해서 부상자들이 고통을 받고 있다"는 보고를 받았다. 그는 간호와 침대 관리를 관할하는 감독관 한 명과 더불어 환자들을 돌보고 감독관의 명령에 복종하는 간호사들을 요청했다. 또한 두 번째 요청에서는 환자 10명 당 1명의 간호사와 환자나 부상자 100명 당 감독관 1명을 배치해달라고 요청했다.

결국 1777년 대륙군 의무대(Continental Army Medical Corp)는 100명의 부상자 당 1명의 남성 수간호사와 10명의 여성 간호사를 의무화

---

10 Linda Grant DePauw, 1975. *Founding Mothers : Women in Americain the Revolutionary Era.* Boston : Houghton Mifflin.

했다. 영국군의 경우 10명의 남성 군인 당 1명의 여성을 군에 수용하고 있었던 반면, 대륙군은 남성 당 여성의 수를 제한하는 방법을 사용하지 않았다. 만일 이 방법이 채택되었다면 일부 피난 중인 여성들이 캠프를 떠나야 했기 때문이었다. 캠프 내 여성들은 총탄 만들기, 물과 화약 나르기, 대포 도우미 등의 활동을 주로 했다. 당시 캐서린 그린(Catherine Littlefield Greene, 1755–1814)은 장군인 남편을 따라 전쟁터를 함께 다니면서 병원 내 군인들을 격려하고 간호하며, 무도회나 퀼트 모임 등을 통해 군 분위기를 화목하게 만드는 데 기여했다.

군 지휘관이던 엘리제 베일리(Elijah Bailey)의 아내였던 앤 베일리(Anne Warner Bailey, 1742–1828)는 1781년 그로튼(Grotton) 전투에서 부상자들을 위한 붕대와 탄약통에 필요한 천을 모으기 위해 가가호호 돌아다녔을 정도로 열성적이었다는 이유로 '그로튼의 영웅'이라는 별명을 얻기도 했다. 한편 동명이인의 앤 베일리(Anne Trotter Bailey)라는 여성이 회자되었는데, 그녀는 군인이었던 남편이 전사하자 1774년 워싱턴 장군이 지휘하는 대륙군을 위해 군인을 모으기 위해 식민지들을 160마일 이상 돌아다녔다고 한다. 남장을 하고 돌아다니며 군 입대를 독려하는 일이 그녀의 주요 업무였지만 영국군이나 아메리카 인디언들과 싸워야 하는 필요성을 민병대에서 설파하기도 했다. 또한 그녀는 군 주둔지를 위한 정찰과 정보 전달 활동가로서 열심히 일하면서 네 가지 별명을 얻었는데, '성난 앤(Mad Anne)', '혁명의 딸(Daughter of the Revolution)', '그레이트 카나와(Great Kanawha) 해변의 개척 영웅', '카나와의 백인 여자' 등으로 불렸다.[11]

동서지간이었던 그레이스 마틴(Grace Martin)과 레이첼 마틴(Rachel Martin) 역시 독립 전쟁 참여 군인의 아내들로 남편 옷을 입고 총을 들고 영국군의 정보를 전달하는 자들을 성공적으로 차단하여, 미국 측에 정보를 빼돌리는 역할을 했다. 이들은 전쟁을 따라 다니지 않고 시어머니와 함께 머물면서 이같은 활동을 하고 있었다. 전시에 남자들이 없는 경우 여성들은 충성파들의 학대를 받는 대상이 되었는데, 충성파들은 심지어 새털 침대를 쑤셔 집안 가득 털을 날리게 할 정도로 대륙군 색출에 열을 올렸기 때문이었다.

마가렛 코빈(Margaret Corbin)은 1776년 워싱턴 요새 전투(Battle of Fort Washington)에서 사망한 대륙군인 남편을 대신해 대포를 쏘았다. 워싱턴 요새(Fort Washington) 공격 당시 소수의 용감한 여성들이 남편과 함께 또는 남장을 하면서 전쟁에 참여했는데, 그녀 역시 남편 존(John Corbin)과 함께 전투에서 대포 탄약을 나르다 남편이 사망하자 주저하지 않고 자신이 스스로 대포를 쏘기도 했다. 당시에 군대에서 여성들은 남편, 아버지, 아들과 함께 머물 수 있었으며, 자식을 있을 경우 그들도 같이 지낼 수 있었기 때문에 이런 활동이 가능했다. 독립전쟁 초기에는 군대 캠프에 여성이 머무는 것이 큰 부담이었으나 워싱턴 장군 하에서는 캠프 내 여성들의 요리, 빨래, 간호 등의 활동을 중요하게 인식하기 시작했다.

1779년 코빈은 이 전투에서 부상을 당해 미국 정부에 의해 군복무 중 부상자들에게 수여하는 상해군인연금을 받은 최초의 여성이 되기도 했다. 그녀는 정규 군인이 아니었지만 그녀의 용맹을 높이 사

---

11 그레이트 카나와 협곡은 웨스트버지니아에 있는데, 아메리카 인디언들이 유독 그녀에게 별명을 붙여준 이유는 인디언들 영토에 해를 입히지 않으면서도 말을 타고 지나갈 수 있는 여자였기 때문이었다.

서 다른 군인들의 연금의 절반을 받을 수 있었다(Canon 1995). 뉴욕의 포트 트라이온 공원(Fort Tryon Park)에 세워진 그녀의 기념탑에는 "자유를 위한 전쟁에서 군인으로 활동한 최초의 미국 여성"이라고 새겨져 있다. 이외에도 군부대 텐트에서 철로 된 스푼과 납을 가지고 총탄을 만들던 여성들도 있었다.

여성의 전투 참여는 남성들이 적과의 싸움에서 얼마나 가용될 수 있었는가에 달려 있었다. 남자들이 군 입대로 집을 떠나 마을을 지키지 못할 경우 지역에 남아 있던 여성들은 남자 옷을 입고 소총과 건초용 갈퀴 등으로 무장해 지킬 수밖에 없었다. 이런 여성들 중에는 낸시 하트(Nancy Morgan Hart)처럼 영국 군인을 죽인 경우도 있었다. 1780년 필라델피아 여성들이 군대 기금을 조성하기 위해 전국적인 여성조직인 '필라델피아 여성협회(Philadelphia Ladies Association)'를 창설한 후 모금한 기금을 군인들에게 직접 전달하겠다고 했지만 조지 워싱턴이 이를 거부하자, 이들은 기금이 잘못 쓰일 것이 두려워 직접 천을 구입해 군인들의 셔츠를 제작하면서 자신들의 이름을 새겨놓기도 했다. 이것은 여성들의 개인적 후원이자 기부라는 점을 알리고 군인들에 협조하는 단결심을 보이려는 의지가 담긴 행동이었다. 또한 당시 여성들의 생활 여건에 비해 높았던 그들의 정치적 인식과 행동에 대한 새로운 의식을 보여 주는 획기적인 모습이었다.

반면 충성파 측 여성들은 마차, 보석, 옷, 가구 등 모든 재산을 몰수당했다. 뉴저지에서는 영국을 도운 여성들의 경우 배반자로 간주되어 300파운드에 해당하는 벌금을 물기도 했고, 일 년 동안 감옥에 갇혀야 했으며, 두 번 이상 배반 행위가 있을 경우 처형되기도 했다.

독립 전쟁에서 거의 20,000명의 여성들이 다양한 군 시설에서 활동했지만, 실제로 수백 명 정도의 여성들만이 다양한 지역과 주 단위 군대에서 군사 활동에 참여했을 뿐이었다(Gunderson 1996, 164). 직접 군사 활동에 참여할 수 있었던 여성들은 남장을 한 경우인데 일부는 자신의 가족인 남자와 함께 했고, 일부는 홀로 입대하기도 했다. 이런 여성들의 숫자는 정확히 파악하기 어려울 수밖에 없는데, 전쟁 중 부상을 당하거나 사망한 경우에만 남장을 했던 것이 들통나 여성이었다는 사실이 알려졌기 때문에 그렇지 않은 경우까지 포함된다면 이보다 더 많은 숫자로 짐작될 수 있다.

미국 독립 후 처음 치렀던 전쟁은 1812년 전쟁, 즉 미국-영국 전쟁이었다. 이 전쟁에서 정확하게 몇 명의 여성들이 전쟁에서 활약했는지는 정확히 파악하기 어렵다. 전설적으로 알려져 있는 여성이 바로 최초의 여성 해병인 루시 브루어(Lucy Brewer)인데, 그녀는 남장을 하고 미국 연합함대에 승선해서 복무했다(Hewwitt 1974, 1). 공식적으로 스티븐 디케이터(Stephen Decatur) 준장이 이끄는 함대에 승선한 여성 간호사로는 매리 마샬(Mary Marshall)과 매리 알렌(Mary Allen)이 있었다. 당시 매디슨(James Madison) 대통령은 처음으로 군대를 위해 4만 명의 남자들을 소집하는 징집을 제안했는데, 의회의 승인 전에 전쟁이 끝나버렸다. 한편 1840년 징모병(徵募兵)을 포함하여 20만 명의 상비군 제도가 제안되었지만 의회에서 통과될 수 없었고, 남북전쟁 이전까지 군복무는 자원제로 운영되었다.

역사적으로 군사작전에서 여성의 역할은 대체적으로 간과되는 성향이 있었는데, 특히 1812년 미국과 영국 간의 전쟁은 더욱 그런 편이다. 미국과 영국 측 모두에서 여성들이 쓴 편지나 일기를 통해 전쟁에서의 그들의 역할을 짐작할 수 있다. 이 전쟁에서도 여성들은 남자들이 떠난 자리를 대신해 그들의 일을 했다. 한편 남편을 따라가 전쟁터에 있었던 많은 여성들은 세탁과 바느질 등의 일을 하면서 군인들을 도왔다. 캠프에 있던 일부 여성들은 고위 군인들의 하인으로 고용되어 요리, 청소, 간호, 세탁 등의 일을 했던 반면, 집에 있었던 여성들은 가족과 남편들이 하던 일을 대신했다. 남편을 따라 군부대에 있을 수 있는 여자들은 추첨에 의해 선발되었는데, 군인 100명 당 6명의 아내에게만 허용되었다. 군대 캠프 내 여성들이 힘든 일을 도맡아 했던 반면, 남자들은 위험한 일을 책임지고 있었다. 만일 남편이 사망했을 경우, 여성들은 애통의 기간인 3-6개월이 지난 다음 재혼하거나 캠프를 떠나야만 했다. 따라서 신변의 안전을 위해 대부분의 미망인들은 재혼할 수밖에 없었다.[12] 전쟁에 대한 기록을 보면 어떤 여성은 남편이 죽은 후 5개월 동안 네 번이나 결혼한 여성도 있었다고 한다.

전쟁터에 있었던 일부 여성들은 전쟁에서 어떤 일이 벌어지고 있는지 상세하게 일지를 쓰기도 했다. 대표적인 예로 중위의 부인이었던 리디아 베이컨(Lydia B. Bacon)의 전쟁일지가 있다. 그녀의 전쟁일지는 날씨를 비롯해 부대이동, 아메리카 인디언들과의 전투 등에 대해 매우 상세하게 기록되어 있었다.[13] 이 전쟁에서 가장 유명한 일화는 1814년 영국군이 홀로 워싱턴 D. C에 남아 있던 영부인 돌리 매디슨(Dolley Madison)이 머물고 있는 대통령 관저를 공격했을 때의 일이다. 그녀는

---

12 Mary M. Crawford (ed). *The Journal of Mrs. Lydia B. Bacon, 1811-1812*, Indiana Magazine of History. 1944. p. 374.

13 The Journal of Mrs. Lydia B. Bacon, 1811-1812, Edited by Mary M.Crawford, *Indiana Magazine of History,* (1944) p. 374.

관저에 있던 정부관련 중요 문서와 조지 워싱턴의 초상화 등 가치 있는 물품들을 참모들과 하인들과 함께 꾸려 피난했기 때문에 화마로부터 피할 수 있었다.[14] 이 때문에 그녀는 영웅이 되었고 화재가 났던 대통령 관저가 흰색으로 페인트칠이 되어 백악관(White House)으로 공식적으로 불리게 되었다.

2절 아메리카 식민지 시기 및 독립 전쟁 후 여성의 삶과 지위

아메리카 인디언을 제외하고 아메리카에서 최초로 태어난 여자는 1587년 버지니아의 로어노크(Roanoke) 섬에서 거주하던 영국인 부부의 딸이었다. 영국 최초의 아메리카 식민지인 제임스타운(Jamestown)이 1607년 건설된 후 104명의 이민자들이 도착했지만 모두 남자들이었다. 하지만 이들 중 많은 이들이 병에 걸려 절반 이상이 사망하고 38명만 정착할 수 있었다. 그 이듬해 비로소 처음으로 여자들, 즉 영국 여성인 앤 포리스트(Anne Forrest)와 그녀의 딸 앤 버라스(Anne Burras)가 물자 수송 선박으로 제임스타운에 정착했다(Grizzard 2007, 152). 1600년대 초반 제임스타운의 정착민들은 거의 모두 금을 찾아 영국을 떠나

14 From the Letters of Dolley Madison; Galafilm Web Site. http://www.galafilm.com/1812/e/people/dollymadison_let.html

온 남성들이었기 때문에 사회에서 여성들의 역할에 대한 인식은 거의 없는 수준이었다.

초기 식민지 정착을 위해서 남자들은 결혼해서 자식을 얻었고 새로운 땅을 개척하기 위해 여자가 필요했다. 원래 남자들은 금을 찾아 아메리카에 왔지만 이를 포기하고 담배농사에 몰두했다. 식민지에서 약 2년 정도 생활한 일부 남자들은 여자들을 간절히 원했고, 가정을 이루길 원했다. 결국 영국은 담배가 필요했었기 때문에 영국 여자들을 식민지로 보내는 비용의 대가로 담배를 교환하는 방법을 채택하였다.

식민지 정착민들은 대서양을 건너 버지니아로 여자들은 데려오기 위해 버지니아 담배회사에 돈을 지불해야만 했다. 버지니아회사는 식민지 생활의 존속과 가정의 필요성을 위해 여성들을 데려오는 것을 허가했고, 마침내 1620년 90명의 여성이 제임스타운에 도착했다. 남자들은 이 여성들 중 한 명을 신부로 선택했을 경우 데려온 비용을 담배 120파운드로 지불해야 했다.[15] 이들 중 최연소자는 15세였고, 최연장자는 28세였다.

당시의 여성들은 '담배와 바꾼 여성(Trading Tobacco for Women)'으로 기록되었는데 주로 제임스타운 식민지에서 시작된 것이었다. 이 때문에 이들 처녀들은 '담배 신부(tobacco brides)' 혹은 '우편주문 신부(mail-order brides)'로 불려졌다. 그렇지만 젊은 여성들은 원하는 남자들을 남

15 당시 담배 무역에서 1파운드의 담배는 3실링이었으므로 신부 1명을 위해서 360실링을 지불하는 것과 같았다.

편으로 받아들일지 말지를 스스로 결정할 권한을 가지고 있었기 때문에 노예와는 분명히 다른 신분이었다. 신부감이 되지 못했을 경우에는 버지니아회사에 배 삯을 갚기 위해 5-7년 동안 계약을 통해 하인(indentured servant)이 되어야만 했다.[16] 일부 영국 상인들은 젊은 여성들을 납치하여 아메리카 식민지로 데려와 신부감이나 계약하인으로 팔아넘기기도 했다. 자발적으로 미국으로 건너온 일부 여성들은 남부 지역으로 이주하기 위해 배 삯을 갚고 이주비 상환으로 스스로 4-5년 동안 계약노동자가 되기도 했다. 이들은 주로 담배농장에서 일했다. 당시 남자들조차 거의 43세가 되기 전에 사망했는데, 여성들의 수명은 이보다 더 짧았지만 워낙 여성이 부족하던 시기라서 노동계약 기한이 넘도록 살아남을 경우에는 반드시 결혼해야 했다. 결혼 평균 연령이 16세였고 여성들은 40세까지 평균 8명의 아이를 출산했기 때문에 여성의 평균 수명이 짧은 것은 당연했다. 17세기 메릴랜드에서는 영아의 25%가 첫돌을 넘기지 못하고 사망했고, 40-50%가 20세를 넘기지 못했다(Carr and Walsh 1977, 552).

한편 1620년 플리머스항에 도착한 청교도들이 타고 왔던 선박 메이플라워(Mayflower)에도 102명의 사람들 중 여자 총 29명으로 결혼한 여성이 18명, 10명의 처녀와 1명의 소녀가 있었다.[17] 여자들은 항해 중

---

16 "Buying Women for Tobacco." *MY CIGAR*, Vol. 1, No. 1(Saturday, December 5, 1874, p. 7. published by the Boston Cigar Club. The American News Co., agents for the publisher.

17 이들 중 가장 잘 알려진 인물은 당시 13세 정도의 소녀였던 메리 칠튼(Mary Chilton)인데, 그녀는 아메리카에 도착 후 곧바로 아버지를 잃고, 어머니 역시

사망하지는 않았지만 플리머스에 도착하여 혹독한 겨울을 보낸 후 거의 다 사망하여 궁극적으로 4-5명만이 살아남았는데 남자들보다 여자들의 생존율이 훨씬 낮았다. 1620-1622년에 147명의 여자가 아메리카 식민지로 이주해왔고, 1624년 1,240명의 유럽 출신 인구 중 성인 여자 비율은 약 18%에도 못 미쳤다(Brown 1996, 82).

뉴잉글랜드 지역과 중부 식민지의 경우에는 여성들이 가족과 함께 이주해왔던 반면, 남부 식민지의 경우 주로 여성들은 계약하인으로 또는 남성 정착민의 미래의 아내로 홀로 이주해왔다. 어떤 지역이든 식민지 초기에는 여성들이 너무 귀해서 남성들은 여성을 얻기 위해 전쟁을 하다시피 할 정도였다. 특히 체사피크만 지역은 남성과 여성의 비율이 6 대 1 정도로 여성의 비율이 매우 낮았다. 메릴랜드 카운티의 신부 중 삼분의 일은 이미 결혼 전에 임신 중이었을 정도로 남성들은 여성들을 먼저 차지하는 것이 급선무였다. 1634년 메릴랜드 지역에 사람들이 정착하기 시작한 후 20년이 지나서야 남성과 여성의 비율은 3 대 1 정도 되었고, 1691년부터 18세기 초까지 남자 대 여자 비율은 3 대 2 정도로 계속 동일한 비율이 유지될 정도로 여자들은 계속 부족했다(Carr and Walsh 1977, 556).

아메리카 식민지 시절 초기에는 모든 사람들이 생활필수품을 열심히 생산해내기 위해 어렵게 생활했다. 전쟁기피자들에게는 어떠한 여지도 없었다. 버지니아에서 존 스미스(John Smith)는 "일하지 않는 자

전염병으로 사망하여 고아가 되었으나, 나중에 존 윈슬로(John Winslow)라는 남성과 결혼하여 보스턴으로 이주해 가장 부유한 상인의 아내로 살았다고 한다.

먹지 말라"고 법령화하기도 했다. 초기 남부식민지에서는 남성 인구가 여성에 비해 훨씬 많았기 때문에 생활, 특히 가정생활은 상대적으로 불안정할 수밖에 없었다. 식민지 생활에서 성별에 상관없이 모든 사람들이 생계를 위해서는 자신의 일을 열심히 해야만 했다. 무엇보다도 초기 식민지의 척박한 환경에서 가정을 안정적으로 유지하기 위한 일은 모두에게나 매우 힘든 일이었다.

여성들은 집에서의 활동만 가능했기 때문에 재봉, 요리, 가축 돌보기 등을 주로 하면서 비누, 양초, 의복과 기타 생필품 등 가정 내 필요한 물품을 만들었던 반면, 남성들은 건설, 농업, 수확, 사냥, 고기잡이, 기계수선, 맹수나 인디언에 의한 위협으로부터 가족을 보호하는 데 열중했다. 아메리카 식민지 생활에서는 여성들의 지위와 역할에 대해 성경에서 언급되고 있듯이 여성은 '약한 그릇(weaker vessels)'[18]으로 간주되었다. 여자들은 남자들보다 신체적으로나 정신적으로도 강하지 못할뿐더러 감정적으로도 안정적이지 않다는 전통적 사고가 반영된 것이다.

여성들은 법적으로 투표할 수 없을 뿐만 아니라 공직을 수행할 수도 없었고, 스스로를 위한 법처리를 할 수도 없었다. 또한 집 밖에서 일할 기회도 종종 제한되었다. 이들 여성의 삶은 남편에게 복종하고 존경하는 전형적인 전통적 삶이었다. 그럼에도 불구하고 일부 여성들은 자신들이 생산한 물품을 마을에 내다 팔 수 있었다. 여성들 간의 경제적 거래 관계는 마을 생활에 중대한 역할을 했지만, 거래는 문

18 이 문구는 성경의 베드로 전서 III:7에 있다.

서가 아닌 구두로 이루어졌기 때문에 경제활동은 기록으로 남아있지 않았을 뿐이다(Ulrich 1983, 43–46).

공식적으로 여자들에게는 교육이 제공되지 않았지만 아메리카 식민지에서 소녀들은 기숙학교에서 배우고 쓰는 법을 배울 수 있었다. 부모들은 딸들을 가르치기 위해 예술, 예절, 그리고 문학에 대해 젊은 여성들을 교육할 수 있는 과부나 미혼 여성의 집으로 보냈다. 이렇게 가정 단위의 학교는 도제(徒弟) 체제와 유사한 것이었다. 동부지역의 좀 더 큰 타운에서는 기숙 형태의 학교들이 더 광범위한 교육의 기회를 제공했다. 학생들에게 바느질, 좋은 예절, 문학, 불어, 댄스 등을 교육했다. 기숙사 교사들은 더 많은 학생들을 학교에 들어오게 하려면 좋은 평판을 얻어야만 하는 사업가와 같았다.

식민지 당시 영국의 보통법(common law)[19]에 따라 생활했기 때문에 기혼 여성들은 재산을 소유할 수도, 또 유서에 서명할 수도 없었을 뿐만 아니라 남편의 동의 없이 계약하는 일도 불가능했고, 상속자가 될 수도 없었다. 남편이 죽으면 집과 모든 재산이 아들에게 양도되거나 아들과 함께 공동 소유하게 되었다. 이런 생활의 틀에서 여자들은 당연히 이혼소송이 있을 수 없었기 때문에 도망가는 수밖에 없었다. 이 밖에도 여자들은 대학을 갈 수도 없었고, 법률 관련 업무, 목사, 의사가 될 수도 없었다.

하지만 이런 환경에서도 여성이 자신의 권리를 지키기 위해 투쟁

19 영국의 보통법에 따르면 기혼 여성은 남편에 의해 보호(cover)되었다. 따라서 21세 이상의 미혼 여성과 과부만이 독신녀의 신분으로 자신의 명의로 계약하기도 하고 재산을 소유할 수 있는 법적 권리를 누릴 수 있었다.

하는 경우가 간혹 있었기 때문에 차츰 아메리카 식민지 생활에서의 변화에 따라 여자들에게 관대한 법적용이 이루어지기 시작했다. 당시 미혼이나 과부의 경우 부모나 남편으로부터 재산을 물려받을 수 있었으나 다른 사람에게는 재산을 양도할 권한은 지니지 못했다. 플리머스 식민지의 엘리자베스 워렌(Elizabeth Warren)은 당시 다수의 소송을 제기했었다. 그 중 하나는 1652년 그녀는 자신의 형부에게 자신의 토지 소유권이 양도된 것에 대해 의문을 제기한 과부의 토지소유권 이양에 대한 소송에서 승소했다.

한편 종교적 자유를 위해 투쟁한 여성의 예로서 청교도 목사인 존 코튼(John-Cotton)을 따라 남편과 함께 보스턴으로 이주한 앤 허친슨(Anne Marbury Hutchinson)의 경우를 들 수 있다. 그녀는 자신의 집으로 사람들을 초대해 성경 공부를 하면서 그들에게 '은총이론'[20]을 설명함으로써 청교도의 이단자로 낙인 되어 재판을 받게 되었고, 이 소송에서 자신의 권리를 성공적으로 변호했을지라도 결국 유죄로 판결되어 청교도 교회에서 파문되었다. 여자는 성경을 가르칠 수 없다는 즉 해석할 수 없다는 당시의 관습을 벗어나 가족, 종교적 계층사회와 정치적 계층사회를 위협할 정도의 급진적인 사건이었다. 여자들은 예배를 볼 수 있는 자유는 있지만, 성경을 해석할 자유는 없다는 것이었다. 이 사건을 통해 표면적으로는 종교적 이단 행위라는 명목으로 허친슨이 비난받은 것으로 알려지고 있지만 실질적으로는 여성해방의

20 '은총이론'은 청교도 목사들이 구원의 외면적인 증표인 '행위의 언약' 즉 선행과 세속적 성공을 강조하는 것과는 달리 행위에 의해 얻을 수 없는 하나님의 은총에 대한 내적 체험을 중시하는 것이다.

가능성과 당시 기존질서를 파괴하는 것에 대한 남자들의 경고라 볼 수 있다. 이와 같은 용기 있는 행동 때문에 후대에 그녀는 미국 역사상 최초의 여성 종교지도자로서 또 최초의 여성권 운동가로서 인정받을 수 있었다.

신세계에서 존재했던 노동 분화, 즉 여성은 일반적으로 여성과 관련된 전통적인 일에 국한되어 있었던 것이 분명했지만, 아메리카 식민지에서는 노동이 매우 가치있었기 때문에 많은 여성들이 산파, 상인, 인쇄업자, 심지어는 의사, 변호사, 목사, 작가, 가수 등의 직업을 추구함으로써 자신들의 가치를 증명하고자 했다. 하지만 당시 여성이 생계유지를 위해 돈을 벌 수 있었던 직업은 재봉사와 하숙집 운영이었다. 기혼 여성들은 남편과 함께 가게나 여관, 조선업 등을 운영하기도 했다. 게다가 가족의 생존은 일할 수 있는 연령이 된 어린이를 포함한 모든 가족 구성원들의 노력에 의존했기 때문에 남편이 다치거나 병이 걸린 경우 그 역할을 여성들이 대신해야만 했다.

여성들은 가축의 출산을 돕고, 쟁기를 끄는 말을 몰면서 농사일도 잘 할 수 있었다. 가족은 사회의 주요 단위였기 때문에 뉴잉글랜드 지역에서는 특히 가정에서 아내로서의 위치는 상당히 중요했다. 이 지역은 식민지 내에서도 가장 전통이 강했는데, 여자들은 평균 일곱 명의 아이를 낳을 정도로 여자만의 의무에 충실했다. 이들은 남편에게 복종해야 했고 식민지 생활에서는 남편을 통해서만 공적 영역에 참여할 수 있었을 뿐이다. 예를 들면 남편이 일정 선거에 투표할 때 그 투표가 바로 그 가족을 대신한 것을 의미한다. 만일 남편이 선거 때 투표할 수 없는 상황이 발생하면 일반적으로 아내들이 대신 가족을 대표해서 투표가 허용되었다. 간혹 여성들은 법적, 경제적 권한을 인정받기도 해서 사업을 운영할 수도 있었지만 남자들과 동등한 대접은 결코 받지 못했다. 그렇지만 식민지 시절 여성은 전적으로 노동제공자로서의 역할을 하고 있었기 때문에 유럽 다른 국가의 여자들에 비해 오히려 그 위상은 훨씬 더 나았다고 볼 수 있다.

아내의 위치는 핵가족에서 필수불가결한 지위였고 강인하고 생산적인 아내가 없을 경우 그 가족은 생존을 위해 싸워 나가야 했다. 만일 여성이 과부가 될 경우에는 구혼자들이 볼썽사나울 정도로 급하게 결혼을 통해 여성의 도움을 받기 위해 노력하는 모습을 볼 수 있었다. 버지니아 식민지에서는 미망인의 남편 장례식에 총각이 꽃을 들고 나타나는 것은 위로를 위해서라기보다는 미망인에게 구혼하거나 환심을 사려는 의도를 보이는 것으로 간주해 금지되었다.

체사피크만 지역과 뉴잉글랜드 식민지에서 거주하던 백인 여성들은 당시 아메리카 원주민 여성들의 삶에 큰 영향을 주면서 변화를 일으켰다. 17세기에는 식민지 내부에서 계급, 민족, 종교, 인종의 다양성이 증가함에 따라 백인 여성들 사이에서 상당히 공유되고 있던 젠더에 대한 생각이 파괴되기 시작했다. 이렇듯 계층화는 식민지 생활이 장기화되면서 보다 심각해졌는데, 특히 식민지 간 무역이 확대되고 이민이 증가하고, 상류사회 문화가 탄생되었기 때문이었다.

청교도들이 정착해 살던 뉴잉글랜드에서의 종교는 집회식 전통을 따르고 있었는데 이는 교회의 위계질서가 영국의 국교와 가톨릭 교의가 보여 주는 것만큼 크게 발전되지 않았음을 의미하는 것이다. 뉴잉글랜드에서는 교회에 소속된 여성들이 남성들보다 많았고 이런 현상은 종교의 '여성화(feminization)' 현상으로 일컬어졌다.[21] 일반적으로 식민지 시절 여성들은 나름대로 편하게 생활하고 있었다고 볼 수 있다.

뉴잉글랜드지역에서 가족 기도는 거의 아내들이 주도했기 때문이다. 자녀들을 훌륭한 기독교인으로 키우는 일이 바로 엄마의 역할이었고 성경을 공부할 수 있도록 글을 읽도록 가르치는 것 역시 엄마의 몫이었다. 남녀 모두 '하나님의 강령'에 따라 생활해야 했기 때문에 소년들과 소녀들은 성경을 읽는 것을 배워야만 했다.

뉴잉글랜드에서 종교의 여성화는 독립혁명 동안 아주 중요한 선례가 되었는데 이는 나중에 '공화주의적 모성(Republican motherhood)'[22]이라는 용어의 원천이 되었다. 엄마들이 뉴잉글랜드 청교도의 신앙심이 점차 약화되는 상황에서 믿음이 강한 기독교인으로 아이들을 양육할 책임이 있었기 때문에 나중에 자식들이 윤리적으로 건전하고 훌륭한 시민으로 성장되게 키우는 것도 엄마의 역할이었다. 이 같은 이데올로기는 모성에 시민으로서의 의무를 부여함으로써 여성들이 가정적 의무를 감성적으로 바라보게 만드는 데 기여했다.

식민지에서 여성들은 전통적 관점에서 제약이 있었지만, 수많은 예에서 찾아 볼 수 있듯이 여성들은 종종 법적 권한과 경제적 권한을

---

21 이런 용어가 등장된 것에 대한 분명한 출처는 없다.

22 청교도들이 살고 있던 매사추세츠 식민지의 목사들은 남자들의 도덕적 우월함에 대해 설교했다. 당시 계몽주의 철학자들은 이를 부정했고, 시민들이 도덕적이고 교육을 받는다면 공화국은 성공할 수 있다고 믿었다. 아메리카의 어린이는 누가 주로 돌보았는가에 대한 답은 분명히 아메리카 여성들이다. 공화국이 성공하기 위해서는 여성들이 자녀들을 교육시킬 수 있도록 도덕적으로 교육을 받아야만 했다. 결국 이렇게 여성의 덕성 교육이 강조되었던 미국에서는 1790년대 최초의 여성학교가 설립되기도 했다. 이런 교육받은 여성의 엄마 역할을 '공화주의적 모성'이라고 알려지게 되었다.

인정받고 있었고 가게를 운영하는 것도 가능했다. 많은 여성들은 단순히 주부가 아닌 그 이상의 역할을 담당하고 있었을 뿐만 아니라 식민지 사회에서 중요하고 상당히 가치 있는 역할을 수행하고 있었던 것이다. 여성들은 법정에 나타나기도 하고, 상점을 운영하기도 했으며, 때때로 공무에 참여하기도 했다. 아메리카 식민지의 여성들은 결코 자신들이 남성들과 동등한 지위에 있지 않다고 생각했지만, 당시 세계 어느 곳의 여성들보다도 훨씬 나은 생활을 하고 있었을 것이다.

여자들은 아주 힘들고 지칠 정도로 일을 했지만 제대로 평가받지 못했다. 대부분의 식민지 여성들은 음식을 준비하고, 옷을 만들고, 가족을 보살피고, 청소하고, 생활필수품을 만들어 사용하거나 팔고, 가축을 돌보며, 요리하기 위한 불을 계속 지키면서 채소밭을 가꾸는 등 많은 일로 소일했다. 중산층과 부유층 여성들 역시 이 같은 집안일을 했지만 하인들을 고용하여 그나마 일의 부담을 줄일 수 있었다. 1619년 흑인노예 20명이 스페인의 식민지가 있던 카리브 해로부터 최초로 아메리카로 팔려왔는데, 이 중 여자 노예는 세 명이었다(Zinn and Arnove 2009). 이렇게 식민지에 흑인 여자 노예들이 유입됨으로써 유럽 출신 백인 여성들의 삶은 다소 변화될 수 있었다. 1789년에는 400만 명의 인구 중 사분의 일이 흑인 노예였고, 이 중 삼분의 일이 여자 노예였다.

흑인 여자들은 식민지에서 가장 차별받는 집단들이었다. 특히 남부 주들은 노예제도를 정착시키고 이를 경제적 기반의 중요한 요소로 간주했다. 흑인 남자들은 목화를 따고, 말을 길들이고, 잡역부로서의 잡일 등을 담당했던 반면, 흑인 여자들은 주인집에서의 가사노동과 어린아이 돌보기에 주력했다. 노예제가 자리를 잡아가는 과정 속에서 흑인 노예에 대한 학대가 심각하게 악화됨에 따라 19세기에는 결국 미국 사회에서 노예제 폐지운동(abolitionist movement)이 전개되기 시작했다. 특히 퀘이커교도들과 청교도들은 노예제는 죄악이라고 생각했다.

매사추세츠를 제외한 북부에서는 남자나 여자 모두 결혼에 대한 사회적 압력을 많이 받던 시기였기 때문에, 특히 여자의 경우 13세나 14세에 결혼하기도 했다. 만일 25세까지 결혼하지 않은 여성들은 사회적으로 굴욕을 당하곤 했다. 여성들은 사랑에 빠져서가 아니라 대부분 사회적, 경제적 이유로 결혼했다. 왜냐하면 여자가 일단 결혼하게 되면 남편의 법적 재산이나 동산이 될 수 있었기 때문이다.

18세기 전반부에는 전체 식민지의 남녀 비율이 동일해지기는 했지만 젊은 남성들이 개척을 위해 서부로 떠나버려 일부 지역은 오히려 여성이 15% 정도 더 초과되기도 했다. 이 때문에 결혼하지 못하는 여성의 수가 증가되고 결혼 연령이 상승하게 되었고 과부의 재혼비율은 하락하게 되었다. 이런 상황 속에서 미혼여성과 과부 등 독신 여성들이 증가하게 되어 도시에서 경제적으로 독립적 삶을 영위하는 여성의 수가 증가될 수밖에 없었다. 다행히 상업이 발달됨에 따라 불안정하긴 하지만 여성의 취업 기회가 주어지기 시작했는데, 과부들은 주로 선술집이나 여인숙을 운영하거나 어린학생들을 위한 초급학교를 운영했다. 일부 여성들은 인쇄소나 여성물품을 판매하는 가게를 운영하기도 했다. 이렇듯 18세기의 아메리카 식민지의 경제적 성공은 여성의 경제활동 및 종교 활동에 있어서 남성들과 분리될 수 있는 기회를 제공한 셈이다.

엘리트 가정 내 여성들은 대부분의 식민지 거주자들에게 가용했던 것보다 훨씬 높은 수준의 경제적 안락, 사치와 기회를 누리는 환경 속에 있었다.[23] 하지만 풍부한 소비재와 상류층 라이프 스타일이 여성의 독립성을 반드시 증대시킨 것만은 아니었다. 북부의 상류층 부인들과 남부의 숙녀들은 사회 내 사교모임을 만들어 시간을 보내는 바람에 오히려 여성들의 시간과 노력을 지나치게 낭비하게 만들었다. 아메리카 식민지에서는 여성들이 다양한 차이가 보이고 있었음에도 불구하고 궁극적으로는 모든 여성들의 경제적 지위는 남자들에게 전적으로 의존하고 있었다는 데에서 공통점을 찾아 볼 수 있다.

미국 독립 훨씬 전인 1647년 마가렛 브렌트(Margaret Brent)는 여성에게도 선거권을 인정해달라고 메릴랜드 주 의회에 요구했다. 그녀는 메릴랜드 주에서 최초로 재산을 소유했던 여성이기도 하지만 미국 역사상 최초의 참정권 운동가로도 간주할 수 있다(Henretta, et. al. 1997). 또한 1701년 아메리카 식민지의 여성들이 한 때 정치 분야에서 목소리를 내기도 했는데, 뉴욕 주 알바니(Albany)에서 남녀들로 구성된 배심원단이 최초로 형사사건들을 심리한 적도 있고, 여자들도 남자들과 똑같이 투표할 권리를 가지고 있기도 했다. 1756년 매사추세츠 식민지에서 리디아 채핀 태프트(Lydia Chapin Taft)가 죽은 남편을 대신해 지역의 타운홀 미팅에서 투표했는데, 이것이 미국 역사상 최초의 여성 투표였다. 하지만 여자가 결혼할 경우 부부가 법 앞에서 한 명과 같이 취급되기 때문에 결혼 상태에서는 여자의 권리가 일시 중지되곤 했다.

미국 독립 전쟁이 발발하기 전부터 여성들은 영국이 부당하게 부

---

23 Carol Berkin. *First Generations : Women in Colonial America*. Hill and Wang, 1st edition. 1997.

과한 세금에 저항하기 위해 자발적으로 불매운동과 청원운동 등을 펼쳤다.[24] 여성들은 독립 전쟁과 정치적 활동을 함께 경험하면서 보다 더 서로 간의 공동적 이슈를 만들어갔다. 당시 여성들이 전쟁에서 영국이든 아메리카 식민지든 어느 편에 서야 하는가에서 의견의 충돌이 있었을지라도 전쟁에서 자신들이 어떤 활동을 해야 할 것인가에 대해서는 동일한 생각을 하고 있었다는 점이 흥미롭다. 모든 여성들이 남편의 자리를 대신해야 했고, 전쟁을 선전하기도 하거나 전쟁을 끝내고자 탄원서를 돌리기도 하고, 상대측에서 스파이활동을 하고 군부대를 따라 다니며 일해주고, 전쟁참여 반대 대중 운동에 참여하기도 했다. 이는 적어도 일시적이긴 하지만 여성들에게 그들의 성 역할을 재인식할 수 있게 만드는 기회를 제공해준 셈이었다(Berkin 1997).

하지만 독립혁명이 발생하고 아메리카 식민지가 독립선언서를 발표하면서 사람들 사이에서는 여성의 권한에 대한 논의가 보다 활발히 진행되기 시작했고, 여성의 정치 참여에 대해서도 호의적인 태도를 보였다. 왜냐하면 당시 유럽의 계몽주의적 사상이 아메리카에도 큰 영향을 주었기 때문이었다. 1776년 미국 독립선언서에 "모든 사람은 평등하게 태어났고, 창조주로부터 양도할 수 없는 특정 권리들을 부여받았다"고 명시되어 있지만, 실제로는 미국 사회에서 여성의 권한, 역할, 책임은 거의 없었을 뿐 일시적으로 이에 대한 변화 가능성과 필요성

24 영국이 프렌치인디언 전쟁(1754-1763)으로 인한 전쟁비용을 아메리카 식민지에 분담시키기 위해 설탕, 와인, 커피 등 수입품에 관세를 부과하고, 모든 인쇄물에 세금을 부과하는 인지세법을 만들고, 종이, 유리, 차에 대한 관세 등을 부담시킴으로써 정착민들의 불만이 폭발했다.

이 아주 잠시 인식되었을 뿐이었다. 오히려 이런 가능성 때문에 주변인이었던 여성들은 정치 분야로부터 오히려 더 심하게 배척당하는 결과를 맞게 되었다(Zagarri 2007, 233). 독립 후 남자들의 시민권이 확장되면서 그 동안 느슨하게 적용되던 보통법을 보다 엄격하게 적용하려고 했기 때문이었다.[25]

1777년부터 13개 주들은 차례로 여성의 투표권을 아예 박탈해버리는 법을 통과시켰다. 1787년 헌법제정자들이 투표자격에 대한 권한을 주에게 부여함으로써 뉴저지를 제외한 12개 주에서는 여성이 투표할 수 없게 되었고, 뉴저지 주는 50파운드를 소유한 모든 사람은 투표할 수 있었다. 1775–1807년 뉴저지 주에서는 자유민인 흑인이나 결혼하지 않은 여성들도 자격만 주어지면 투표할 수 있었다. 기혼 여성들은 남편에 속하게 되어 재산권 행사가 불가능하기 때문에 투표권은 남편에게만 있었을 뿐이었다. 계몽주의 사상가들과 마찬가지로 건국의 아버지들도 "여성, 노예, 재산이 없는 사람들은 정신적으로 병든 사람이며, 공공선에 대해 독립적이며, 합리적인 판단을 내릴 수 있는 능력이 결여된 자들"로 간주하는 제한적 개념의 시민을 주장했기 때문이다.

미국 독립 혁명 이후 '약한 그릇'으로 간주되던 여성에 대한 인식

---

25 영국의 법조인이자 법학자였던 윌리엄 블랙스톤 경(Sir William Blackstone)이 풀이한 『영국법 주해(Commentaries on the Laws England)』라는 저서는 미국에서도 대학 교재로 사용됨으로써 보통법의 실천이 엄정하게 이루어지게 되었다(Sachs, Albie. 1978. Sexism and the Law. Joan Hoff Wilson. Free Press, 1978, p. 71).

으로부터 '가정예찬(Cult of Domesticity)'이라는 공적 영역과는 구분되는 여성 영역에서의 역할과 의무에 대한 새로운 이상형이 등장했다. '공화주의적 모성'으로 알려진 이 같은 이데올로기는 엄마가 아들을 도덕적이고 덕성스런 공화국 시민으로 양육하는 것이 여성의 애국적 의무를 다하는 것임을 의미한다. 결국 이 때문에 미국 여성교육에 대한 논쟁이 촉발되기도 했다. 여성의 무능력은 교육의 부재 때문이므로 여성을 교육하는 것은 여성을 남성처럼 만드는 것이 아니라 오히려 그들을 새로운 공화국 내에서 가정 내 임무를 충실히 완수할 수 있도록 하는 데 도움이 된다는 역설적 주장도 존재했다(Kerber 1997).

정치인들은 자유롭고 번영하는 공화국을 유지하기 위해서 정숙하고 교육받은 여성들의 역할이 중요하다는 것을 강조하기 시작했다. 여성들을 위한 교육 역시 수예, 미술, 음악, 지도 그리기, 문법, 수학, 역사, 지리 등이었고, 아내로서 엄마로서의 역할을 잘 할 수 있도록 강조하기 시작했다. 신생국인 미국은 당시 어느 세계 국가보다도 교육에 대한 관심이 높았기 때문에 북부에서는 타운마다 학교와 선생님들을 갖추고 있어야 한다는 법이 존재했다. 남부 지역은 사립학교나 가정교사제도 등을 통해 교육했지만, 노예들에 대한 교육은 금지되었다. 미국 독립혁명이 군주국으로부터 '우리, 국민(we, the people)' 국가에 적합한 도덕적 기준을 요구하게 됨으로써 자식들을 훌륭한 시민이 되도록 양육하는 것은 엄마의 입장에서는 훌륭한 공화주의자로서 정치에 도움을 주는 거나 다름없었다.

아메리카 여성의 역할은 독립혁명에 의해 크게 변화되었다. 전쟁터로 떠난 남자들의 빈자리를 채워 여자들이 가계를 꾸려나가야 했기 때문에 여자들은 보다 더 강해질 수밖에 없었다. 후에 전개된 미국

내 노예폐지의 경우처럼, 미국 여성의 변화도 하루아침에 나타나지는 않았다. 하지만 미국의 독립혁명은 분명히 여성들의 삶의 방식과 생각에 변화를 주는 데 도화선이 될 수 있었다. 여성들의 교육과 자존심은 중산층 여성들을 강인하고 할 말 다하는 여성이 되도록 했다.

독립 전쟁은 아메리카 식민지 시절부터 사적 영역에서 전통적인 삶을 살던 여성들이 현실에 대한 인식을 크게 변화시키는 계기가 된 미국 최초의 전쟁이었다. 이와 함께 이미 정착화 된 노예제도의 희생양인 흑인 노예들에게 독립, 자유, 자치를 획득할 수 있는 기회를 주기도 했다. 왜냐하면 전쟁 동안 버지니아 총독인 던모어 경(Lord Dunmore)이 이들에게 영국군에 합류할 경우 해방시켜 주겠다고 약속했기 때문에 도망갔던 흑인 노예들이 다시 되돌아오기까지 했다. 이로 인해 남부 전역에는 자유흑인공동체가 형성되어 그들만을 위한 교육시설과 교회가 만들어지기도 했다.

여성들의 인식 변화에 따라 일부 여성들은 적극적으로 여성의 권리와 지위 향상에 대해 요구하기 시작했다. 미국 제2대 대통령인 존 애덤스(John Adams)의 아내인 애비게일 애덤스(Abigail Adams)는 식민지 시절로부터 혁명시기, 초기 정부 때까지 미국 여성의 삶에 대한 문제점을 제기하고 저항하는 태도를 보였던 역사적 인물이다. 그녀는 단순히 영부인이자 제6대 대통령인 존 퀸시 애덤스(John Quincy Adams)의 어머니로서 알려져 왔지만, 정치인의 아내로서 정치에 관심이 많았을 뿐만 아니라 남편에게 여성의 권한을 주장하는 편지를 보내기도 했다. 대통령이 된 후 애덤스대통령이 새로운 정부를 구상할 때 그녀는 "여성들을 기억해주세요"라고 부탁했다. 이 때문에 그녀는 미국 역사에서 초기 여성권 지지자로 잘 알려져 있다. 어려서 집에서 교육을 받

〈그림 3〉 애보게일 애덤스

http://en.wikipedia.org/wiki/Abigail_Adams

는 환경이었음에도 불구하고 그녀는 농장운영과 재정운영에도 탁월한 능력을 보이기도 했다. 더구나 혁명기간 남편이 집을 장기간 비웠을 당시에도 자신이 스스로 자녀를 교육하기도 했다.

남편과 떨어져 지내던 시기의 수많은 편지들이 바로 그녀의 생각을 반영하는 증거가 된 것이다. 그녀는 남편에게 "새로운 국가는 남편이 아내에 대해 행사하는 '무한정의 권력'을 규제할 수 있는 새로운 법률을 제정해야 합니다. 남자들은 할 수만 있다면 폭군이 될 수도 있다는 걸 기억하세요. 만일 여자들에 대한 특별한 배려가 없다면, 우리는 반란을 일으킬 것이고, 우리가 선택하거나 대표할지 못하게 만드는 법을 준수하지 않을 것입니다"라고 쓴 편지를 보냈다.[26] 이 시기 1792년 영국의 메리 월스톤크래프트(Mary Wollstonecraft)가 『여성의 권리 옹호(A Vindication of the Rights of Women)』라는 책을 저술함으로써 미국에서도 '여성이 남성을 지배하는 권력이 아닌 스스로를 지배하는 권력'을 추구해야 한다는 의식이

26 Caroline Bird. *Born Female.* David McKay Company, Inc. 1968, p. 23.

펴질 수 있었기 때문에 미국에서도 여성의 지위변화에 대한 열망이 시작되었다.

1800년대 금광을 찾아 떠나는 서부개척이 시작되면서 '가정예찬'이라는 가치관이 더욱 강조되기 시작했다. 이는 여성들에게 적합한 분야는 가정으로 아내는 남편과 자녀들에게 안식처를 제공하고, 바느질, 요리, 잠자리 마련, 꽃가꾸기 등은 여성다운 활동인 반면 성경을 제외한 독서는 바람직하지 않은 것으로 간주되었다. 이런 생각은 19세기와 20세기 초반까지도 기혼 여성들의 노동시장 참여에 악영향을 주었다. 기혼 여성들은 철저하게 가정 내 역할에만 충실해야만 참다운 여성으로 인정되는 분위기였고, 남편에게 경제적으로 의존하고 있었다. 만일 남편이 죽거나 가출할 경우 아내들은 자신과 자녀들을 혼자 감당해야 하는 비참한 운명에 처해야 했다.

이렇듯 사적 영역과 공적 영역의 철저한 구분은 여성들의 권한과 지위에 큰 영향을 주었다. '가정예찬'은 사회 내 정치, 경제 분야에서 여성 권한을 축소시키는 데 가장 중요한 요인으로 작용했다. 이 때문에 여성들의 노동시간이 제한되고 야간노동이 금지됨으로써 직업을 갖는다는 것이 오히려 짐이 되고 많은 직종에서 배제되게 되었다. 당시 여성에게 공적 영역에서 가장 적합했던 직업은 가정 내에서 자녀들을 교육하는 장점을 살린 교사직이었다. 1825-1860년 뉴잉글랜드 지역 여성들의 사분의 일이 교사였다.

서부개척의 길이 열리면서 처음에는 기혼 여성의 삶은 보다 더 가사에 매달려 하루 종일 일해야 하는 신세가 되었지만, 나중에는 광석 분쇄작업에 참여한 젊은 여자들로 인해 여자들의 일자리 범위가 확대되기도 했다. 1820년대에는 가족 중심의 장인(匠人) 생산이 서서히 가정 밖으로 이동해 공장경영 생산체제로 변화되기 시작했다. 하지만 여전히 중앙의 상인이 재료를 노동자에게 대여하고 노동자는 자신의 집에서 생산과정의 일부 작업을 수행하는 선대제(putting-out)가 공장제 출현 이후에도 계속 증가했다. 왜냐하면 공장에서 보다 가정 내 여성들이 훨씬 더 많은 생산을 올렸기 때문이었다.

이와 더불어 산업혁명으로 인해 노동력의 부족현상으로 여성들도 집이 아닌 공장에서 일하게 되었다. 무엇보다도 새로운 기계가 발명되면서 여자들은 더 낮은 임금으로 남자들이 하던 일을 대신할 수 있었기 때문이다. 1820년-1840년대는 미국에서 섬유산업이 발전하던 시기였기 때문에 특히 미국의 섬유공장들은 상당수의 여성 노동자를 고용했다. 처음 여자들이 공장에서 일하기 시작했을 때는 그나마 노동의 가치가 감안되어 작업환경이 비교적 좋았으나, 미국 사회가 보다 더 산업화됨으로써 더 많은 사람들이 농사일을 버리고 공장으로 옮겨가면서 여자들의 노동환경은 점차 나빠지고 임금도 더 낮아지게 되었다. 공장노동을 규제하는 법안을 확보하려는 여성들의 시도는 하루에 12-13시간씩 하는 노동시간과 관련된 것이었다.

미국 내 여성의 권리에 대한 주장은 서서히 18세기 초반부터 시작되어 다양한 단체들이 사업, 교육, 가정에서의 여성의 역할과 정치 및 사회적 개혁에 대해 토론했다. 이미 미국은 제7대 대통령인 앤드류 잭슨(Andrew Jackson) 시기(1812-1850) 동안 모든 백인 성인 남성들에 대한 보편적 참정권이 인정되었기 때문에 여성들은 이때를 바로 자신들의 시민적 자유를 위한 절호의 기회라고 믿었기 때문이었다.[27] 여성의 낙태문제에 대한 논의도 이때부터 전개되기 시작되었다. 하지만 이 문제는 현대 미국 사회에서 전개되어 온 낙태에 대한 논의와 다른 양상을 보였다. 초기 여성주의자였던 수잔 앤서니(Susan Anthony)는 당시의 의료 환경에서는 낙태가 여성의 건강과 생명을 위험에 빠트리는 안전하지 않은 의료행위라고 생각했기 때문에 반대했다. 여성주의자들은 여성의 평등과 자유를 얻는 것이 낙태에 대한 요구에 종지부를 찍는 것이라고 주장했다.

여성을 위한 고등교육의 경우 1814년 트로이 여성학교(Troy Female Seminary)[28]라는 대학 수준의 여성 교육기관이 엠마 윌러드(Emma Willard)에 의해 최초로 뉴욕에 설립되었다. 여자 교사를 양성하는 학교가 1823년 설립되었고, 1837년에는 오벌린대학(Oberlin College)이 미국에서 최초로 남녀공학대학으로 전환되어 여자들이 입학할 수 있게 되었다.[29] 19세기 중반에는 대학 수준의 여자학교들이 곳곳에 들어섬에 따라 여성 교육의 기회가 확대되었다. 하지만 여성교육을 반대하는 사람들은 여자들이 교육을 더 많이 받으면 받을수록 정신적으로 육체적으로 전통적인 역할을 담당하는 데 적합하지 않게 되어 여성성이 약화된다고 주장했다.

결국 이들의 우려를 뒷받침하듯 점차 여성의 역할에 대한 인식이 변화되기 시작했고, 여성들은 '가정 예찬'에 대해 항의하기 위해 1848년 뉴욕 주 세네카폴즈(Seneca Falls)에서 처음으로 여성들의 집회를 소

---

27 이 시기 이전에는 남자들의 참정권은 일정 재산을 소유해야만 주어졌다.

28 이 학교는 나중에 설립자인 엠마 윌러드의 이름을 붙여 '엠마 윌러드 학교(Emma Willard School)'로 개명되었다.

29 이 대학은 1833년 2명의 장로교 목사들에 의해 오하이오 주 오벌린에 설립된 사립 인문대학으로 1835년 미국에서 최초로 흑인학생의 입학을 허용하기도 했다.

집했다. 여성들은 이곳에서 '의견 선언(Declaration of Sentiments)'을 발표하였다. 이 선언은 엘리자베스 스탠튼(Elizabeth Cady Stanton)이 작성했는데 토마스 제퍼슨(Thomas Jefferson)의 '독립선언문'에 있는 문구인 "모든 사람(all men)은 동등하게 창조되었다"라는 문구를 "모든 남자와 여자(all men and women)는 동등하게 창조되었다"로 바꾸었다. 식민지 시절부터 아메리카 사회에서의 인간은 '백인 남성'만을 고려한 단어였다는 것을 여성들이 인식하게 된 것이다. 식민지 역사의 시작과 함께 남자, 여자, 심지어 흑인 노예 모두가 함께 살기 시작했지만, 1607년 최초의 식민지 건설 이후 240년이 지난 후에야 '인간' 또는 '사람'의 의미를 '남자와 여자 둘 다'여야만 한다고 주장한 것이다.

19세기 초반까지만 해도 여성들에게 가능했던 직업은 소규모 상인 및 공장노동이나 가사노동이었을 뿐 작가와 교사를 제외한 전문직은 여자들에게 허용되지 않았다. 1800년대 이전에는 거의 의과대학이 없었고, 모험심이 많은 일부 여성이 의술을 행했는데 오직 산파만은 여성의 몫이었다. 19세기에 의사를 양성하는 교육이 증가하기 시작했지만 일찍 결혼했거나 자식이 많이 둔 많은 젊은 여성들이 전문직을 위해 학교에 입학하는 것은 금지되어 있었다. 가정 내 간호는 여성 직업으로 적합하다고 간주되었지만, 병원에서의 간호는 거의 남자들에 의해 행해졌다.

결국 1846년 창립된 미국의사협회(American Medical Association)에서도 여자회원을 받아들이지 않았고 의과대학 역시 남자들만 받아 주었다. 1847년 하버드 의과대학에 여자가 처음으로 입학신청을 했으나 거절된 적이 있었다. 이후 1849년 뉴욕의 제네바의과대학에서 엘리자베스 블랙웰(Elizabeth Blackwell)이 여성으로서 최초로 의학 학위를 수여받아 의사가 되었고 공중보건 활동가로서 활약했다. 이를 계기로 1850년 필라델피아 여성의과대학이 설립되게 되었고 40명의 여학생이 입학했다.[30] 하지만 오랫동안 의과대학은 여자들의 입학을 제한해왔다.

〈그림 4〉 미국 최초의 여자 의사 엘리자베스 블랙웰

http://www.lifenews.com

또 다른 여성의 권리에서의 변화가 있었는데, 일부 공동체가 보통법을 수정하여 여성들도 법정에서 변호사로 활동하고, 재산을 두고 소송하고, 남편의 동의만 있다면 자신만의 재산을 소유할 수 있도록 허용했다. 이는 전통보다는 '평등권의 원칙'을 강조하는 영국에서 발달한 '형평법(equity law)'이 적용되었기 때문이었다. 형평법은 미국에서 여성의 법적 권한을 자유화시키는 효과를 가져왔다. 예를 들면 여성들은 남편을 소송할 수 있게 되었다. 또한 1839년 미시시피 주에서 시작하여 1848년 뉴욕 주, 1854년 매사추세츠 주에서 기혼 여성들인 남편들과 별도로 자신의 재산을 소유할 수 있는 법안을 통과시켰다. 하지만 이혼한 남편들은 여전히 자녀와 재산의 법적통제권을 유지했다.

---

30 American Medical Association. *Women in Medicine : An AMA Timeline.* http://www.ama-assn.org/resources/doc/wpc/wimtimeline.pdf(검색일 : 2012년 1월 3일).

이런 변화와 더불어 남북전쟁 이전 남부 지역에 가장 발전된 4년제 대학수준의 여성학교들이 등장했다는 점은 매우 놀라운 현상이었다. 보수적인 생활환경인 남부 지역에서 여자들의 교육에 많은 관심을 기울였다는 것인데, 이는 부유한 대농장주들이 딸을 대학에 보낼 여유가 있었기 때문이었다. 교사직은 부유한 남부 딸들에게는 인기 있는 직업이 아니었기 때문에 북부출신의 교사들이 일자리를 채울 수 있었다. 하지만 남부에 위치한 여성대학들은 남북전쟁 후 거의 사라지게 되었다.

1820년대부터 아일랜드와 독일로부터 미국으로 이주해오는 사람들이 증가되면서 미국 내에서는 토착주의 운동이 전개되기 시작했다. 프로테스탄트인 토착 미국인들의 입장에서는 가톨릭교도인 아일랜드 사람들을 반기질 않았고, 특히 도시에 밀집해 생활하면서 가난, 술, 범죄에 빠져 살고 있는 이들이 미국의 질서를 깨고 있다고 생각하여 이민은 물론 가톨릭교회까지 배척하는 운동을 전개하였다.[31] 결국 미국으로 유입되는 노동자 이민 때문에 미국 사회의 청교도적 윤리, 즉 절제의 미덕을 강조하기 위한 금주 운동이 전개되기 시작되었던 것이다. 하지만 이런 운동이 전개된 데에는 또 다른 이유가 있었다. 산업화로 인해 상업중심지에 살던 사람들이 돈을 많이 벌게 되자 소비지향적인 상류생활 양식이 등장할 정도로 변화가 나타나기 시작했다. 하지만 문제는 오히려 과부나 버림받은 여성 등 빈민층 여성의 비율이 증가하게

---

31 1830년 당시 미국인이 1주일 동안 마신 위스키와 같은 독한 술(hard liquor)은 평균 1.7병으로 2010년 소비량의 3배였다(David Von Drehle, 2010. "The Demon Drink" *TIME Magazine*. May 24).

되었다. 사설 구빈원이나 극빈자 등록처가 설치되기 시작했지만 생계유지형 매춘부 여성이 증가했다. 결국 금주 운동은 종교적 시각에서 사회정화운동일 수도 있지만, 여성계에서는 술, 술집, 매춘부, 범죄 등의 연계망을 동시에 해체시켜보려는 의지를 보이는 운동이었다.

이 시기의 미국 여성들은 교육을 향상시키고, 교도소를 개혁하고, 알코올을 금지시키고, 노예를 해방시키기 위해 다양한 개혁운동을 조직하고 참여했다. 금주 운동, 즉 절제운동(temperance movement)은 의사, 목사, 그리고 노동자 및 하인들의 술주정을 걱정하는 많은 고용주들에 의해 주도되었다. 공장주들은 노동자들의 과도한 술로 인해 사고가 발생하는 것을 원하지 않았기 때문이었다. 미국금주사회(American Temperance Society)라는 조직이 1826년 탄생하였고, 이를 지지하는 사람들은 150만 명에 이르렀는데 이중 35−60%가 여성들이었다. 특히 이 운동은 중산층들의 지지를 얻어 대중운동으로 전개되면서 궁극적으로는 사회개혁의 선두 역할을 한 것이었다.[32] 파생적으로 이 운동은 노예제폐지운동과 여성권운동과도 밀접하게 연계될 수 있었다.

이 운동의 조직력을 제공했던 구성원의 다수가 여성이었던 것을 감안하면 미국 내 페미니즘 운동은 1830년대 초반 시작했다고 볼 수 있다. 당시에는 참정권 확대가 중요한 사회적 이슈였는데, 1828년 대통령 선거부터 성인 백인 남성의 경우에는 일정 재산 소유 여부와 상관없이 유권자가 될 수 있었다. 하지만 대부분 노예인 흑인 남성들에게

---

32 Levine, 1978, 1984; Tyrell, 1979; Gusfield, 1986; Rumbarger 1989; Blocker 1989.

는 여전히 투표권이 허용되지 않은 점이 문제화되면서 여성들은 자신들의 권한 확대를 주장하기보다는 오히려 노예제 폐지운동에 관심을 갖게 되었다. 여성들은 이 과정에서 여성들의 공적인 활동에 반감을 보이는 사회적 편견이 있다는 것을 인식할 수 있었다. 이는 여성의 지위와 흑인의 지위가 동일하다고 생각하기 시작한 계기가 되었다. 결국 남북전쟁 이후 노예제가 폐지되면서 1865년 수정헌법 제13조를 통해 흑인 남성의 투표권은 허용되었지만, 여성들은 이후 투표권을 얻기 위한 노력을 55년이나 더 해야만 했다.

실제로 노예제 폐지운동은 이 시기보다 훨씬 이전인 18세기 말부터 이미 진행되기 시작했지만, 1832년 흑인 여성들에 의해 미국 내 최초의 노예제 반대 단체인 매사추세츠 내 살렘여성노예반대사회(Salem Female Anti-Slavery Society)가 결성되면서 조직화되기 시작했다. 그러나 지역적으로 한정되어 있을 정도로 1833년까지는 전혀 체계화되지 못했었기 때문에 사회적인 파급 효과는 나타나지 않았다. 여성주의자인 앤서니(Susan B. Anthony)가 이 운동의 대표 주자인데, 1833년 미국노예반대사회(Association Anti-Slavery Society, AASS)가 필라델피아에서 창설됨으로써 백인들과 자유 신분의 흑인 여성 회원 수가 증가하기 시작했다. 이 운동은 결국 북동부지역에서 중부지역까지 확대되고 더 나아가 서부지역에서도 여성들이 '노예반대사회'를 결성하게끔 했다.

이 시기에는 여자가 청중들 앞에서 말하는 것이 존경받지 못하던 시절이었는데도 노예폐지론자였던 사우스캐롤라이나 출신 그림케 자매(Sarah and Angelina Grimke)는 용감하게 대중 집회에서 노예제 반대를 주장했다. 노예반대운동에 참여했던 남자들 중 급진파 일부는 여성들이 남자들과 동등하게 말하고 참여할 수 있는 권리를 지지하기도 했다.[33] 1840년 영국에서 개최된 '세계노예반대회의'에 파견된 미국 여성 대표자들의 입장이 거부되자 개리슨(William Lloyd Garrison)은 자신의 자리를 거부하고 여자들과 함께 발코니에서 관람객의 입장에서 회의를 지켜봤다. 일부 여성들은 여성과 노예의 지위가 거의 같은 수준이라고 간주했다. 여성과 노예 둘 다 그들의 주인과 남편들에 대해 수동적이고, 협조적이고, 순종적이어야 된다는 것이 사회적인 인식이었기 때문이었다. 결국 여성주의자들의 입장에서는 여성 운동과 노예폐지 운동은 동일한 문제를 해결하는 것이라고 여겼다. 반면 노예폐지론자들 중 보수적인 성향의 구성원들은 노예제 문제를 정치적으로 해결해야 한다고 생각하고 1840년 '자유당(Liberty Party)'을 창당하기도 했다.

여권운동은 미국 사회에서 노예제반대운동이 진행하는 과정에서 싹트기 시작한 틈새 운동이었다. 남자들은 노예와 여자를 동일한 상대로 생각하고 있었기 때문에 여성과 노예들이 추구하는 변화는 같을 수밖에 없었다. 세네카폴즈 집회에서는 이혼, 어린이 후견권, 재산 및 소득의 소유와 관리, 투표, 고등교육 등에 관련된 여성의 권리를 토의되었고, 미국 여성들이 '의견 선언(Declaration of Sentiments)'을 발표했다. 1850년 여성선거권 운동단체가 최초로 여성운동전국대회를 개최했지만 여성의 투표권 획득은 불가능했다. 하지만 이를 계기로 사회적으로 여성의 지위 변화에 대한 인식이 점차 향상되는 계기가 마련되었다.

33 노예폐지론자들 중 잘 알려진 남자들은 개리슨, 필립스(Wendell Phillips), 그리고 더글라스(Frederick Douglass) 등이 있었다.

〈그림 5〉 식민지 시절 – 1850년 여성의 지위 변화

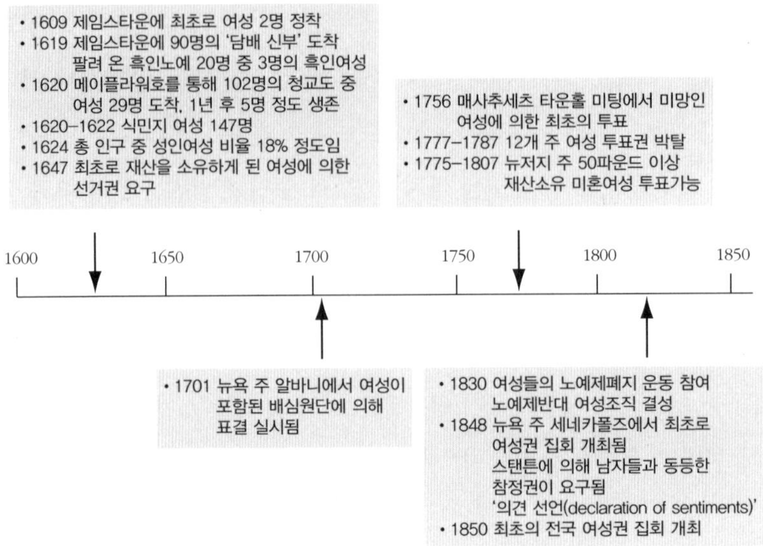

기혼 여성의 재산권과 관련된 미미한 변화는 이전에도 나타났지만 법제화되기 시작한 시기는 바로 이 때였다. 1674년 메릴랜드 식민지에서는 남편이 아내의 소유물을 팔 때에는 허락을 받았는지를 확인하기 위해 아내는 반드시 판사와 인터뷰를 해야만 했다. 또한 1771년 뉴욕 식민지에서는 남편이 아내 소유물을 다른 사람에게 팔거나 양도할 경우에는 아내의 서명을 받아야만 했을 뿐 아니라 판사는 사적으로 남자의 아내가 승인을 해 주었는지에 대해 물어 확인해야만 했다.

미국이 독립한 후 1787년 매사추세츠 주에서는 기혼 여성일 경우에는 무역상으로 활동하게 하는데 제한을 두었던 반면, 1809년 코네티컷 주에서는 기혼 여성도 유산을 받을 수 있는 법을 허용했다. 또한 식민지시절과 독립 초기에 여자들이 혼전 또는 결혼할 당시 자신의 재산을 남편이 아닌 다른 사람의 신탁관리에 맡기도록 하는 법조항을

집행하였다. 1839년 미시시피 주가 여자들에게 제한적 소유권이긴 하지만 노예를 소유할 수 있는 권한을 허용하는 법을 마련하였다. 1848년 뉴욕 주에서 미국에서는 최초로 기혼 여성들에게 광범위한 수준의 재산권을 허용하는 '기혼여성재산권법(Married Women's Property Act)'이 제정되었는데, 이 법은 이후 1895년까지 다른 주들에 모범적 사례가 되었다.

1850년까지 17개 주가 법적으로 기혼 여성들에게 땅을 사거나 일부지역에 정착하고, 자신의 명의로 사업을 운영할 수 있도록 허락하게 되었다.[34] 이런 변화는 여성들을 보호하기 위한 것이지 자유롭게 해준 것은 아니었다. 이로써 딸에게 물려줘야 할 유산을 받게 될 사위 때문에 고민하는 아버지들의 재산권이 보호될 수 있었다. 여자들은 교육의 기회가 넓어지기 시작했고, 가정 밖에서 직장 생활을 할 수 있는 기회가 증가함에 따라 자신들에게 필요한 다른 권리를 요구하기 시작했다.

독립 전쟁이 미국 여성들의 역할이나 지위에 변화를 주었던 것도 사실이지만, 전쟁이 발발할 당시 유럽에서 계몽주의 사상이 발달하면서 미국에 인간의 기본권인 자유권, 생명권, 행복추구권은 물론 공화정, 연방주의, 권력분립, 저항권 등의 사상이 보급된 것도 미국 여성들이 빨리 자신들이 지닌 문제점을 인식하는 데 도움이 되었을 것이다. 그리고 무엇보다도 아메리카 식민지에는 교육제도가 상당히 이른 시기

---

34 Sandra L. Myers. *Westering Women and the Frontier Experiences,* 1800–1915, University of New Mexico 1982, p. 258.

에 정착되었고, 종교적 기반 하에 여성 교육의 중요성이 강조된 것도 사회적 변화의 동인이 되었다고 할 수 있다.[35]

미국 독립 이후 서부개척을 통해 아메리카 대륙에서 팽창하고 있을 때 남자들이 '명백한 운명(Manifest Destiny)'[36]이라는 슬로건을 기초로 아메리카 원주민들의 땅을 확보해나갈 수 있었듯이, 미국의 여성들은 이 의식을 기초로 제한된 여성의 권리와 지위를 향상시키는 것이 그들의 운명으로 생각하기 시작했다. 미국인들은 독립혁명 때부터 "모든 국가는 자신의 운명을 스스로 결정할 권리가 있다"고 외쳤었고, 서부개척을 하면서도 하나님으로부터 미개척지에 문명을 전달할 운명을 부여받았기 때문에 서부의 아메리카인디언들을 말살하거나 교화하는 것 그리고 더 나아가 주변국가에 문명을 전달하는 것도 단순히 국가의 정책적인 선택이 아닌 미국의 운명이라고 굳게 믿고 있었다. 이런 정신적 유산은 미국인 남녀 모두에게 "우리 미국인들은 특별하고 선택받은 사람들"이라는 큰 희망을 심어 주었다. 남자든, 여자든, 백인이

35 목사를 양성하는 종교학교가 아닌 미국 내 최초의 대학교는 1636년 매사추세츠 주에 설립된 하버드대학교(Harvard College)였다. 이후 윌리엄메리대학(College of William & Mary)이 1693년 설립되었다. 계속해서 아이비리그(Ivy League)에 속해 있는 학교들이 1700년대에 설립되었다. 물론 여성들이 입학할 수는 없었지만 여성들도 교육의 중요성이나 가치를 충분히 인식할 수 있는 교육환경이었다.

36 이 유명한 슬로건은 1845년 존 오설리반(John L. O'Sullvan)이라는 칼럼니스트가 텍사스와 오리건 지역을 미국에 병합시키기 위해 사용했던 용어이지만, 의미적으로 이미 독립 시기부터 많은 미국인의 의식 속에 존재했었던 거나 다름없었다.

든, 흑인이든, 자유민이든, 노예든 누구나가 자신이 이루고 싶거나 얻고 싶은 것이 있을 경우 스스로 노력해서, 다시 말하면 투쟁해서라도 성취하려는 의지가 강해질 수 있었다.

영국으로부터 독립한 후 민주주의적 가치를 실현하기 위해 수립된 신생국인 미국에서 여성들은 식민지 시절과는 다른 환경을 만들어 갔다. 여성들이 교육받을 기회를 얻었고, 산업혁명으로 공장에서 일할 수 있는 기회를 얻어냄으로써 여성들의 자립이 가능해지기 시작했다. 따라서 결혼에 대한 생각도 변화하기 시작해 부모의 통제가 감소하고 배우자를 스스로 선택하면서 결혼에서의 평등주의가 나타났다. 다시 말하면 계몽주의 사상과 공화주의적 사고가 이전에는 가족의 권위에 대한 관점, 즉 가부장적 이데올로기에 초점을 두었다면, 19세기 초반에는 계약, 의무, 동의에 대한 공화주의가 강조되기 시작했다. 예를 들면 여성이나 남성이나 모두 간통행위에 연루되면 합당한 이혼 소송 사유로 인정되면서 이혼이 증가하는 사태가 나타났다. 그럼에도 불구하고 여성의 법적 지위는 여전히 공화주의 정신이 반영이 되지 못하고 결혼여성은 피보호녀로서 남편의 정체성 내 포함됨으로써 재산소유와 관리권을 지니지 못했다.

3장

남북전쟁과 여성

남북전쟁 이전에도 미국은 서부개척 과정에서 멕시코와의 전쟁(1846-1848)을 경험했다. 이 전쟁 동안에도 남장을 통해 전쟁에 참여했던 여성들이 존재했다. 멕시코-미국 간 벌어진 전쟁에서도 남편을 따라가기 위해 군대에 등록했던 소수의 여성들이 있었다. 이 중 사라 보기니스(Sara Boginis)는 군부대에서 책임 요리사로서 일했지만 전쟁 상황이 심각해지자 소총사격수로 변신해 전쟁에서 활약하기도 했다. 그녀는 육군대령으로 명예진급 되었는데 그 결과 그녀는 미국 육군 내 최초의 여성 대령이 된 기록을 세우게 되었다. 이외에도 이 전쟁이 일어났을 때 두 명의 여성들이 스티븐 디케이터(Stephen Decatur) 준장이 지휘하는 기함에서 간호사로 활동하기도 했다. 이 전쟁 동안 활동했던 민간인 간호사들은 거의 1,500명 이상에 이르렀다.

멕시코 전쟁 당시 엘리자 앨렌(Eliza Allen)은 조지 미드(George Mead)

라는 이름을 사용하며 남자로 가장해서 애인을 찾으러 자원입대 했다. 그녀는 미국 독립 전쟁에서 활동했던 데보라 샘슨(Debora Sampson)과 1812년 전쟁에서 활동했던 루시 브루어(Lucy Brewer)[37] 등의 활약상에 대한 글을 읽은 바 있었기 때문에 그들이 했던 것과 유사한 방법을 택할 수 있었다. 결국 그녀는 남자 군인의 모습으로 멕시코의 베라크루즈 항 상륙작전에 배치 받아 성공적으로 업무를 수행했다. 그런데 멕시코 게릴라 공격에 의해 왼쪽 팔에 좌상을 입게 되는 바람에 전쟁에서 부상을 입고 이동되어 온 애인을 마침내 만날 수 있었다. 그녀는 미국 최초의 여성 해병대 군인인 셈이었다. 이때는 해병대가 여성을 충원하기 시작한 1918년보다 100여년 앞선 시기였다. 또한 엘리자베스 뉴콤(Elizabeth Newcom)은 빌 뉴콤이라는 남자 이름을 사용하면서 미주리 지원보병대에 입대하여 미주리에서 콜로라도까지 600마일을 행군했는데, 여성임이 발각되어 결국 부대에서 쫓겨났다.

남북전쟁은 지금까지도 미국 역사 상 가장 의미 있고 충격적인 사건으로 자리 잡고 있다. 이 전쟁의 파동은 미국에 개념적으로나, 감정적으로나, 사회적으로 큰 혼란을 초래했기 때문이다. 남북전쟁이 시작되자 북부와 남부 모두에서 남성성이 시험대에 오르게 되었다. 전쟁에 나서는 군인은 남자의 용감함을 보여 주는 것이었기 때문에 남부에서는 남자들에게 '성의 위기'가 왔다. 남자들이 전쟁터로 가지 않는다면 남성성을 잃게 되는데, 남부의 여성들은 전적으로 생계를 남성들에게

---

37 브루어는 미국 최초의 해병대 여성으로 1812년 전쟁에서 남장하여 조지 베이커(George Baker)라는 이름을 사용하면서 근무하는 등 3개 해상 전투에 참여하여 애국심을 보였던 것으로 유명했다.

의존하고 있어서 여성들은 남성들이 없는 생활을 상상하기 어려운 상황이었다.

"조국을 위해 싸우지 않는 남자는 남자라 할 수 없다"는 생각이 당시 미국 사회에서 보편적이었기 때문에 어떤 곳에서 살고 있든 강한 남성성을 미덕으로 여기는 분위기에서 전쟁터로 떠나는 남자들을 말리기보다는 격려하는 것이 당연한 일이었다. 여성들은 비로소 강한 애국심을 갖게 되었고, 본인들이 가족의 삶과 행복을 위해 헌신해야 한다는 의식 때문에 갈등해야 하는 상황에 놓이게 되었다. 결국 많은 여성들은 성별 차이로 인해 자기혐오는 물론 자기비하 감정을 표출하기 시작했고 여성은 남성에 비해 열등하고 쓸모없다는 생각까지도 했다. 특히 남부 지역인 뉴올리언스에서 50여명의 여성들이 시장에게 도시를 연방군에게 항복하지 말라고 청원할 정도로 그들의 애국심은 고조되었다.

이 전쟁을 통해 미국 사회에서는 백인 남성이 사회적 피라미드의 정점에 있었던 가부장적 관계가 붕괴되는 결과가 나타나기 시작했다. 특히 전통적인 삶을 살던 남부 백인들은 전쟁 때문에 가족과 국가의 생존을 위해 여성들에게 책임을 부여하기 시작했다. 여성들의 업무가 집안일, 가족부양, 노예관리까지 확대되었다. 이는 마치 "필요는 발명의 어머니"처럼 전쟁으로 인해 가정 내에서는 물론 사회나 국가에서의 여성 역할이 변화될 수밖에 없었고, 여성성의 의미까지도 재정립되었다.

남부에서는 전통적인 여성 역할을 강조하는 보수적 성향의 1,000여개의 자발적 여성조직이 나타나게 되었는데, 이는 여성들의 사회 활동 범위가 확대되는 증거였다. 앨라배마 주의 경우 91개의 여성조직이 존재했고, 주지사는 이들에게 군 필수품인 텐트, 화약통, 군복 등을 제작하기 위해 원자재를 제공해 주기도 했다. 이렇게 시작된 남부 여성의 자원 및 자선활동은 궁극적으로는 정치적이고 정책적인 영향력을 행사하기도 했다. 전쟁이 당시 미국 세상을 바꾼 결과가 명실공히 나타난 것이었다. 남부의 한 여성인 솔로몬(Clara Solomon)의 글에 "필요와 전쟁은 발명의 어머니"라는 새로운 표현이 등장하기도 했다. 이 시기 많은 여성들이 남긴 일기, 편지, 수필, 회고록, 소설, 시 등의 자료에서 자기회의와 반성, 자신을 정당화하려는 의지 등을 충분히 찾아볼 수 있었다.

1절 남북전쟁에 참여한 여성

남북전쟁 동안 북부가 지원병, 군수물자, 재정 등에서 더 강력하고 자원이 풍부한 것으로 보였을지라도 명확하게 유리한 것만은 아니었다. 북부나 남부 모두 전쟁이 가져올 것에 대해 준비되어 있지 않았기 때문이었다. 하지만 북부는 군인을 동원시키는 것이 훨씬 수월했던 반면, 남부는 지속적으로 인력이나 자원적인 측면에서 부족함에 시달렸다. 산업화 되었던 북부는 재정도 풍족했고 인구도 많았기 때문에 전쟁을 치르는 데 남부보다 훨씬 유리할 수 있었다.

미국 내 유일한 내전이었던 남북전쟁은 통합된 국가 탄생을 위한 산통과정이었다. 북부와 남부 모두 강제로 징집하기 시작했다. 북부의 경우 일부 지역에서 자원입대가 이루어지기 시작했지만, 대통령이

1862년 민병대법(Militia Act)을 기초로 9개월 동안 30만 명의 민병대를 소집했는데, 궁극적으로는 1863년 징병법(Draft Act)에 기초해 연방군 복무에 처음으로 강제복무를 실시할 수밖에 없었다. 20-45세의 모든 남자들과 미국 시민이 되고자 하는 외국인 남자들은 징집의 대상이 되었지만, 기혼자는 모든 미혼자가 징집된 후에야 군대에 갈 수 있었다. 흥미로운 점은 군복무를 대신해 줄 사람이 있거나 300달러를 지불한다면 징집으로부터 자유로울 수 있었다는 것이다. 하층계급들이 이에 대해 크게 반발하여 폭동을 일으키고, 심지어는 해방된 흑인들에게까지 폭력을 행사하는 상황이 벌어졌으나 이 법은 그대로 시행되었다. 반면, 남부 11개 주와 워싱턴 D. C. 등의 남부 연합은 1863년 징병법(draft law)을 적용하기 시작했는데, 18-35세의 모든 백인 남자들은 3년간 군복무를 해야만 했고 1865년에는 17-50세로 징병 연령을 확대했다. 이는 백인 남자의 사분의 삼이 군대에 가야 하는 결과를 낳았다. 남부의 경우 노예제로 인해 흑인 남성들은 징병의 대상이 될 수 없었기 때문에 오히려 북부보다 백인 남성들의 징병이 훨씬 더 높은 비율을 차지할 수밖에 없었다.

이 전쟁 역시도 남성들의 싸움으로 인정되고 있지만 실제로는 이 전쟁에서도 이전과 마찬가지로 여성들의 숨겨진 노력과 활동을 찾아볼 수 있다. 여성들은 남자들과 함께 군대캠프에서 생활하기도 하고 감옥에서 곤욕을 치루기도 하고, 각기 다른 이유에서 생을 마감했다. 남장을 한 여성들이 전쟁 중 사망했을 경우 그냥 그대로 사실이 묻혀버릴 수밖에 없었기 때문에 그 수를 정확하게 파악하는 것이 쉽지 않을 뿐이었지 실제로는 여성의 전쟁 참여는 증가하는 추이를 보였다고 해도 과언이 아니다.

독립 전쟁 당시처럼 여자들이 남장을 통해 전쟁에 참여할 수 있었던 것은 이 전쟁에서 마찬가지였다. 당시 군 입대를 위한 건강 및 신체검사 기준이 엄격하지도 않았을 뿐만 아니라 옷도 벗을 필요 없이 신체검사가 이루어졌기 때문에 여성들의 남장 입대는 가능했다. 군인들이 다른 사람들 앞에서 옷을 벗지 않는 것이 일반적이었기 때문에 목욕을 할 때에도 내복을 입은 채 하고 좀처럼 옷을 갈아입지도 않았다. 다만 남자 목소리로 말하는 것과 얼굴에 수염이 없는 것이 여자로 발각될 수 있는 위험 요소였지만 워낙 전쟁터에 어린 소년들이 많이 있었기 때문에 남자 목소리만 가능하다면 들키지 않고 무사히 넘어갈 수 있었다.

원칙적으로는 남부, 북부 모두 군인을 모집할 경우 신체검사를 실시해야 함에도 불구하고 검사 자체는 종종 시시한 수준에 머물렀다. 군 모집 요원들은 거의 대부분 눈에 보이는 장애요인, 즉 청각장애, 나쁜 시력이나 절름발이 등에 대해 살펴볼 뿐이었다. 군대는 옷을 벗고 하는 표준화된 건강 검사를 실시하지 않았다. 결국 이렇게 느슨하고 아무렇게 행해진 군인 모집으로 인해 약 750명의 여성들이 군복무를 할 수 있었다.

군복무 중에도 여성들이 발각되지 않은 이유는 군인들이 옷을 입은 채 잠을 자고, 속옷차림으로 목욕을 했으며, 속옷을 갈아입는 것도 6주 만에 한번 이루어질 정도였기 때문이었다. 또한 캠프 내 화장실이 아주 냄새가 고약하고 더러운 개방형이었기 때문에 누구든지 개인적으로 숲으로 들어가 볼 일을 보거나 해가 진 후 캠프 근처에서 목욕을 할 수도 있었다고 한다.[38] 하지만 일부 여성들은 생활 속에서 무의식적인 행동이나 습관 때문에, 또 부상을 당해 치료를 받다 발각이 되기도 했으며, 죽은 뒤 정체가 밝혀지기도 했다.

남북전쟁 당시 여성들이 남장을 하고, 남자이름을 사용하고 있는 한 군모집 담당자들은 남부, 북부 지역을 막론하고 성별에 대한 정체성을 구별할 증명서를 요구하지 않았다. 여자들은 가슴을 꼭꼭 동여매고, 필요할 경우 군복바지 허리에 패드를 넣어 굵어 보이게 만들었고, 머리도 짧게 잘랐다. 어떤 여성은 가짜 수염을 붙이기도 했으며 남자 걸음걸이를 보이기도 했고, 담배를 피우는 것을 배우기도 했으며, 보다 더 남자답게 보이기 위해 군복어깨에 패드를 넣기도 했다. 남북전쟁 동안 사라 로제타 웨이크만(Sarah Rosetta Wakeman)이 남자 이름을 가명으로 사용하면서 이등병 라이온 웨이크만(Private Lyons Wakeman)으로 입대하기도 했다.

군대에서 부상당한 후 여자라는 것이 발각되어 집으로 돌아온 여자들이 언론에 노출되면서 전쟁터에 여자들이 활동하고 있다는 사실이 사람들에게 알려질 수 있었다. 전쟁터에서의 여성들이란 자신을 희생하는 간호사로서, 로맨틱한 스파이 역할로서, 그리고 남자들이 없는 집을 지키는 용감한 여성의 모습으로 상상되지만, 상당수 여성들이 무기를 들고 전투에 참여하고, 감옥에 갇히기도 하고, 전쟁터에서 사망하기도 했다.

---

38 George Worthington Adams, *Doctors in Blue : The Medical History of the Union Army in the Civil War*. 1952. ; Wendy A. King, *Clad in uniform : Women soldiers of the Civil War*. 1992. ; and Loreta Janeta Velazquez, *The Woman in Battle : The Civil War Narrative of Loreta Janeta Velazquez*, Cuban Woman and Confederate Soldier.

여자들이 위험을 무릅쓰고 전투에 참여한 이유는 제각기 달랐다. 일부 여성들은 자신의 남편, 연인, 가족과 함께 있기 위해서 군에 입대했다. 또 어떤 여성들은 전쟁을 마치 흥분되고 자극적인 것으로 또는 마치 여행을 한다는 생각에서 참여하기도 했다. 이와는 달리 노동계층과 가난한 여성들의 경우에는 장려금 지급과 정기적으로 지급되는 봉급을 보장받는 데 매료된 생계형 군 입대이기도 했다.

여성들은 간호사, 종군여상인(vivandieres), 종군매점상인(sutlers)으로 활동하면서 전쟁터에 머물렀고, 연방군(the Union, 북군)과 연합군(the Confederate, 남군)으로 심지어는 스파이로 참여하기도 했다. 이들 중 종군여상인은 군인들에게 음식, 식량, 술 등을 제공하는 사람들이었고 종군매점상인은 전쟁터에서 군부대에 물건을 파는 행상인들을 의미한다. 북부 여성들은 남부에 비해 세속적이고 세련된 성향이 강했고 바느질 모임이나 봉사단체 등을 통해 군을 지원했다. 전쟁에 직접 참여한 여성들은 주로 간호사와 스파이로서의 역할을 주로 했다.

이들 여자들은 군대에서 식량이나 술을 팔기 위해, 군매점관리를 위해 자기 남자들, 즉 남편이나 남자 형제들을 따라 전쟁터에 가기도 했다. 이들은 여자용 군복을 입고 부대에서 근무했는데, 이는 절대로 불법적인 것이 아니었다. 비방디에르(vivandiere)로 불리던 이들은 그다지 많지는 않았지만 남북전쟁에서 처음 볼 수 있는 새로운 모습이었다. 이런 현상은 유럽으로부터 영향을 받은 것으로 그들의 의상 역시 프랑스풍의 군복을 입고 있었다. 이는 전쟁에서의 여성의 역할이 매우 다양해지고 있는 것을 보여 주는 예라 할 수 있다.

한편 많은 여성들은 연합군을 위한 스파이 활동을 했다. 가장 유명한 남부 여성 스파이는 로즈 그린하우(Rose O'Neale Greenhow)인데 그녀는 비밀공작원의 모범이 되기도 했다. 그녀는 워싱턴 D. C.에 거주하는 친척과 함께 살면서 정치인과 군인 등 사회 고위층 인사들과 친분을 쌓은 후 그들로부터 정보를 빼내 연합군 장군에 전달해 전투에서 승리하는 데 기여했다. 결국 그녀는 스파이라는 것이 발각되어 감옥에 갇히게 되는데도 불구하고 심지어 감옥에서도 연합군을 돕기 위해 노트를 보내기도 했다. 또한 에멀라인 피고트(Emmeline Piggott)는 노스캐롤라이나에서 가장 유명한 스파이였을 뿐만 아니라 밀수업자로 알려져 있는데, 치마 속에 큰 주머니를 달아 그 속에 전달 정보나 자료들을 넣어 전달하는 역할을 수행했다. 결국 그녀는 발각되어 체포된 후 감옥살이까지 하게 되었다.

연합군 측 스파이였던 엘리자베스 하우랜드(Elizabeth C. Howland)는 아버지로부터 의술을 훈련받아 연합군을 위한 스파이로서 아주 성공적으로 업무를 수행했다. 그녀는 순진한 어린이들은 적군의 경계를 통과할 수 있다는 점을 간파한 후 자신의 스파이 활동에 어린 아들과 딸을 이용하여 정보를 전달하기도 했다. 이 외에도 로티(Lottie Moon)와 지니(Ginnie Moon)라는 자매가 전쟁동안 연합군을 위해 스파이 활동을 했다. 이들은 북부에서 성장했음에도 불구하고 판사인 로티의 남편이 연합군의 지하조직 회원으로 활동하고 있었기 때문에 자연스럽게 남부를 위한 스파이활동을 하게 되었다. 반면 동생인 지니는 어머니와 남부 지역에 살고 있다가 전쟁을 맞게 되었고 연합군 환자들을 돌보는 일을 하다 언니가 있는 북부지역을 방문하는 척 하면서 정보를 전달해 주는 스파이 노릇을 할 수 있었다.

반면, 전쟁에서 비교적 우위에 있었던 연방군을 위해 스파이 활동을 한 여성들은 연합군에 비해서는 많지는 않았지만, 그 중 잘 알려진 대표적인 예가 바로 폴린 커쉬만(Pauline Cushman)이다. 그녀는 배우였는데 전쟁이 시작되자마자 연방군을 위해 스파이가 되어달라는 부탁을 받고 연합군 측의 정보를 캐내 연방군에게 전달하곤 했다. 결국 스파이라는 것이 발각되어 체포된 후 사형선고까지 받았지만 연방군이 연합군을 점령함으로써 자유의 몸이 될 수 있었다. 남북전쟁에서 의사로 활동했던 메리 워커(Mary Walker)는 연방군에 자원해서 무보수로 근무했는데 민간인 부상자들을 치료하느라 연합군과의 경계를 넘나들다가 스파이로 간주되어 결국 전쟁포로가 되고 말았다.

1862년 전에는 전투의무가 항상 자발적인 지원에 의해 이루어지고 있었지만, 18－45세의 백인 남자들은 일반적으로 지역민병대에 소속되어야 했다. 식민지 시절 민병대법은 건강한 신체의 백인남성은 민병대에 등록해야 하고 돈을 받지 않고 최소한도의 군사훈련을 받을 것을 요구했다. 유일하게 퀘이커교도가 많았던 펜실베이니아에서는 유일하게 이와 같은 법이 존재하지 않았다. 1778년 독립 전쟁 중에 소집된 대륙 회의에서 각 주는 민병대로부터 군인을 징집하여 1년 동안 연방군에서 복무하도록 권고하였지만 그다지 엄격하게 실시되지는 않았다. 결국 미국에서 징집이 실시되기 시작한 것은 1814년 제임스 매디슨 대통령이 연방군을 위해 30,000명을 징집할 것을 제안한 후부터였다.

전쟁 초기에는 북부와 남부 모두 수용할 수 있는 규모보다 더 많은 지원 군인들이 있었지만 초반에 지역적 충성심이 사그라지기 시작하면서 자발적으로 군대에 오는 젊은이들만으로는 충분하지 못했다. 결국 1863년 두 측 모두 군 입대를 격려하기도 하고 자발성을 강요하는 방법으로 징집법을 마련하였다. 특히 연합군은 18－35세의 젊은 남자들을 징병하면서도 노예관리자, 정부관리, 목사는 징병으로부터 제외시켰다. 연방군의 경우 자원병이 부족할 경우 주 내에서 민병대를 위한 징병제 시행을 법제화했다. 물론 두 측 모두 여자들은 전투에 참여하기 위해 군입대할 수 있는 권리를 인정해 주지 않았다.

따라서 여성들은 전통적인 역할을 할 경우 각자의 집안일을 하면서 간호사, 세탁부, 여자교도관 등의 도구적 역할을 했고, 보다 적극적인 소수의 여성들은 스파이로 활동하기도 했으며, 심지어는 남장을 감행하면서까지 남자들과 직접 전투에 참여하게 되었다. 남부와 북부 모두에서 여성들은 '부상군인구호단체(Sick Soldier's Relief Society)'와 '군인원조사회(Soldier's Aid Society)' 등의 단체를 결성하여 부상자들을 도왔다. 이 단체의 회원들은 주로 군복, 담요, 붕대 등을 만들고, 물품에 대한 재고정리를 하고, 물품을 보급하는 역할을 담당했다.

남북전쟁 동안 남장을 통해 전투에 참여했던, 전쟁터에서 간호사나 몰리피처 역할을 했던, 통신원 활동을 했던, 스파이 역할을 했던 여성들은 남부와 북부 모두에서 찾아 볼 수 있었다. 남부의 여자들은 대부분 흑인 노예를 두고 생활해왔기 때문에 스스로 생활할 수 있는 능력이 아주 부족했다. 당시 남부에서도 최남단 지역의 노예 소유 가정의 비율은 43%였고, 남부의 북단 가정은 22% 정도 노예를 소유하고 있었다.[39] 이들은 남자들이 떠난 세상에서 남겨진 가족들과 가계를 책임져야 했기 때문에 가사부터 배워야 했다. 남북전쟁 당시 거의 대부분의 마을에서는 남자들이 모두 전쟁터로 떠난 상태였는데, 남부

39 James G. Randall and David Donald, *Civil War and Reconstruction*. 1961. p. 68.

조지아의 한 마을에서는 여성 민병대(militia)가 창설되기도 했다. 이들은 외부 공격으로부터 가족을 보호하기 위한 최후의 보루가 되었고, 훈련과 사격연습 등을 수행했다.

남북전쟁 동안 연방군과 연합군 모두 여성의 징집이 허용되지 않았음에도 불구하고 여성들은 남장을 해서 양쪽 모두에서 전쟁에 참여했다. 이 때문에 실제로 얼마나 많은 여성들이 남북전쟁에 참여했었는지 파악하는 일은 불가능했다. 기록에 의하면 연합군에는 약 250명 정도의 여성들이 참여했다고 한다.[40] 그 규모가 적어도 400명 정도는 된다고 주장되기도 한다.[41] 정확한 통계를 알 수는 없지만 일부 역사적 기록에 따르면 약 80명 남짓 되는 여성들이 남북전쟁에서 부상을 입거나 사망했다고 한다. 이를 통해 본다면 전쟁 중 간호사로 활동했던 여성은 수천 명에 이를 것으로 추정된다. 한편 이 전쟁에서 연방군과 연합군 양측 간호사의 약 10%는 민간인 여성들이었다.

당시 흑인 인구의 95%가 남부에 있었고 흑인 인구가 전체 인구의 삼분의 일 정도 차지하고 있었다면 남부에는 백인 남자들의 수가 많지 않았기 때문에 군대에 갈 수 있는 연령의 남자들이 충분하지 않았을 수밖에 없었다. 결국 전쟁 상황이 남부에게 불리하게 전개됨에 따

---

40 Lauren Burgess, "'Typical' Soldier May Have Been Red-Blooded American Woman." *The Washington Times*. October 5, 1991; Mary A. Livermore, *My Story of the War: A Woman's Narrative of Four Years' Personal Experience as Nurse in the Union Army*. 1888, pp. 119-120.

41 Jess Righthand, "The Women Who fight in the Civil War." April 7, 2011. http://www.smithsonianmag.com/history/the-women-who-fought-in-the-civil-war-1402680/?no-ist.

라 남부 연합에 대해 높은 충성심을 보였던 여자들이 자발적으로 군대에 들어가 활동했기 때문에 군에 참여한 여성이 더 많았을 것으로 추정된다. 남장했던 여자들을 파악하기 어려웠기 때문에 그 수를 정확히 알 수 없고 단지 부상당하거나 사고로 발각된 경우들이 더러 있었기 때문에 이를 감안한다면 그 수는 더 많을 것이다. 또한 남북전쟁이 끝나고 여성들의 전쟁터에서의 경험담, 일기, 사망기사, 그리고 저서 등이 상당 수 세상에 알려지기 시작한 것도 이를 뒷받침이 되는 증거라 할 수 있다.

〈그림 6〉 남북전쟁 시 북군을 지원한 클라라 바튼

http://www.army.mil/women/history.html

클라라 바튼(Clara Barton, 1821-1912)은 남북전쟁 발발 직전까지 미국 특허청에서 서기로 근무하면서 공화당을 후견하는 활동을 하고 있었는데, 그녀는 1862년 이전에 연방정부에 고용된 네 명의 여성 중 한 명이었다. 그녀는 볼티모어 폭동과정에서 부상당한 후 의료와 음식 지원 없이 고통 받고 있던 친구와 친지들을 본 후 남북전쟁에 직접적으로 참여하게 되었다. 자신의 월급을 사용하면서까지 매사추세츠에 있는 여성조직을 동원하여 전투지역에 물품을 공급하기 시작했다. 그녀는 포토맥 부대와 동행하면서 전쟁터에 따라갈 수 있는 허가를 얻어내어 간호사 역할을 수행하게 되었다. 이 때문에 그녀는 '전쟁터의 천사(Angel of the battlefield)'라는 애칭을 얻기도 했다. 전방에서 군 간호사로 일하는 것이 매우 힘든 업무였음에도 불구하고 그녀는 봉급도 받지 않은 것은 물론 공식적으로 공로를 인정받지도 못했다. 후에 그녀는 이런 경험을 통해 미국 적십자(American Red Cross)의 창시자가 되었다. 그녀는 실질적으로 사회 변화를 이끌어낸 영향력 있는 인물이었다.

〈그림 7〉 미군에서 최초로 활동한 여성 외과의사 매리 워커

http://www.army.mil/women/history.htm

미국에서 1849년 최초로 여자의사가 되었던 엘리자베스 블랙웰은 남북전쟁 동안 미국 보건위원회(U.S. Sanitary Commission)와 함께 행정업무를 담당했던 내과의사였다. 또한 매리 워커(Mary Walker)도 외과의사로서 정부에 가치 있는 활동을 제공할 수 있었다. 그녀는 켄터키 루이빌에 있은 여자포로들을 책임지는 외과의사로 정부가 발령을 냈지만, 전쟁터와 병원에서 병들거나 부상당한 군인들을 열성적으로 보살폈다. 그녀는 초기 여성참정권 운동가들 중 한 명이면서 또한 초기 여성의사들 중 한 명이기도 했다. 그녀의 적극적인 태도는 여성들이 보다 편안한 옷을 입을 수 있고 활동할 수 있고 많은 분야에 진출할 수 있어야 된다는 것을 보여준 상징적 인물이 될 수 있게 했다.

조금 특이한 사례이긴 하지만 남북전쟁에 참여한 군인이었던 사라 에드몬즈(Sara Emma Edmonds, 1841-1898)의 경우이다. 그녀는 캐나다에서 태어났지만 남북전쟁에 참가하기 위해 미국으로 이주해 프랭클린 톰슨(Franklin Thompson)이라는 남자로 가장해 연방군 측에서 활동했다. 그녀는 전쟁 첫해부터 지방병원에서 남자 간호사처럼 활동하기 시작하면서 우편책임자로서의 역할도 수행했다. 1863년 여자로 다시 되돌아가 연방병원에서 간호사로 활동하게 되었는데, 나중에야 동료들에 의해 그녀의 군 활동이 제대로 평가될 수 있었고 결국 전쟁이 끝난 후 연방의회로부터 연금이 허용되었다.

안나 에더리지(Anna Etheridge, 1844-1913) 역시 전쟁터에서 간호보조사와 세탁 업무를 담당했다. 그녀는 미시간 보병2사단 연대장의 딸로서 아버지 부대에서 전투의료진에서 일하던 다른 두 명의 여성들, 즉 제인 힌스데일(Jane Hinsdale)과 나중에 톰슨이라는 남자로 활동을 했던 사라 에드몬즈(Sarah Emma Edmonds)와 함께 활동했다. 안나는 말 타는 일을 능숙하게 잘했기 때문에 주로 말에 큰 배낭을 달아 그 속에 붕대와 솜을 넣어 전쟁에서 부상당한 군인들을 돌보는 일을 하고 다녔다. 그녀는 간호사나 몰리 피처 역할을 하고 있었는데 여성에게 군인으로서의 자격을 부여하겠다고 약속했던 장군이 전사하자 그녀의 희망은 물거품이 되었다. 결국 그녀는 군대에서 제공해준 말을 타고 다니며 군인들의 사기를 북돋아 주는 역할을 주로 했다. 이 때문에 사람들은 그녀를 '친절한 애니(Gentle Annie)'로 불렀다.

이렇게 남북전쟁에서 여성들의 특별한 활동이 알려질 수 있었던 것은 그 시기 여성들이 남자 이름을 필명으로 사용하여 책을 저술했기 때문이었다.[42] 이 시기에 이미 많은 여성들은 교육도 받았고, 남부와는 달리 북부 여성의 경우는 제한적이긴 하지만 사회생활을 하던 여성들도 더러 있어서 여성들의 의식이 많이 향상된 상태였다. 더욱이 노예제폐지운동과 여성권 운동이 이미 19세기 초부터 서서히 진행되어 오고 있었기 때문에 전쟁이 남자들 중심으로 진행되고 있었을지라도 후방에 있는 여자들도 무언가를 해야 한다는 생각을 할 수밖에 없었다. 전쟁터로 떠난 가족들을 염려하는 마음, 군인들을 지원해야 하는 의무감, 노예제라는 사회적 제도에 대한 의식, 전쟁에 대한 생각 등이 결국 많은 여성들의 글로써 표현되고 있었다.

이 시기에는 이전 시대와는 달리 전쟁에서 흑인 여성들의 활동도 찾아 볼 수 있다. 해방된 노예 출신인 해리엣 터브만(Harriet Tubman)은 자원하여 간호사, 스파이 그리고 연방군 모집원으로 활동했다. 또한 캐세이 윌리엄스(Cathay Williams)는 버팔로 군인(Buffalo Soldier)[43]으로 알려진 유일한 여자였다. 연방군 군인들이 그녀를 남북전쟁 시 노예로부터 해방시켜 주었는데, 그 후 연방군을 위해 봉급을 받으며 가정부로

---

42 이런 저자들 중 대표적인 예로는 사라 에드몬즈와 제니 호저스(Jennie Hodgers)가 있는데 에드몬즈는 톰슨(Franklin Thompson), 호저스는 캐쉬어(Albert Cashier)라는 남자 이름을 필명으로 사용했다. 에드몬즈는 "*연합군의 간호사와 스파이(Nurse and Spy in the Union Army)*"라는 책을 1865년 출판하였다. 이 책은 부제로 병원, 부대, 전쟁터에서의 여성의 모험과 경험(*The Adventures and Experiences of a Woman in Hospitals, Camps, and Battle-Fields)*'가 붙여 있었다. 하지만 이 책에 대해 공상과 허구의 혼합이라고 주장하는 사람들도 존재하는데 역사가들에 의해 저자인 에드몬즈의 저술이라는 사실이 검증된 바 있다.

43 버팔로 군인은 1866년 창립된 미국 육군기병부대로 대륙군 측에서 아메리카 원주민들을 상대로 전투를 벌였다. 인디언들은 이 부대를 "흑인 기병대(Negro Cavalry)"로 불렀다. 이 부대는 의회가 평화 시기에 정규 미국 군대 내 흑인으로만 구성된 연대 창설을 승인함으로써 탄생되었다.

〈그림 8〉 남장한 연방군 케세이 윌리엄스

http://www.militarywoman.org/forums/content.php?217-Women-s-First

일했다. 군대에서의 일을 그만둔 후 곧 남자로 가장해 군대에 입대한 후 병이 걸려 여자로 발각되기 전까지 약 2년 정도 활동할 수 있었다. 당시에는 군 입대 시 신체검사가 필수적 관문이 아니었을 뿐 아니라 이름을 윌리엄스로 바꿔 사용했기 때문에 남장이 가능했다.

남부 조지아에 태어난 흑인 노예였던 수지 베이커(Susie Baker)는 그녀의 할머니로부터 읽고 쓰기를 배웠다. 그녀는 남북전쟁 중 북군 측으로 도망가 1862년 자유를 얻게 되었고, 연방군 흑인부대에서 부대 구성원으로서 세탁 업무를 담당하게 되었다. 비록 그녀는 14세에 불과했지만 하사관인 에드워드 킹이라는 남자와 결혼했고 부대 내 남자들에게 읽고 쓰는 것을 가르치면서 그들의 세탁물을 관리해 주었다. 1863년부터 다른 전투에서 싸우다 부상당해 군부대로 후송된 환자들을 간호하기 시작했다. 그녀는 또한 짬을 내어 총을 사용하는 법을 배웠다. 남편이 1866년 제대할 때까지 4년 동안 부상자들을 간호했다. 하지만 그녀는 간호업무에 관심을 가지고 여성구호부대(Women's Relief Corps)의 지부를 조직하는 일을 계속 도왔다.[44]

마침내 연방군에서 복무했던 다수의 여자들은 공식적으로 전쟁에서의 공로를 인정받아 미 육군 훈장인 커니 크로스(Kearny Cross)를 수여받았다. 또한 메리 워커에게는 앤드류 존슨(Andrew Johnson) 대통령에 의해 유일하게 최고 명예훈장(Medal of Honor)이 부여되기도 했다. 한편 연합군에서 활동했던 한 여성은 뒤늦게 1977년 연맹명예훈장(Confederate Medal of Honor)을 인정받아 워싱턴디씨 국립묘지에 안장되었다.

군대 내 여군 역사에서 미국독립 전쟁과 남북전쟁 당시 남자로 가장하여 남자 이름을 사용하여 입대한 여성들의 기록들이 있다. 이런 예들은 1898년 4월 5일자로 되어있는 윌리엄 맥킨리(William McKinley) 대통령에게 보낸 애니 오클리(Anrrie Oakley)의 편지에서 찾아볼 수 있는데, 이 편지는 미군에서 복무할 수 있는 여성의 권리를 인정해 달라는 정치적 요구를 증명해 주는 초기 문서로 평가되고 있다.

남북전쟁 기간 여성들이 수행한 역할을 매우 다양하다. 당시 남자들처럼 공식적으로 전쟁에 나가 싸울 수는 없었던 소수의 여성들은 남장을 통해 직접 군인으로 활약했지만 가시적으로 인정받지 못했다. 그럼에도 불구하고 외부에서 전쟁을 지원하는 활동을 활발히 전개했던 것을 간과할 수 없다. 왜냐하면 전쟁이 시작됨과 동시에 여성들은 남편, 애인, 형제 등을 군대에 입대시키기 위해 독려하는 데 일조했고, 봉사단체를 조직하여 자발적으로 군대를 지원하는 활동을 전개했다. 아주 극소수이긴 하지만 남부나 북부를 막론하고 적군을 감시하는 스파이활동을 했던 여성들도 있다. 북부 여성들은 전쟁 전부터 가

---

44 1902년 그녀의 자서전인 *Reminiscences of my life in camp with the 33d United States Colored Troops late 1st S.C. Volunteers*"가 출판되었다.

능했던 사회활동의 배경에 따라 전쟁을 위해 간호사로 활동하기도 하고 군수물자 생산을 위해 공장에서 일하기도 했던 반면, 남부 여성들은 남자들이 떠나 버려 관리하지 못하는 농장을 운영하거나 가사 일을 관리하게 되었다.

남북전쟁 150주년을 맞은 최근 남북전쟁에 여성들이 어떻게 관여했는가가 재조명 받고 있다. 이 전쟁으로 인해 백인, 흑인 아메리카 원주민 등 모든 인종과 계급의 여성들의 삶은 크게 변화되었는데, 이들의 공적 영역에서의 활약은 이전 시기와는 전혀 다른 수준이었기 때문이었다. 여성들이 군대에서 활동한 것이 전투나 종전 결과에 영향을 주지는 않았던 것이 사실이다. 또한 그들의 군복무는 전쟁과정을 변화시키지 않았다. 전쟁에서 싸웠던 남자들의 규모와 비교해 볼 때 여성의 수는 그야말로 아무 것도 아니었기 때문이었다. 여자들은 전쟁터에 있지 않아도 되었는데도 그 곳에 있었다는 점을 19세기 후반에 이르러 신문기자들이 중요하다고 인식했다. 왜냐하면 남북전쟁에 여성군인들이 활동했다는 점은 19세기 중반 미국 사회의 여성들이 연약하고, 종속적이고, 수동적이고, 공적 영역에 대한 무관심하다고 생각하던 당시의 사람들의 생각에 반대되는 현상이었기 때문이다.

여성들의 군 활동이 전쟁과정을 심각하게 변화시킨 것은 아니지만, 당시의 그들의 활동은 흔하지 않은 혁신적인 사건이었기 때문에 충분히 기억할만한 가치가 있다. 그녀들은 사회적으로 용인된 역할을 거부하고 적들의 총에 맞서야 했을 뿐만 아니라 사회적인 성차별과 편견에 맞서 싸웠던 것이다. 남북전쟁에 참여했던 여군들은 선구자로서 현대에서 그 공로를 인정받고 있다. 당시 여군들은 유능한 전투요원들이었다. 역사적 시각에서 볼 때 남북전쟁 기간 중 여성전투원들은 그 시기에만 앞서 있었던 것이 아니다. 현시점에서도 그들은 시대를 앞서 활동한 사람들이었다.

불안과 긴장으로 이어진 남북전쟁 동안 투표권도 없고, 자신의 소유재산권도 없고, 시민권도 없던 여성들이 전쟁을 돕기 위해 단합하는 노력을 보였다. 전쟁 전에 시작했던 여성참정권 운동도 보류하고, 다시 말하면 자신들에게 중요한 문제를 제켜두고 각기 자기가 속해 있는 지역을 위해 놀라운 희생을 감수했다. 여성들이 전쟁에서의 역할을 통해 가장 진일보할 수 있었던 분야는 간호 분야였다. 북부나 남부 모두 부상자에 대한 준비가 되어 있지 않은 상태에서 간호할 인력이 필요할 수밖에 없었기 때문에 의료훈련을 전혀 갖추지 않은 여성들까지도 부상자들을 돕기 위해 전방으로 달려갔다. 여성들의 자발적인 참여 없이는 절대로 가능할 수 없는 상황이었다.

많은 여성들이 연방군과 연합군 측의 병원에서 간호사로 근무했다. 그들은 종종 전투가 벌어지는 최전방 근처나 전쟁터에서 자신들의 인도주의적인 간호활동을 수행했다. 그들은 간호해준 환자들로부터 끊임없는 존경과 감사를 받고 있었다. 하지만 당시 미국의 사회적 분위기를 감안해 볼 때 여간호사에 대한 인식이 좋은 것만 아니었다. 왜냐하면 부상자들을 돌보기 위해서는 부상자가 낯선 남자임에도 불구하고 몸을 만져야 하는 육체노동이기 때문에 일부 사람들은 이들을 마치 창녀와 같은 수준에서 생각하기도 했기 때문이었다. 따라서 북부 간호사들 중에서 젊고 미혼인 여성은 대중들로부터 비난을 받기도 했다.

결국 1861년 남북전쟁이 시작된 후 두 달이 지나자 전쟁부 장관은 도로시 딕스(Dorothea Dix)를 간호담당관으로 임명하였고, 그녀는 간호사로 근무하고 싶어 하는 여자들에게 높은 기준을 적용하기 시작했다. 즉, 간호사가 되려면 35–50세로 건강해야 하고, 기혼 여성으로서의 품위와 용모 및 성격 등을 갖추고 있는가를 보기 위해 자신과의 인터뷰를 반드시 해야 한다는 조건을 붙였다. 환자들이 간호사들을 엄마나 여자 형제라는 생각이 들게 만들기 위해서였다. 실제로 당시 군인들은 간호사를 '자매(sister)'로 부르고 있었다. 약 6,000명의 간호사들이 연방군을 위해 간호 의무를 수행했다. 이들은 때로는 한 번에 40명의 환자를 돌봐야 할 정도로 12시간마다 교대하면서 혼신의 힘을 다해 열심히 일했다. 이런 모습은 한 번도 집을 떠나 일해 본 적이 없는 여성들이라고 믿기 어려운 상황이었다. 이들 중 181명의 흑인 간호사들은 전쟁 동안 회복기 환자들을 돌봤고, 미국정부 병원에서 근무했다.

전쟁에서 애국적으로 활동한 여성들의 노고는 때로는 무시되기도 하고 칭찬받지도 못한 경우가 많다. 하지만 미국 여성들은 분명히 참담한 비극으로 간주될 수 있는 내란이었던 남북전쟁에서 아주 놀라울 만큼의 역할과 영향력을 행사한 것은 명백한 사실이다. 특히 노예제 폐지를 반대하던 남부 여성들에게는 전쟁을 통해 이전의 자신들의 생활패턴과는 전혀 다른 경험과 새로운 일에 대한 도전이 가능했다. 이들은 향후 미국 전역의 여성들이 함께 협력하여 여성들의 문제를 개선해 나갈 수 있는 생각과 행동이 무엇인가를 터득할 수 있었다.

남북전쟁이 끝난 후 30년이 지난 후인 1898년 치러진 미국과 스페인과의 전쟁(Spanish-American War)에서도 여성들의 역할은 계속 진화되는 모습을 보였다. 이 전쟁이 진행되는 과정에서 당시 인기 있던 버팔로 빌(Buffalo Bill)[45]의 쇼인 '와일드 웨스트 쇼(Wild West Show)'에서 저격병으로서 1등 사수 역을 했던 여배우인 애니 오클리(Annie Oakley)가 윌리엄 매킨리(William McKinley) 대통령에게 편지를 보내 스페인과의 전쟁을 위해 무기와 탄약을 지닌 50명의 여성 저격병을 정부가 허용해야 한다고 전하기도 했지만 이 제안은 받아들여지지 않았다.

1898년 쿠바의 아바나 항구에서 미국의 전투함인 메인(Maine)호가 원인 모르게 폭발되어 침몰한 후 분노에 찬 시오도어 루스벨트(Theodore Roosevelt) 대령이 산후안전투(The Battle of San Juan Hill)에서 큰 승리를 이루어냈다. 민간 의용 기병대[46]로 활약했던 루스벨트는 용맹적인 활약상에 대한 보상으로 메달을 획득했고 후에 미국의 부통령 및 대통령을 역임한 바 있다. 메인호 폭발 사건은 물론 산후안전투에서도 마찬가지로 부상자들을 위한 위생 상태는 너무 참혹했었다. 군부대 내 장티푸스와 말라리아 등의 전염병이 돌고 있어 수천 명의 군인들이 아팠지만 자격증 있는 의료요원들은 거의 없었던 상황이었기 때문에 육군 의료부는 당혹스러웠다.

의무총감(Surgeon General)은 즉시 계약제 여성 간호사들을 임명해 달라고 요청했고, 마침내 의회는 육군이 신속하게 여성 간호사들을 충원하도록 허가했다. 하지만 이들 여성 간호사들은 군인의 지위를 받은 것이 아니라 민간인으로서 계약한 상태였다. 당시 '미국 혁명의 딸

---

45 버팔로 빌은 본명이 윌리엄 코디(William Frederick Cody)로 남북전쟁에 참여했었고, 쇼를 통해 유명해진 인물이다.

46 이 기병대는 '사나운 말타기(Rough Riders)'라는 이름을 지닌 부대로서 남북전쟁 이후 약화된 미 육군을 지원하기 위해 1898년 윌리엄 맥킨리(William McKinley) 대통령의 요청에 의해 1,250명의 자원자들로 만들어졌다.

들의 전국모임(National Society of the Daughters of the American Revolution)' 부회장을 맡고 있던 여의사인 애니타 맥기(Annita Newomb McGee)박사가 군을 위해 전문적으로 자격을 갖춘 간호사들을 선별하는 책임을 맡았다.

〈그림 9〉 미서전쟁에 참여한 군간호원

http://www.history.army.mil/documents/spanam/WS-ANC.htm

남북전쟁 이후 군 간호사들은 군대 내에서 매우 중요한 직책이 되었다. 따라서 이 직책은 높은 수준의 자격이 요구되고 군 간호사들은 군대에서는 '계약간호사'로 알려지게 되었다. 한 달에 30달러의 보수를 받는 이같은 여성 간호사들은 1,000명 이상 충원되었다. 1898년과 1901년 사이 1,500명 이상의 여성들이 미국 내에서, 하와이, 푸에르토리코, 괌, 그리고 필리핀 등의 위치한 육군병원에서 그리고 미국의 병원선인 '릴리프(Relief)'에서 근무했다. 이들 여성 간호사들 중 푸에르토리코에서 장티푸스에 걸려 사망한 엘렌 메이(Ellen May)는 최초의 여성 육군 간호사이기도 했고, 당시 사망했던 클라라 마스(Clara Maass)는 오랜 시간이 흐른 후인 1976년 우표에 얼굴이 실려 발행되는 영광을 얻기도 했다. 이 전쟁 동안 20명의 여성 간호사가 사망했다.

육군은 이들 계약 간호사들의 활약에 감명을 받아 맥기 박사를 임시 부의무총감(Acting Assistant Surgeon General)으로 임명했고, 상시적인 간호부대를 창설하기 위한 법안을 작성하도록 그녀에게 부탁했다. 미국-스페인 전쟁 당시 여간호사를 충원하는 데 도움을 주었던 의사 출신 맥기 박사는 전쟁이 끝난 후 여간호사들을 군의 정규인원들로 계속 인정할 것을 주장했다. 그 덕분에 육군간호부대(Army Nurse Corps)는 1901년 육군재조직법(Army Reorganization Act)에 따라 의무부의 정규부대가 될 수 있게 됨으로써 이 부대 간호사들은 3년 동안 정규부대에서의 일원으로 근무할 수 있었다. 맥기 박사는 임시로 새로운 간호부대를 관할하는 군의관 부사령관이 된 후 여성 간호사들에게 군인 지위를 주기 위한 작업을 시작하기 위해 필요한 입법초안을 마련하였지만, 여성 간호사들은 계급도 없었고, 남자들과 동일한 월급이나 혜택을 받지는 못했다. 하지만 이로써 미국은 비상시에 간호업무를 기꺼이 해줄 수 있는 자격을 갖춘 간호사들을 계속 유지할 수 있게 되었다. 1908년에는 마침내 미국 의회가 해군간호부대(Navy Nurse Corps)의 창설을 승인하기도 했다.

2절 남북전쟁 전후 남부와 북부 여성의 삶

미국 역사는 지리적으로 남부와 북부 간 대립의 역사라 해도 과언이 아니다. 헌법제정과정에서 상원과 하원의 구분이 생긴 것도 각 주별 인구 비율의 차이 때문이었다. 결국 하원은 주별 인구 비례에 따라 하원의원 수가 결정되고, 상원은 인구 크기와 상관없이 주당 2명의 의원을 갖는 방식이 채택되었다. 이렇듯 인구수가 정치제도 형성에서 중요한 부분인 만큼 당시 미국 사회에 존재하던 노예의 수를 어떻게 계산할 것인가는 두 지역에게 모두 매우 민감한 사항이었다.

결과적으로 흑인 노예를 인구 계산에 포함시킬 것인지에 대한 여부에서 시작하여, 만일 포함시킨다면 어떻게 계산되어져야 하는가에 대한 논쟁으로 확대되었다. 많은 노예들을 소유하던 남부는 당연히 노예를 인구수에 포함시켜 자신들을 대표하는 의원의 수를 늘리고 싶어 했고, 북부는 이에 반대했다. 결과적으로 노예를 자유인의 5분의 3으로 계산하여 인구수에 포함시키는 방법이 채택되었다. 이렇게 반인륜적인 계산법이 건국 초기부터 노예를 상대로 시행된 것을 보면 남북전쟁이 발발한 것은 미국의 숙명일 수밖에 없다.

초대 정부가 수립된 이후에도 1800년대 중반까지 미국의 북부와 남부 지역은 각기 너무 다른 모습으로 변화되었다. 북부의 도시들은 부자들은 물론 제조업의 중심지가 되면서 기술노동자들을 끌어들이기 시작했지만, 남부 지역은 여전히 농업을 기반으로 담배, 사탕수수, 쌀, 면화 등의 농작물을 생산하여 유럽에 수출함으로써 재산을 축적하고 있었다. 물론 이 지역에서는 모든 노동력을 노예로 충당했다. 북부는 산업화로 인해 농업부분 노동의 기초가 되는 노예가 거의 필요하지 않았을 뿐만 아니라 나중에는 법으로 금지시켰던 반면, 남부는 농업에 기초한 생활이었기 때문에 노동 공급원인 흑인 노예가 반드시 필요할 수밖에 없었던 생활과 경제구조를 보이고 있었다.

이렇듯 남부와 북부의 대립은 헌법제정 이후 지속되었다. 일부 북부 사람들은 진심으로 인간 평등 때문에 노예폐지를 주창하기도 했지만 실제로는 다른 정치적 이유가 있기도 했다. 북부는 노예를 폐지하는 것이 남부의 힘을 약화시켜 남부와의 이권 다툼에서 더 유리할 수 있었기 때문에 노예제 폐지론을 주장하기도 했다. 미국이 독립선언문을 발표하고 미국이라는 국가로 탄생할 때부터 시행된 거의 모든 법안은 이렇게 남부와 북부의 균형을 맞추기 위해 시행되었다고 해도 과언이 아니다.

독립 초기부터 늘 긴장감이 존재하던 남부와 북부 간의 균형이 깨지기 시작했다. 그 이유는 공식적으로는 당시 위그파(Whigs)와 민주파의 연합정당 체제가 노예제를 찬성하는 민주당 중심의 남부와 노예제를 반대하는 위그파(후에 공화당) 중심의 북부로 분열되었고, 결국 1852년 민주당이 정권을 잡았기 때문이었다. 정치적인 분열로 인해 미국에 정치적 위기가 오기 시작한 것이다. 북부는 개별 주들보다 더 강력한 권력을 지닌 중앙정부를 선호한 반면, 남부는 약한 중앙정부와 강력한 권한을 각 주에 부여하기를 원했다. 마침내 1854년 캔자스-네브래스카 법안[47]이 통과되면서 남부와 북부의 균형이 깨지기 시작했

47 이 법안은 직접적으로 노예제 문제와 관련된 것이었다. 캔자스와 네브래스카 준

고 정치권도 변화하기 시작했다. 이로 인해 미국에서는 노예제에 대한 논란이 다시 시작되었다.

위그파는 약화되고, 노예제 찬성론자인 민주당이 명실상부한 집권정당이 되었다. 이때 이민자들 때문에 미국의 순수혈통이 더럽혀진다면서 이민자들을 반대하는 프로테스탄트들로 구성된 아메리카당(American Party)[48]이 등장했다. 또한 노예는 백인의 존엄한 노동력을 훼손한다며 노예제 폐지를 외쳤던 공화당(Republican Party)이 1854년 창당되었다. 특히 공화당은 예상하지 못했던 활약을 펼치면서 노예제 폐지라는 당론을 통해 여성들까지도 끌어들였다. 여성들은 당시 참정권이 없었음에도 불구하고 선거운동 과정에서 신문에 글을 쓰고, 퍼레이드에도 참여했으며, 대중들 앞에서 연설도 했다. 그녀들은 반노예제 운동에 적극적으로 나서기 시작했고, 궁극적으로는 이런 움직임이 여성 권리 운동으로 확대되는 계기가 되었다.

주는 아메리카 인디언들의 거주지였고, 미국이 절대로 침범하지 않겠다고 약속했던 곳이었다. 그런데 연방정부가 멕시코와의 무역을 위해 철로를 놓기 위해 그 약속을 무시하고 개발에 들어가기로 결정했는데, 이것은 노예제 문제와 관련된 문제였다. 왜냐하면 만일 네브래스카가 하나의 주가 될 경우 노예를 금지하는 주가 되어야 하느냐, 아니면 노예제를 허용하는 주가 되게 할 것이냐를 두고 논쟁이 이어지다 거주자들의 자율에 맡기기로 했기 때문이었다.

48 이는 1830년대부터 미국으로 이주하기 시작한 아일랜드와 독일계 이민자들, 즉 가톨릭교도들을 혐오하는 프로테스탄트들에 의해 1845년 창당된 토착민 아메리카당(Native American Party)의 후신으로 1855년부터는 아메리카당으로 불리게 되었다. 1850년대 토착민 아메리카당 내 비밀조직이 토착주의 운동 즉 이민 반대운동인 '부지운동(Know-Nothing Movement)'을 전개했는데 이들이 1855년 정계에 진출하면서 개명한 것이다.

미국에서 여성의 지위 향상과 관련된 운동의 시작은 여성들에 의해 주도된 노예해방운동에서 비롯되었다고 보지만 실제로는 18세기 전에도 페미니즘 운동이 존재했었다. 하지만 노예해방운동이 사회적으로 더 많은 관심을 끄는 중요한 문제로 간주되었다. 1850년 이후 여성 운동은 보다 더 조직화되어 참정권 획득이라는 명확한 목표를 향해 활발히 전개되었다. 이 덕분에 여성선거권 운동은 차츰 지지를 얻게 되었지만 1861년 남북전쟁이 시작되자 북부와 남부 양측의 여성 개혁주의자들 대부분은 전쟁활동을 지원하기 위해 일단 여권운동을 스스로 중단했다.

하지만 식민지 시절부터 북부에 비해 남부의 백인 여성들 대부분은 '명예문화(culture of honor)' 속에서 중요한 역할을 수행했다. 그들은 남성적 기사도 정신의 객체였고, 남성 지배의 대상이었다. 남부의 '숙녀'는 가족에 대한 헌신을 찬양하며 이상화되었다. 남자들이 그들의 명예를 존중하고 지켜냈던 반면에 여자들은 자신들의 덕성을 자랑하고 보존하려고 했다. 남부의 숙녀는 가부장적 권위에는 즉각 순종하면서도 집안에서의 도덕과 예의범절을 관장했다. 당시의 지배적인 기준에 따르면 남부의 숙녀는 성적으로 순결하고 종교적으로 경건하며 집안에서는 순종해야만 했다.

많은 여자들은 이같은 고상하지만 희생적인 신화와 그에 따르는 의무들을 받아들였다. 15세의 어린 나이에 결혼을 해서 루이지애나 주에 살았던 캐롤라인 메릭(Caroline Merrick)은 "우리가 그들이 그토록 높이 평가하는 이상을 최대한 대부분 구현할 수 있었던 것은 우리의 남편과 아이들 및 친구들 덕분"이라고 했다. 여성성에 부여된 지배적 이념에 따르면, 남부의 숙녀들은 남자들이 가진 과장된 용맹성과 군인의 명예의식을 강화시켰다는 것이다. 1861년에 남북전쟁이 터지자 앨라배마 주에 사는 한 여인은 그녀의 약혼자가 결혼식 전에 연합군에 입대하지 않는다는 이유로 파혼해버렸다. 그런 다음 그녀는 그에게 스커트와 여자 속옷을 보내고는 "이것들을 입던지 자원입대를 하던지 하세요"라고 충고했다고 한다. 뉴올리언스에서는 50명의 여자들이 시장에게 도시를 절대로 포기해서는 안 된다고 탄원서를 제출했을 정도로 전쟁에서 그들의 각오를 강하게 보여 주었다.[49]

1860년 공화당 출신 링컨이 대통령으로 당선되면서, 남부 주들은 연합에서 탈퇴했고 결국 남북전쟁이 발발했다. 이 전쟁으로 인해 100만 명 이상의 남성 농부들이 전쟁터로 나갔고, 농사일은 모두 여성의 몫이 되었다. 게다가 남부 지역에서 생산된 목화를 취급하는 섬유공장 등 몇 개의 산업을 제외하고는 대부분의 산업은 전쟁 동안에도 성장했기 때문에 많은 여성들이 공장에 취직하면서 실업률이 감소했다. 하지만 점점 더 많은 여성들이 공장으로 유입됨에 따라 그녀들의 월급은 더욱 줄어들게 되었다. 여성 노동자들은 이에 항의했지만 승리하는 경우는 거의 없었다.

남북전쟁이 북부와 남부의 여성들에게 끼친 영향은 전혀 다른 생활환경만큼이나 다른 양상을 보였다. 대부분의 북부 여성들은 전쟁 동안 큰 피해를 입지 않았고 전쟁을 지원 의무도 없었기 때문에 여성들의 봉사 의지나 자발적인 사회 참여 의지가 상당히 높아지는 계기

---

49 Catherine Clinton and Nina Silber(eds), *Divided Houses : Gender and the Civil War*(Oxford : Oxford University Press, 1992).

가 될 수 있었다. 이런 활동이 가능했던 것은 이미 북부 여성들이 자신들의 권리에 대해 의식하고 있었기 때문이었다. 그럼에도 불구하고 북부에서는 여성들의 전쟁에서의 역할을 경시하기 시작했는데, 그 이유는 전통적인 젠더 역할에 기초한 사회적 균형으로 되돌아가기 위해서였다. 이는 결국 북부 지역이라 해도 이 시기의 미국 사회의 젠더 체제는 놀랄 만큼 경직되어 있고 안정적인 모습을 보이고 있었음을 의미한다.

한편 남부의 경우에는 여성주의(feminism)가 1861년까지 전혀 영향을 주지 못했기 때문에 여성의 활동 분야는 가정이라는 시각이 만연했을 뿐만 아니라 흑인노예들의 노동력에 의존하고 있어서 상류층 여성들은 그야말로 자의적으로 활동할만한 동기부여가 없었다. 결국 남부의 경우 남북 전쟁은 상류층 남성과 여성들의 획기적인 인식 변화에 지대한 영향을 끼치게 되었다.

남북전쟁은 패배한 남부 남성들에게는 '젠더 위기(crisis in gender)'가 왔고, 남부 연합 신문들은 군인들에게 "남자가 되라"고 강조했다(Whites 2010). 전쟁 중 부인의 옷을 입고 징집을 회피하기 위해 도망치려는 일부 남성들이 체포되는 경우도 있었을 정도로 남부 남성들의 남성성 상실은 그들 사회의 심각한 문제가 되었다. 전쟁이 끝난 후 남자들이 집으로 돌아와 가장 먼저 해야 했던 것이 바로 가정에서의 남성성 회복이었다. 남자들에게 가족관계는 공통적인 지배를 위한 유일한 장소였기 때문이었다. 하지만 전쟁은 이미 여성들의 자율성을 고취시켜 주었기 때문에 이전과 같은 생활환경으로의 복귀는 불가능했다.

19세기에는 여성들이 전쟁에서 활동한 내용이 독립 전쟁 때보다 상세하게 기록되었는데, 이는 더 많은 여성들이 전쟁에서 싸웠다는 사실 때문이 아니라, 역사가 이전에 비해 더 정확하게 기록되었을 뿐만 아니라 역사에 더 쉽게 다가갈 수 있었기 때문이었다. 여성들의 전쟁에서의 활약상은 남북전쟁 이후 문학작품과 언론의 소재로 각광받기 시작했다. 1866년 프랭크 무어(Frank Moore)는 『전쟁에서의 여성들』이란 책에서 북부의 여성 영웅들을 다루었다. 남북전쟁에서의 여성들의 활약상과 그들의 생각을 담은 수많은 저서들이 쏟아져 나왔고, 심지어는 오늘날까지도 많은 연구자들에 의해 지속적으로 연구되고 있다.

하지만 이렇게 전쟁에 참여한 여성에 대한 많은 신문기사와 사망기사가 증거가 됐던 것처럼, 그들의 동기는 추측일 뿐이지 실제로 그들의 활동에 근거를 둔 것은 아니었다. 『강한 의지의 여성 : 메리 리버모아(Mary Livermore)의 생애』라는 자서전적인 책도 2005년 출간되었는데 리버모아는 당시 여성의 권리를 위해 투쟁하던 주요 활동가였을 뿐만 아니라 금주 운동(temperance movement)의 대표자이기도 했다. 실제로는 수잔 앤서니(Susan Anthony)라는 이름으로 더 많이 알려져 있었던 그녀는 대중들에게 인기가 많았고, 돈을 많이 버는 여성 변사였다. 한편 남장을 통해 연합군 측에서 활동했던 로레타 벨라즈퀘즈(Loreta Velazquez)는 1876년 자신의 경험을 회고하는 책을 출판하면서 자신은 어떤 부대에도 소속되지 않고 스스로 활동했다고 소개하기도 했다.

1909년 《아메리카 매거진》의 아이다 타벨(Ida Tarbell)이 한 장군에게 "당신의 부서에 남북전쟁을 위해 입대하여 싸웠던 여자 군인 수에 대한 기록이 있는지와 군복무를 했던 여성들의 어떤 기록이라도 가지고 있는지 정말 알고 싶습니다"라고 편지를 쓰기도 했다. 연방군이든 연합군이든 군대 자체가 전쟁에 참여한 여자들을 전혀 존중하지 않았기 때문에 구체적인 여성 관련 기록들이 거의 존재하지 않았다. 또한 군에 여성이 허용되지 않았던 만큼 남장했던 여성의 활동이 눈에 띌 수 있는 상황이 아니었을 수도 있다. 많은 저서들이 사실이든 과장이든, 남북전쟁에 대해 여성들이 저술한 책과 기사를 접한 독자들은 군인으로 활동한 여성들이 가정에 여자들을 묶어 놓는 빅토리아 시대의 유산인 사회적 제약을 거부했다는 사실을 모두 인식할 수 있게 해주었다.

남부 지역에서는 7년간의 투쟁의 역사를 경험한 후 1870년 무렵에는 부동산 가치가 60%나 하락했고, 해방된 노예 때문에 백인들의 사유재산에 5.5% 정도 가치하락이 나타났다. 특권적 기반이었던 노예 자산을 잃게 되자 노예를 소유했던 가정의 지위와 재정상태가 위태로워졌다. 특히 남부 여성들은 노예가 없는 세상에서 자유노동자로서의 하인을 고용하는 어려움에 봉착했고, 궁극적으로는 여성들의 가사 업무 부담이 크게 증가할 수밖에 없었다. 사교계 여왕이었던 숙녀들 대다수가 전쟁 후에는 허드렛일을 하는 일꾼으로 전락하게 되었다. 여성들은 선택이든 필요 때문이든 새롭고 낯선 역할을 담당해야 하는 자신들을 발견했다.

한편 이 지역 여성들은 가정 내 업무뿐만 아니라 가정 밖의 일에도 나설 수밖에 없었다. 그들은 남자 교사, 도매상 점원, 사무실 근로자, 직조 및 공장 근로자들의 빈자리를 대신했다. 그것은 추가 노동력을 필요로 하는 고용주들의 요구에 대한 반응과 동시에 자신들의 절박한 경제적 필요에 부응한 것이었다. 남편과 아버지들이 군대에 가 있는 동안, 특히 군인의 봉급은 매우 적고 불규칙적으로 지불됐기 때문에 많은 여성들은 빈궁한 처지에 놓여졌다. 무엇보다도 여성들은 종래 남성들이 차지했던 간호 분야에 진출했다. 전쟁이 끝날 무렵 여성

들은 간호 분야의 주된 세력이 되었으며, 19세기 말에는 간호사가 거의 여성의 직업이 되었다.[50]

무엇보다 여성의 무기력과 의존적 태도를 고결하게 보던 전쟁 전의 믿음이 사라지는 현상이 나타나면서 일자리를 찾는 상류층 여성이 교사직을 채움으로써 남부 지역 사람들은 여성 교육에 큰 관심을 기울였다. 1880년 무렵 최초로 남부 학교 교사의 대부분이 여성으로 채워졌고, 남녀공학 대학과 여자 대학이 개교하면서 남녀에게 동등한 배움의 기회가 제공되기 시작했다. 1890년대에는 남부의 한 여대 졸업생 중 사분의 일이 직장 생활을 할 정도로 경제적 필요성 때문에 여성들의 자립이 높게 평가되었다.

이렇듯 남북전쟁으로 여성들에게 전쟁터로 떠난 남자들의 일자리를 대신할 수 있는 기회가 제공되었다. 이로 인해 전쟁 이후 아내들도 재산을 소유하고, 자신의 소득을 관리하고, 남편과 따로 자신의 사업을 할 수 있는 권리를 얻을 수 있었다. 기혼 여성들이 노동시장에 전반적으로 참여할 수 있게 된 후 해를 거듭할수록 고용 비율이 증가했다. 하지만 전쟁 이후 북부에서는 여성들의 전쟁에서의 역할을 경시하는 분위기가 조성되었다. 왜냐하면 여성들의 사회진출이 지나치게 확대되었다고 생각한 사람들이 전통적인 여성의 역할을 되돌려 사회적 평형을 유지하기 위한 연착륙작전을 시도했던 것이다.

전쟁은 분명히 사회 내 여성의 지위를 변화시키지만, 단지 일시적

---

50 Alan Brinkley, 황혜성 외 3명 공역, 『미국인의 역사 2』(서울 : 비봉출판사, 1998), p. 85.

이라는 한계가 있었다. 전쟁이 끝나면 고향으로 돌아온 남자들이 기존의 가치관과 생활로 되돌아가기 위해 또 다시 의도적으로 이전의 질서를 강조하기 때문이었다. 결국 변화된 여자들과 전쟁 전과 다름없이 변화되지 않은 남자들 간의 갈등이나 줄다리기가 보이지 않게 팽팽하게 진행될 수밖에 없었다. 남북전쟁 당시 미국 북부의 성체계(gender system)는 매우 엄격했고 안정적이었기 때문에 전쟁이 끝난 후 남성들은 사회를 다시 이전의 모습으로 되돌리기 위해 여성들이 군부대에서 했던 역할을 경시하려는 의지가 강했다. 한편 남부의 여성들 역시 전쟁 후 남성들을 치유하기 위해서는 이들을 사회로 복귀시켜야 한다고 생각한 끝에 '남부 연합의 딸 협회', '여성기념협회(Ladies Memorial Association)', '사라진 대의를 위한 협회' 등을 창설하여 패배한 남부 연합군에게 명예, 용기, 남자다움에 대한 자신감을 북돋아 주고, 남부 남성들의 자아와 가부장적인 사회체제를 복원하는 운동을 펼쳤다(파우스트 2008, 404).

이런 여성들의 태도는 당시 남부 여성들의 양면성을 드러내는 것이었다. 전쟁에서 패하고 돌아온 남자들에 대한 신뢰감을 상실했고, 자신들의 권리를 지키는 것이 중요하다고 생각하면서도 노예가 없는 세상에서 사는 것에 대한 두려움이 컸기 때문이었다. 이렇듯 흑인들이 얻은 자유는 남부 숙녀들이 그동안 누려왔던 특권을 직접적으로 위협했다. 또한 남부에서의 하인 문제는 남부 숙녀들의 계급적, 인종적 특권의식 때문에 여성들 사이에서 공감대 형성을 저해하고, 이 지역 페미니즘 발전에 걸림돌이 되고 말았다. 심지어 1890년대 진행된 남부의 여성참정권 운동도 지역적이고 인종차별적인 성향을 보이면서 백인 여성은 백인 남성과의 평등성을 획득하려는 노력보다 흑인 남성에 비해 더 우월한 모습을 보였다.

남북전쟁 이후 중산층 여성들은 셀 수 없을 정도로 많은 사회 클럽을 만들어 활동했다. 이들은 주로 독서회, 강연회, 음악회 등을 통한 문화 활동을 하면서 자신들을 개선해 나갔다. 이들은 사회적, 정치적, 경제적 문제가 점차 심각해지면서 사회 개혁에 나서는 태도를 보이기 시작했다. 여성들이 활동하는 클럽은 전국적으로 수천 개로 증가되었는데, 1890년 메인 주 포틀랜드시 하나에만 50개가 존재했을 정도였다. 이들은 사회적 병폐를 해결하기 위해 스스로 조사도 하고, 프로그램을 만들어 시행도 하고, 더 나아가서는 의회를 대상으로 로비활동을 펼치기도 했다. 이 때 주요 활동을 했던 클럽들 중에는 〈미국대학여성협회〉, 〈전국교육협회〉, 〈미국혁명의 딸들〉, 〈여성기독교금주연맹〉, 〈여성노조연맹〉, 〈전국소비자연맹〉, 〈YWCA〉, 〈전국가정경제협회〉 등이 있다.

이전 활동과는 달리 수년간 전쟁의 폐해를 경험했던 여성들은 사회 진출과 함께 국내외에서 평화의 필요성을 주장하는 운동을 펼치기 시작했다. 남북전쟁은 미국 내 여성들에 의한 반전운동을 불러일으키는 계기가 되었다. 19세기 중반 주요 정치·사회 개혁운동은 인종과는 상관없이 북부 여성들의 주도로 그들의 적극적인 사회적, 정치적 참여의식이 발현된 것이었다. 남북전쟁 이후 재건 시기의 여성들의 삶은 몇 가지로 분류해서 살펴볼 수 있다. 왜냐하면 그들의 삶의 방식이 서로 다르기 때문에 태도, 근로 상황, 희망 등에서 차이를 보일 수밖에 없었다.

백인 여성들은 다양한 활동을 펼치면서 노동과 개혁의 공적 영역에 자주 등장하기 시작했다. 사회운동가였던 줄리아 워드 하위(Julia

Ward Howe)는 1870년부터 반전운동을 위해 여성들에 호소하기 시작했고, 평화 및 모성애(motherhood)와 여성성(womanhood)에 경의를 표하기 위해 '평화를 위한 어머니날'을 제안하기도 했다.

이와 더불어 여성들은 재산법 운동도 전개했다. 전쟁이 끝난 후 여성을 위한 재산법은 여성참정권자와 예상외로 보수적 시각의 남성들로부터 지지를 얻었다. 보수적인 백인 남성들이 부부 사이의 재산을 분리하는 것을 지지한 이유는 자신들의 문제, 즉 남편의 채무로부터 아내를 제외시킴으로써 가족을 보호하길 원했기 때문이었다. 이 법은 가정 권력과 부부관계에 큰 영향을 미쳤다. 이것은 남성들의 가정에 대한 무책임한 태도에 대한 당시의 인식이 새롭게 구체적으로 표현된 것이다. 남성들이 여성의 보호자 역할을 하는 권리와 의무를 지원하는 관습을 버리고 남성으로부터 여성들을 보호하기 위해 정부가 개입하는 것을 의미하는 법이었다.

공교육의 경우 남녀공학으로 변화되기도 했고, 1860년에 이르면 농촌지역에서도 백인 소년들처럼 백인 소녀들도 학교에 다닐 수 있었다. 남북전쟁 후에는 남녀공학 중등교육이 확대되면서 학교의 수가 획기적으로 증가했다. 흥미로운 점은 이런 교육 발전에 따라 1879년부터 20세기 중반에 이르기까지 오히려 여학생 고졸자 수가 남학생 수를 능가했다는 점이다. 이 때문에 미국의 여성의 문자해득률이 남자보다 실제로 높은 통계를 보이기도 했다.

학교들이 남학생 전용으로 운영되거나 여학생을 받아들이지 않았기 때문에 오히려 여학생들만을 위한 학교가 설립되었고 번창하였다. 이런 과정에서 여학생들만 입학시키는 여자 의대도 설립되었고, 남북전쟁 당시 1864년 레베카 리(Rebecca Lee)가 흑인 여성으로는 최초로 의사가 되었다. 전쟁 중 처음으로 미 육군 부의무감(Assistant Surgeon General)으로 임명된 메리 워커도 1865년 의사가 될 수 있었다. 1910년대에 이르러 많은 유명 의과대학들이 여학생 입학을 허용하고, 1915년에는 미국의사협회(American Medical Association)가 여성회원을 받아들이기 시작했다. 1890년에는 미국 전역의 의사 중 약 5%가 여성이었던 반면, 1980년대에는 여의사 비율이 약 17%, 2009년 29.7%로 증가했다.[51]

〈그림 10〉 1890년대 미국 대학의 여학생

http://archives.syr.edu

1837년부터 대학이 여자에게 입학을 허가하기 시작했지만 실질적으로 가능해진 것은 1870년부터다. 설상 여자들이 공립이든 사립이든 입학했다 해도 남자들과 동등하게 대우받지 못했다. 남성 중심적으로 만들어진 교과 과정으로 여자들을 분리해서 교육했다. 1870년 주거지역 내 여학생의 대학 입학 인원은 11,000명으로 전체의 21%, 1880년에는 40,000명으로 전체의 32%로 증가했고, 1900년에는 그 비율이 3분의 1 이상으로 증가했다(Filene

51 Derek R. Smart. *Physician Characteristics and Distribution in the US.*, 2011. American Medical Association, Division of Survey and Data Resources. http://www.wic.org/misc/history.htm

1986, 238).

〈그림 11〉 깁슨 스타일 여성

http://historymatters.gmu.edu

남녀공학 대학들과는 달리 남부의 여자 대학들은 교수들의 집중적인 관심 속에서 교육받을 수 있었을 뿐만 아니라 학생회를 운영하는 기회도 얻을 수 있었다. 또한 그들은 학교신문, 문학잡지, 학교연감 등을 발행할 수 있었고 토론과 운동경기 등의 다양한 활동에 참여할 수 있었다. 물론 학교 행정관들이 학생들의 진보개혁운동, 즉 여성참정권 운동에 연루되는 것을 못마땅하게 생각했기 때문에 이런 엄격한 사회적 활동에 대한 규제는 20세기에도 남부 지역의 여자 대학에 그대로 유지되었다. 이 때문에 남부 여대생들은 북부 여대생들에 비해 정치적인 참여가 저조할 수밖에 없었다.

19세기 말까지 대졸자 여성은 다른 여성들에 비해 결혼하는 비율이 두 배나 낮았고, 따라서 자녀 출산율도 낮아졌을 뿐만 아니라 교육수준이 높을수록 전통적인 여성과 가족 개념에 순응하지 않으려는 성향이 높았다. 미국 사회가 교육의 중요성을 강조한 것은 훌륭한 아내와 엄마를 육성하기 위한 것이었지만, 오히려 반대 효과가 나타난 셈이다. 이들은 신여성으로 주로 교직이나 간호사직 등 전문직에 종사하면서 중산층으로 생활할 수 있는 수준에 이르러 그들의 삶의 패턴은 이전과는 매우 다르게 변화했다. 깁슨 걸(Gibson Girls)로 불렸던 이들은 새로운 유행을 만들기도 했고, 이전의 여성들과는 달리 테니스, 골프, 자전거 등의 활동력 넘치는 스포츠를 즐기기도 했다.

19세기는 생산자 사회에서 소비자 사회로 전환하는 특징을 보였다. 커뮤니케이션, 교통 운송, 대량 생산이 확대되면서 농촌과 도시 간의 생활 격차가 줄었고, 19세기 말에는 생활용품들이 개발되면서 여성들의 육체노동이 줄어들었다. 1850년대 재봉틀의 등장으로 공장에서 의복을 대량 생산할 수 있게 되어 남북전쟁 때 공장에서 군복을 대량 생산할 수 있었고, 전쟁 후에도 남성복은 지속적으로 생산되었다. 하지만 여성복은 20세기 초반까지 집이나 자영업 봉제사들에 의해 제작되었다. 또 다른 생활 도구로 요리를 위한 스토브가 개발되었고, 물품에 대한 우편주문 방법 등이 도입됨으로써 여자들의 삶이 더욱 더 편해졌다.

19세기 젠더는 정치에 큰 영향을 미쳤다. 여성들에게 '분리된 영역'이라는 개념은 남성만 정치에 참여할 수 있다는 것으로 인식되어 왔지만, 19세기에는 공적 영역인 정치 참여와 사적 영역인 가사 업무는 동일시되었다. 또한 젠더는 여성뿐만 아니라 정치 참여가 제한된 흑인 남성에게도 공적 영역의 진출이라는 기회를 열어주었다. 민주당은 흑인 남성에게 투표권을 허용하면, 그들이 백인 여성들과 결혼해서 민족이 혼합되어 백인 여성들을 위협할 수도 있다는 논리로 여성들의 참정권을 거부했다. 이러한 논리는 백인 우월주의와 함께 '백인 여성'을 보호해야 한다는 논리로 널리 확산되었다. 이로 인해 백인들이 길거리에서 흑인 남성을 마음대로 죽여도 처벌받지 않는 상황이 벌어지기도 했다. 아이다 웰(Ida B. Well)이라는 흑인 여성은 1882년과 1892

년 사이 남부에서 그렇게 죽은 흑인이 무려 241명 이상이나 된다는 조사를 발표했다. 또한 그녀는 흑인 남성이 백인 여성을 위협한다는 논리는 거짓이며, 오히려 백인 남성이 흑인 여성을 위협하는 것이 감춰졌다고 주장했다.

그녀의 주장은 많은 흑인 여성들을 움직였다. 특히 빅토리아 매튜(Victoria Earle Matthews)와 메리차 라이온스(Maritcha Lyons)는 1892년 웰과 함께 저녁을 먹으면서 여성 모임인 여성연맹(Women's Loyal Union)을 결성했고, 이 모임은 1896년 전국유색여성협회(National Association of Colored Women, NACW)로 바뀌었다. 그들은 건강보험, 주택, 교육, 인종 문제까지 다양한 이슈들을 취급했다. 웰이 추진한 흑인 살해 정당화 반대 운동은 여성의 정치적 활동의 일례로 다뤄졌다. 또한 여성참정권 운동과 금주 운동은 여성들을 정치에서 배척하는 '분리된 영역'을 거부하는 행위로 간주되었다.

19세기 말에는 많은 여성들이 집 밖에서 직장 생활을 시작할 수 있었는데, 특히 섬유공장과 옷가게에서 주로 일했다. 공기순환이 열악하고 사람이 너무 많은 작업장에서 여성과 아동들이 하루에 12시간 이상 일을 했다. 영국에서는 1847년 여성과 아동들은 하루에 10시간까지만 일해야 한다는 법이 통과되었지만, 미국에서는 여성과 아동들의 근무시간을 제한하고 작업환경을 개선하는 법안이 통과된 것은 1910년에야 가능했기 때문이었다. 여성들의 일자리 기회는 많아졌지만 근무환경은 매우 열악한 상황에 놓여 있었다.

1890년대 16세 이상 여성 노동인구는 전 노동력에서 19%를 차지했다. 이 중 미혼 여성이 68%, 기혼 여성이 14%, 미망인이나 이혼녀가 18%로 구성되어 있었는데, 공장이나 백화점에서 일하는 여성은 증가한 반면, 가정부로 일하는 여성은 현격하게 감소하였다. 1870년에 일하던 여성 전체의 50.1%를 차지하던 가정부 직종이 줄어든 이유는 산업화로 인해 공장 노동의 기회가 높아진 것도 있지만, 사회와 여성들의 가정부에 대한 인식이 변화하면서 많은 여성들이 다른 일자리를 찾아 떠났기 때문이다.

이렇게 많은 변화가 있는 가운데 산업 발전, 도시 발달과 이민 증가에도 불구하고 19세기 말 미국은 여전히 농촌 중심적인 삶이 우세했다. 1870년 미국인 10명 중 7명은 2,500명 이하의 소도시나 농장에서 살고 있었다. 이 시기 여성의 역할은 도시 중산층이나 이민 여성들을 대상으로 그 변화를 찾아 볼 수 있지만 오히려 농촌 여성의 변화가 더 중요할 수 있다. 19세기 초반 강조되었던 '가정예찬'은 19세기 후반에 더 견고하게 특히 농촌 지역에 뿌리를 내렸다.

남북전쟁 이후 1870년대까지 미국 내 농부들은 자신들의 이익 추구를 위한 운동을 전개했다. 농민공제조합운동(Grange movement)은 1867년 중부 지역에서 농부들의 우애를 돈독하게 만들기 위해 비밀리에 탄생된 조직으로 처음에는 '농업보호(Patrons of Husbandry)'로 불렸는데, 이 운동은 농부들이 높은 철도요금과 중개인들의 독점 등에 대한 불만을 토로하기 위한 것이었다. 남부에서는 남부농부연맹을 통해 운동을 전개했다. 1875년까지 이 운동은 두 집단을 합쳐 전국적 운동으로 확대될 정도로 85만 명의 회원을 지니게 되었다.

운동 초기부터 이 운동은 농촌 가정경제와 공동체의 중요성을 충분히 인식했기 때문에 여성들의 활동을 남자들과 동등하게 대우해 주었다. 그래서 여자들은 조직 홍보와 로비 활동을 통해 적극적으로 농부들을 위해 열심히 일했다. 이 조직에서의 남녀 동등 투표권이 허용된 것은 궁극적으로는 농촌여성들이 여성참정권 운동과 금주 운동을 지원하게 만드는 자극제가 되었다. 이 운동은 농촌 여성에게 사회로 진출할 수 있는 배출구와 같은 것이었다. 하지만 농촌공제조합은 정치 활동과 함께 공동사업을 추진했지만 대부분의 사업이 실패하고 농업 환경이 1880년대에 향상되자 회원들이 급격히 감소해 다시 사회조직으로 되돌아갔다.

하지만 여성들은 계속 농업 및 노동개혁, 산아제한을 위한 운동에도 적극적으로 참여했다. 이런 운동을 하던 여성 중 대표적인 인물은 1880년대와 1890년대 민중당의 대변인이었던 메리 리스(Mary Elizabeth Lease)였다. 또한 1900년대 초반 '전국여성노조연맹(National Women's Trade Union League)'을 이끌던 마가렛 로빈스(Margaret Robins)도 노동운동의 여성 지도자였다. 한편 산아제한을 위해 활동해 온 1910년대의 마가렛 생거(Margaret Sanger)는 모든 여성들에게 산아제한에 대한 정보를 보급하기 위해 전국을 돌아다닐 정도로 열성적으로 운동을 전개했다.

제인 크롤리(Jane Cunningham Croly)라는 신문기자는 영국 작가 찰스 디킨스를 위한 연회에 참석하는 것이 여성이라는 이유로 거부되자 분개하여 뉴욕에 여성 클럽을 만들었다. 이 모임은 여성클럽연맹(General Federation of Women's Club, GFWC)의 지역 조직으로 아동 노동의 폐지, 하루 8시간 노동 등의 법안들을 위해 활동했다. 그러나 불행하게도 이 조직은 많은 사람들의 반대에도 불구하고 흑인 여성조직을 받아들이지 않았고 백인 여성들을 위한 운동에만 치중하는 한계를 보였다.

다양한 여성 운동이 전개되는 가운데 여성들이 서로 단결되지 못한 경우는 심지어 백인들 간에도 존재했다. 이렇게 여성들이 단합하지 못한 것은 대학 교육을 받고 경제적으로 독립생활을 하는 미혼의 중산층 신여성과 미혼 노동계층 여성근로자 등 여성계에도 의견을 달리하는 다양한 집단이 등장했기 때문이다. 1870년대 대학 교육을 받은 여성 노동자의 비율이 11,000명, 전체 여성 노동자의 21%였던 것이 1880년대에는 40,000명으로 전체 여성 노동자의 32%로 증가되었다. 교육 수준이 높은 중산층 여성들은 자기 방어를 위한 정치적 투쟁에 적극적인 태도를 보이면서 전국소비자연맹과 같은 사회개혁적인 협회와 사회복지관 설립 등 공공정책 형성에 기여했다.

근로 여성들과 근로 아동을 위한 노동 보호 입법을 추진하기 위해서 과거에는 함께 하지 않았던 중산층 여성과 여성 노동자가 최초로 단결할 수 있었다. 마침내 1903년 이들은 여성노조연맹(Women's Trade Union Leagus, WTUL)을 결성하여 여성 노동자의 임금상승과 노동환경 개선을 위해 적극적인 활동을 펼쳤다. 이들은 20세기 초반 수많은 파업을 일으켰는데, 1901-1910년 사이 셔츠 공장 20,000명의 노동자들이 일으킨 봉기와 1912년 매사추세츠 주 섬유 공장 노동자들의 '빵과 장미'로 일컬어지는 파업이 대표적이었다. 이와 같은 파업활동을 지원하기 위해 중산층과 심지어 상류층 여성들이 기부금을 모아주는 모습을 보일 정도로 여성의 권한 개선의 문제는 모든 여성의 이슈로 자리 잡고 있었다.

이 같은 개혁의 시기에 여성들은 성, 결혼, 산아제한과 관련된 많은 이슈에 초점을 맞춰 운동을 벌이기도 했다. 남북전쟁이 끝난 후 많은 여성들이 금주 운동(temperance movement)에 동참했지만, 사실 이 운동은 1820년대 프로테스탄트 남성들이 주도한 바 있었다. 이 운동은 1870년대에 들어 여성들에 의해 또 다시 미국 전체 지역으로 퍼져서 마침내 1874년 여성기독교금주연합(Woman's Christian Temperance Union, WCTU)이 결성되었다. 이 연합은 여성이 제2계급으로 취급하는 사회에서는 술에 취한 폭력 남편이나 아빠는 가족을 가난에 빠뜨리는 '사회악'이라고 주장했다. 금주 운동은 여성이 하위 계급으로 간주되는 데에 분노를 표현하는 수단이 되었다.

이 운동은 알코올과 연관되어 여성에게 피해를 줄 수 있는 문제를 해결하는 운동으로 확대되기 시작했다. 많은 여성들이 금주 운동을 지지했던 이유는 여자들과 아이들은 남자들의 임금에 의존하지만 남자들이 술에 소비하는 돈 때문에 생활에 어려움을 겪기도 하고, 술주정으로 학대당하기도 했으며, 도박과 매춘 등이 성행했기 때문이었다. 맥주와 위스키를 만드는 공장은 물론 술을 파는 살롱(Saloon)들이 기하급수적으로 증가했다. 미국인 150-200명마다 1개의 살롱이 있는 셈이라고 말할 수 있을 정도였다고 한다. 이 때문에 반살롱연맹(Anti-Saloon League)이라는 단체가 1893년 탄생하기도 했다. 일부 단체는 포르노그래피를 비난하고, 매춘과 흔히 '백인 노예'라 불리는 여성 인신매매를 폐지시키기 위해 노력했고, 일부는 이전에는 사회적으로 전혀 공개 논의를 하지 않았던 성관련 이슈인 성행위 연령, 성교육 문제, 기혼 여성의 성행위 거부와 같은 부부간 평등권 문제를 개선하기 위해 노력했다. 이에 영향을 받아 많은 여성들이 실제로 남편과 아내가 서로 동등하게 생활할 수 있는 '동반자형 결혼'을 원하게 되었다.

WCTU은 계급, 인종을 넘어 여성들이 동일한 처지에 놓여있다고 보고 젠더 연대를 강조하기 위해 '여성들(women)'이 아닌 '여성(woman)'이라는 단수를 사용하는 상징성도 보여 주었다. 이 운동을 통해 많은 술집이 문을 닫았을 뿐만 아니라 그 수입도 줄어들었다. 마침내 금주 법안은 의회에서도 관심을 받게 되었으나 결실을 얻지는 못했다. WCTU의 회원들은 1869년 복음을 전파하는 성직자들에 의해 만들어진 금주당(Prohibition Party)[52]에 가입하기도 했다. 한편 1872년 금주당은 정당 강령으로 여성의 참정권을 내세우는 최초의 전국정당이 되었다.

WCTU은 운동 시작 후 5년 동안 교육과 도덕적 설득에 의존했지만, 1879년 프랜시스 윌러드(Frances Willard)가 이 연합의 대표가 된 후 이 종교적 조직을 정치화했다. 그녀는 알코올 중독을 죄가 아닌 질병으로 간주했고, 음주 결과가 아닌 원인으로서 가난을 지적했다. 그녀는 금주 운동에서 출발하여 여성참정권 요구, 사형제 폐지 운동 등의 정치적 이슈로까지 운동을 확대했다. 또한 이 연합은 여성 감화원을 세우기 위해 노력했으며, 여성 경찰을 고용하라고 요구하고, 탁아소, 여성 직업학교, 노숙자를 위한 활동, 병원, 가난한 사람들을 위한 집을 지원하기도 했다. 나아가 WCTU는 여성 노동자들의 작업환경 개선을 위해 '노동기사단(Knight of Labor)'과 함께 연대해서 노동문제와 관련된 많은 활동을 했다. 이들은 여성 노동자뿐만 아니라 아동노동법이나 모성 부조 등에 대한 개혁을 주장했다.

윌러드는 사회 문제를 개선하기 위해 여성들이 권력을 얻고 공적 삶으로의 이동을 위한 정치적 방책으로 '가정예찬'을 이용했다. 그녀는 '가정예찬'을 운동의 신조로 삼음으로써 가정과 가족 보호를 위해

---

52 금주당은 1869년 금주 운동을 목표로 창당해 대통령, 연방, 주, 지방 선거에 후보자를 내세웠던 정당이었지만 정치적으로는 큰 결실을 얻지 못했다. 1988년, 1892년 선거에서 전국 투표의 2% 정도 획득한 것이 최고의 결과였다.

여성들에게 투표권을 줘야 한다고 주장했다. 이는 '가정예찬'을 이전과는 다른 전략적 차원으로 사용한 셈이었다. 각기 다른 이유에서 여성들은 참정권 운동에 참여했다. 금주 운동에 가담했던 여성들은 아내, 엄마, 그리고 가정의 가치 수호자로서의 역할에서 보다 진일보할 수 있는 계기가 되었다. 교육 확대, 직장 생활과 사회저항운동 참여 등을 통해 여자들은 가족의 도덕성을 조용히 지키는 제한된 역할에 대해 회의를 느꼈고, 직접적인 정치 참여를 요구하기 시작했다.

1890년대까지 WCTU에는 많은 지역 조직이 있었으며, 20만 명의 회비납부 회원이 있던 매우 강력한 집단이 되었다. 여성들은 투표권이 없었지만 자신들만의 방법으로 정치에 영향을 미칠 수 있었다. 그녀들은 남성들처럼 정당에 대한 강한 충성심을 보였으며, 공화당과 민주당의 후보자들과도 경쟁을 했다. 이 때문에 제3의 정당은 여성 유권자들의 지지를 얻으려고 노력했다. 왜냐하면 여성들의 자발적 활동이 정당 설립의 주요한 역할을 했기 때문이었다. 이와 같이 정치권에서 여성의 중요성이 인지되고 있었지만 정치 분야에서는 여전히 오직 남성의 특권이라는 결과만 나타났다.

WCTU와 달리 19세기 여성참정권 운동을 위해 조직된 운동은 상대적으로 약하고 규모도 작은 편이었다. 여권 운동은 1848년 세니카 폴스에서의 엘리자베스 스탠턴이 시작했다. 하지만 남북전쟁 후 여성 운동은 흑인 남성의 참정권 보장 운동과 분리되어 진행되었고, 수정헌법 제15조에 의해 흑인 남성들은 마침내 참정권을 얻게 되었다. 하지만 이때에도 여성들은 여전히 투표권을 얻지 못했다. 이후 여권 운동은 참정권 획득을 위한 운동으로 방향을 바꾸었다.

1890년 여성운동가들은 분열된 조직을 다시 재정비하기 시작해 전국 미국 여성참정권 협회(National American Woman Suffrage Association, NAWSA)를 창립했다. 이를 통해 여성의 참정권을 주장하기 위해 각 주 수준에서 캠페인이 진행되었다. 엘리자베스 스탠튼은 NAWSA의 초대 대표로 선출되었고, 수잔 앤서니는 이 새 조직에서 지도력을 발휘했다. 여성의 참정권은 1893년 콜로라도에서 처음 보장되었으며, 이어 1896년 아이다호 주와 유타 주에서도 보장되었다. 그러나 같은 해인 1896년, 캘리포니아 주에서는 여성참정권에 관한 국민투표가 실시됐지만 참정권을 얻지는 못했다.

1869년 와이오밍, 유타, 콜로라도, 아이다호 주들에서 여성들은 남자들과 동등하게 투표할 수 있게 되었다.[53] 이들 주에서는 여성들이 법이 허용하는 범위를 넘어 더 많은 권한을 행사했던 것이다. 처음에는 여성의 참정권이 각 주의 헌법 개정을 통해서만 가능하다고 생각했는데, 연방헌법 개정을 통해 여성 투표권 확보가 더 중요함을 인식하게 되었다. 이를 위해 스탠턴과 앤서니는 1869년 전국여성참정권협회(National Woman Suffrage Association, NWSA)를 설립했고 중도 성향을 보였다. 반면 루시 스톤(Lucy Stone)은 각 주의 헌법 개정을 통해 여성의 참정권 확보를 위해 미국여성참정권협회(American Woman Suffrage Association, AWSA)를 조직했다. 이 조직은 NWSA보다 보수적인 성향을 보이면서 여성뿐만 아니라 남성들도 함께 했는데, 이들은 전국 투표권보다는 지역 투표권만 여성에게 부여해야 한다고 주장했다. 궁극적으로 이

53 이 주들은 그때까지 주(州)의 지위가 아닌 준주(準州)였다. 와이오밍 주는 준주로 1869년에 처음 여성들에게 참정권을 허용했지만, 1890년 연방에 가입하면서 주 헌법 상 여성의 참정권을 인정한 최초의 주가 되었다.

두 협회는 전미여성참정권협회(National American Woman Suffrage Association)로 통합되었고, 이후 거의 30년 동안 함께 활동했다. 한편 여성조직으로는 가장 전투적인 성향을 보이던 앨리스 폴(Alice Paul) 지휘 하의 전국 여성당(National Woman's Party)은 우드로 윌슨 대통령과 의회에게 여성참정권 수정안을 통과시켜 달라고 설득하기 위해 백악관 앞에서 피켓 시위를 하는 과격한 행동을 펼치기도 했다.

빅토리아 우드헐(Victoria Woodhull)은 여성 운동가들 중에서도 매우 개혁 성향이 강한 여성으로 평등권당(Equal Rights party)을 대표해서 1872년 대통령 선거에 출마한 최초의 여성 후보가 되었다. 하지만 그녀의 출마는 정말로 대통령이 되기 위해서가 아니고, 여성의 참정권 확대의 중요성을 전 국민에게 알리려는 목적에서였다. 1869년 미국 대학에서 최초로 법학 학위를 수여받은 아이다 케플리(Ida H. Kepley)는 보통법 전통 때문에 법정에서 일할 수 없었다. 모든 주가 여성에게 남자와 동등하게 법조인 활동을 할 수 있는 권리를 허용한 것은 1920년에야 비로소 가능했었다. 1878–1919년까지 의회에 회기마다 여성의 투표권 허용을 위한 헌법수정안이 제안되었다. 여성 운동가인 앤서니를 비롯한 일부 여성들은 1872년 대통령 선거 때 투표에 참여한 후에 모두 체포되기도 했다.

샬롯 길만(Charlotte Perkins Gilman)은 현대적 공장에서의 대량 생산 기술과 비교해서 가정은 매우 비효율적인 곳이라고 비판했다. 그녀는 자신의 저서인 『여성과 경제(1898)』를 통해 여성은 가정을 보살필 경우에는 요리를 잘하는 여자, 청소를 잘하는 여자, 어린이를 잘 돌보는 여자 등 각기 다른 업무에 능한 여자들로 분리되어야 한다고 주장했다. 다시 말해 여성들은 각자 잘 할 수 있는 일을 해야 가장 효율적임을 강조했다. 정치적으로 여성 운동가들은 사회주의 경제 원리에 기초한 협동 사회가 여성의 권리를 존중할 것이라고 믿게 되었다. 1892년 실제로 여성참정권 획득을 정당 강령으로 채택한 '사회주의 노동당(Socialist Labor Party)'이 창당되었다. 이렇게 이 시기 여성들은 자신의 신념에 따라 공적 영역에서 의견을 제시할 수 있는 여성으로 발전하고 있었다.

1890년 와이오밍 주가 연방에 가입하면서 여성참정권이 보장되기 시작했고, 주 선거에서 주 의회 의원들에 압력을 가해 여성의 참정권 허용을 골자로 하는 주 헌법 개정안을 제안하도록 요구하는 여성 운동이 활발히 전개되었다. 게다가 일부 주에서는 대통령 선거, 연방의회선거, 주 선거, 지방선거 등에서 여성참정권을 인정할 것을 요구하는 운동도 있었다. 이렇게 각 주는 25년 간 펼쳐온 여성 운동이 요구하는 것을 수렴하여 여성들에게 참정권을 인정했다. 이런 주들의 여성 유권자들 덕분에 선출된 연방의원들의 수가 증가하면서 그들은 적어도 여성참정권과 관련된 연방헌법 개정에 대해 부분적으로는 여성유권자들의 입장을 대변해야 할 의무를 지고 있었다.

여성참정권 운동은 그동안 전개해 온 여성 운동 중 가장 중요한 것이었다. 1893년 세계여성대표자 회의에서 흑인 여성인 하퍼(Frances E. Harper)가 "오늘날 우리는 여성의 시대로 접어드는 길목에 서 있다"고 말하면서 자발적 협회, 기관, 사회운동을 통한 다양한 방법의 새로운 질서를 형성해야 한다고 주장했다. 이는 정치개혁과 여성참정권 획득을 목표로 여성들이 결집될 것을 독려하는 것이었지만, 여전히 미국 사회에서는 인종적, 계층적 편견이 존재하고 있어 여성들 간의 결집력은 매우 약한 상태였다.

〈그림 12〉 남북전쟁 전후 – 1900년까지 여성의 지위 변화

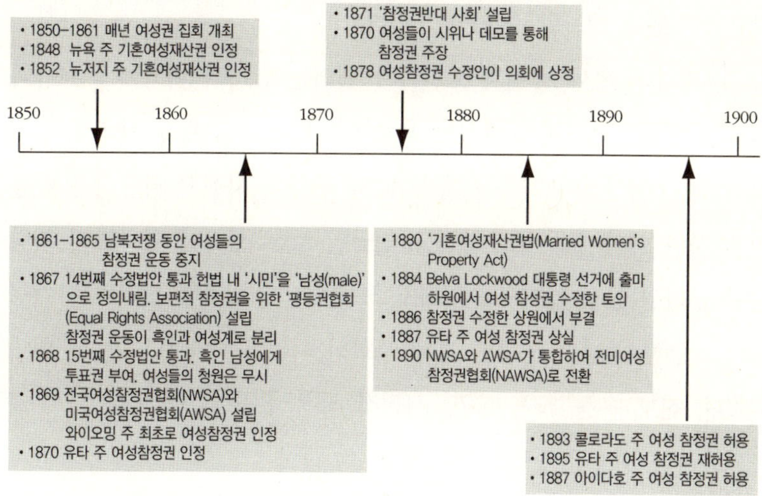

1918년까지 15개 주에서 여성들은 남성들과 동등한 참정권을 얻었다. 특히 제1차 세계대전과 다양한 분야에서 여성들이 수행했던 중요한 역할로 인하여 미국에서는 여성참정권을 지속적으로 반대하던 목소리가 사라지게 되었다. 여성참정권에 관한 헌법수정안이 1878년과 1914년에 연방의회에 제출되었으나, 1878년 수정안은 완전히 실패했고, 1914년 수정안은 하원과 상원의 표결에서 다수득표에 약간 못 미쳐 역시 실패로 돌아갔다.

그러나 1918년에 공화당과 민주당에서 여성선거권에 관한 헌법수정안을 제출했고, 1918년 1월 하원, 1919년 6월 상원에서 각각 의결정족수 2/3로 헌법 수정이 이루어졌다. 그 후 주 의회 2/3의 의결로 헌법 수정에 대한 비준을 확보하려는 운동이 활발하게 전개되었고, 1920년 8월 18일 테네시 주는 헌법 개정을 비준한 36번째 주가 되었다. 같은 해 8월 26일 국무장관이 수정헌법 제19조를 연방헌법 조항

으로 공표함에 따라, 미국 여성들은 남성들과 동등한 헌법적 근거를 갖고 선거권을 행사할 수 있게 되었다.

19세기 말에서 20세기 초반까지 젠더는 남자와 여자에게 교육과 직업 선택에서 여전히 중요하게 작용했다. 하지만 경제적, 사회적, 정치적 발전은 여성들의 기회를 차츰 넓혀 주었다. 사회적 영향력과 활동이 남자와 여자에게 따로 있다고 믿었던 낡은 생각이 여자들이 직장생활을 하고 공적 영역에 진입하자 허물어지기 시작했다. 일하는 여성들의 요구는 참정권 운동을 통해 사회적 지위와 세력을 얻는 데 힘이 되었다. 진보 운동, 노동 운동, 사회적 복음 운동은 많은 여성들에게 조직화라는 귀중한 경험을 제공했다.

4장
제1차 세계대전과 여성

1914년부터 시작된 제1차 세계대전은 유럽의 구질서가 끝났다는 점에서 큰 의의를 찾을 수 있다. 이 전쟁이 "모든 전쟁을 끝내기 위한 전쟁(War to End All Wars)"[54]으로 불리는 이유이기도 하다. 유럽의 다른 국가도 마찬가지였지만, 미국 여성들이 전쟁터에서 근무할 수 있던 것은 여성참정권 이슈가 미국 사회 내에서 보다 부각될 수 있었기 때문이었다. 남성들만의 고유 영역이었던 전쟁에 여성들이 공식적인 참여

54 이는 1914년 전쟁이 시작되고 며칠 후 런던의 신문들에 기사를 썼던 작가 허버트 웰스(Herbert George Wells)가 집필한 책의 제목이다. 그는 이 책에서 전쟁을 시작한 국가를 비난하면서 독일의 군국주의가 패배해야만 전쟁이 끝날 수 있다고 주장했다. 우드로 윌슨 대통령은 1919년 '민주주의를 위한 세계 평화 수립'을 주장하면서 "전쟁을 끝내기 위한 전쟁"을 언급하기도 했다.

기회를 획득하면서 남녀평등의 길을 모색할 수 있게 된 것이다. 이를 계기로 이전부터 서서히 전개되던 여성 운동은 국제사회에서 진일보를 이룰 수 있었다. 그동안 여성들은 가정, 학교, 교회만 그들의 장소로 인식했기 때문에 남성들의 장인 전쟁터에 여성들이 간다는 사실은 정말 획기적인 변화일 수밖에 없었다.

제1차 세계대전은 여성들이 다양한 분야에서 진일보하는 기회가 되었다. 여성들은 자신이 속한 일정 사회계층에서 주로 종사하던 직종에서 벗어나 다른 분야에까지 진출하는 모습을 보였다. 무엇보다 하층 계급에 있던 여성들의 교육이 확대되면서 전문 분야에서 일할 수 있었다는 점은 괄목할 만한 진전이었다. 미국이 전쟁을 치르는 동안 여성들이 물심양면으로 전쟁을 지원해 준 것이 여성참정권에 대한 국민적 인식을 변화시켰고, 결국 1920년 수정헌법 제19조 통과에 큰 공헌을 했다. 전쟁 동안 여성연합체는 연방정부를 설득해 군수산업에 종사하는 여성들을 대표하기 위해 '산업체 근로여성(Women in Industry Service)'이라는 기관을 창설했는데, 전쟁이 끝난 후 이 기관은 노동부 산하의 상설기관인 여성사무국(Women's Bureau)으로 바뀌었다.

1절 제1차 세계대전에 참여한 여성

미국은 초대 행정부 시절부터 주창해 온 고립주의 외교노선을 제1차 세계대전이 발발했던 시점에도 철저히 고수하고 있었다. 하지만 유럽에서 전쟁이 시작되자 1916년 전쟁이나 국가재난 시기에 활용 가능한 여성들을 훈련하기 위해 여성해군병역에 의해 조직된 국민병역학교(National Service School)를 개교했다. 육군, 해군, 해병대는 병역을 위해 수천 명의 여성을 훈련시키기 위해 협력했다. 여성들은 식량 관리, 군사 체조와 교련, 전보 및 전화 교환, 수술용 붕대 제조법, 통신기술 등 다양한 기술을 배울 수 있었다.

전쟁이 진행되는 동안 독일이 멕시코에게 미국을 공격하도록 유도하고 있었다는 사실을 미국 정부가 알게 되었고, 때마침 1917년 독일의 잠수함인 유보트가 영국 상선을 공격해서 그 안에 있던 미국인들의 인명이 손실되는 사건이 발생하자 미국은 전쟁 참여에 대한 중요한 결정을 내려야 하는 상황에 직면했다. 하지만 미국 정부는 즉각 전쟁에 나서지 않았고, 미국 내에서는 이에 대해 비난이 일기 시작했다. 당시 국제사회의 여성주의자들은 평화를 주장하면서 여성 운동의 초국가적 통합을 주장하기도 했지만 정작 제1차 세계대전이 발발하자 각자 자국 정부를 돕는 쪽으로 선회했다. 이런 성향은 미국 여성계에서도 동일하게 나타났다. 여성참정권 운동단체들이 열성적인 애국심을 표명하는 전쟁지지 단체로 돌변한 이유는 전쟁이 끝나면 여성참정권에 대한 전망이 좋아질 것으로 기대했기 때문이었다. 실제로 많은 국가에서 그런 현상이 발생했다(Woollacott 1994, 189).

테디 루스벨트(Teddy Roosevelt)는 윌슨(Woodrow Wilson) 대통령이 즉각 참전을 허락하지 않은 것은 미국의 남성성을 무기력하게 만들고 약화시키는 처사라고 비난하는 등 제1차 세계대전을 위해 여성의 힘을 동원하고 있었다. 여성 운동가이자 참정권 운동가였던 해리엇 블랫처(Harriot Stanton Blatcher) 역시 1918년 루스벨트의 주장을 지지하면서 '여성들이 전쟁을 지원하는 일은 마치 인간의 잔혹함을 찬양하고, 여성에 대한 남성의 지배를 지지하고, 어린이들은 가혹하게 다루는 프러시아의 문화적 특성을 보이는 것과 같은 것'이라고 주장했다.[55] 하지만 일부 평화주의를 선호하는 여성들은 미국의 참전을 반대하고 있었다. 미국 최초의 여성 의원이었던 란킨(Jeannette Rankin)의원도 평화주의자로서 제1차 세계대전에 미국이 참전하는 것을 반대했던 50명의 의원들 중 한 명이었다.

1917년 윌슨 대통령은 결국 미국의 참전을 결정했다. 미국은 당시 10만 명 정도의 소규모 군대를 가지고 있었기 때문에 '선택복무법(Selective Service Act)'을 통해 20－30세의 모든 남성들은 군복무를 위해 등록하도록 했는데, 이 때 980만 명의 남자들이 징병의 대상이 되었다. 하지만 나중에는 18－45세의 남성으로 확대되었고 전쟁이 끝날 때까지 2,400만 명 이상이 등록하게 되었다. 이 전쟁을 위해 480만 명 넘는 남자들이 미군이 되었고, 이들 중 거의 200만 명이 프랑스 서부전선에 배치되었다. 또한 당시 미국에서는 이미 1901년에 여성들로 구성된 육군간호부대와 1908년에 해군간호부대가 창설된 상황이었다. 이들은 직접적으로 군사력의 일부분으로 간주되지는 않았지만 간호사로서 전쟁 승리라는 목표를 위해 부상당한 군인들을 돌보는 역할로 군에서 일할 수 있는 기회가 주어지기 시작했다.

55 Joshua S. Goldstein, *War and Gender.* Cambridge University Press, 2006, p. 319.

〈표 2〉 제1차 세계대전에 참전한 미국 군인 규모 (단위 : 명)

	전체 미군		프랑스 배치 미군	
	남	여	남	여
전쟁참여 총수	4,734,991	35,000	약 2,000,000	13,000
전쟁 중 사망 인원			53,402	400

http://www.teacheroz.com/Military_History.htm#Stats

육군의 경우 공식적으로 여성 입대에 제재를 가한 적이 없지만, 여전히 여성들에게는 간호사 자격만 허용했다. 1917년 미국이 참전하기 시작했을 때 텍사스, 애리조나, 뉴멕시코 주의 12개 병원에서 군 명령을 기다리고 있던 170명의 예비 간호사들을 포함해 실제로 군대에서 활동하고 있던 간호사는 403명이었다. 존 퍼싱(John Persing) 장군은 미국 원정군에 있는 간호 활동을 관리하기 위해 자격이 되는 간호부대 요원을 파견해줄 것을 요구했다. 1918년 전쟁부는 군병원의 간호사 보조들을 활용하기 위한 대안으로 군간호 학교를 허용했다. 전쟁 동안 국내와 해외의 군병원에서 근무했던 육군 간호사는 총 21,480명이었지만 이들 모두 정식으로 군인의 지위를 얻지 못했다. 그들은 육군간호부대(Army Nursing Corp)에 임명된 것이지 임관된 것이 아니었기 때문이었다. 하지만 전쟁이 끝난 후 의회는 그들의 공로를 인정하여 육군 간호사들에게 '상대적 계급(Relative Rank)'을 부여함으로써 장교 지위는 허락해 주었다. 다시 말해, 여자 육군 간호 중위는 남자 중위보다 월급도 적고 지위도 낮다는 것을 의미했다.

육군이 여자 의사들의 군 활동을 허용하지 않았기 때문에 수천 명의 여자 의사들은 YMCA, YWCA, 적십자사, 구세군 등 사회단체를 통해 유럽으로 갈 수밖에 없었다. 한편 물리치료사와 직업 치료사

자격이 있는 여성들은 재활보조사로서 군대에서 일할 수 있었으며 미국 내뿐만 아니라 해외 병원에서도 근무했다. 벨기에, 이탈리아, 영국 등에서 근무하기도 했고, 군부대 열차와 운송함에서도 일했다. 육군과 해군 간호부대 여성들은 전쟁 동안 아주 용감하게 일했고 일부 여성들은 그 대가로 나중에 훈장을 받기도 했다. 간호사들은 부상을 입기도 했는데, 다수는 해외에서 사망하여 그 곳 묘지에 안장되어 있다. 한편 YMCA의 지휘 아래 여성클럽총연맹(General Federation of Women's Clubs, GFWC)은 해외서비스단을 창설해 100명의 여성들을 제1차 세계대전 직후 부상자들을 지원하기 위해 유럽으로 파견했다.

미국 여성들이 간호사가 아닌 군인 자격으로 해군과 해병대에서 복무할 수 있었던 때가 바로 제1차 세계대전이었다. 이런 상황이 전개될 수 있었던 것은 미국 원정군을 이끌던 존 퍼싱 장군이 전쟁부에 비서직 업무를 할 수 있는 여성 100명을 보내달라고 요청했으나 한 명도 보내 주지 않자, 1917년 미국 신문에 해군 내 항공 분대로서 미국 통신부대(U. S. Signal Corp)에서 근무할 여성 지원자 모집 광고를 실었던 것도 한몫 했다. 미혼의 대졸자이며 신체건강하고 불어에 능통한 여성을 자격요건으로 내세운 광고를 보고 7,000여명이 응시했고, 이들 중 450명이 선발되어 훈련을 받았다(Sharp, Small, and Somerville 2002, 427).

1918년 미국은 영어와 불어에 능통한 200여 명이 넘는 일반 여성들을 선발해 전화교환수로 고용해 미 해군에 충원했지만 그 중 33명이 처음으로 프랑스로 건너가 실제로는 미국군이 아닌 프랑스군에서 근무했다. 이들은 군 규제 대상이었기 때문에 군복을 입고 근무했지만 신분만은 민간인으로 계약된 상황이었다. 1918년 총 233명의 "헬로 걸스(Hello Girls)"로 불리던 이들 여성들은 모집 광고와 달리 기혼 여성도 가능했다. 하지만 배우자가 해외에 근무하지 않는 한 지원가능하다는 조건이 있었기 때문에 지원자들은 거의 25세 이하의 여성만일 것이라는 예측이 가능했다.

이러한 모집은 '비상 요청' 사항이라 여성들은 벨(Bell) 전화 회사에서 교환수로 일하던 여자들로 충원되었고, 이들은 미국 통신부대 요원으로 선서했다. 이를 요청했던 퍼싱 장군은 여성들이 장시간 힘들고 세부적인 일을 할 수 있을 정도로 인내심과 지구력이 뛰어난 점을 인정했다. 통신부대 남자들에게는 여성들이 지닌 특성이 없어 교환수 업무가 너무 어려울 뿐만 아니라, 남자들은 작전 본부와 해외 파견군으로의 통신을 위해 필요한 전보를 담당하도록 전쟁터로 보내져야 했다. 이런 여성 교환수들의 역할은 전쟁 역사상 최전선에 있는 군인들에게 장군의 명령을 직접 연결할 수 있게 한 최초의 사례가 되었다. 따라서 이들은 계약 시점부터 복무가 끝날 때까지 육군의 명령에 따라 이동하고 주둔해야 했다. 이동 명령과 하루 급여는 '육군 규정에서 육군 소속 간호사와 동일하게' 정해졌고, 육군의 기장과 단추가 달린 육군 군복을 구매해서 착용해야 했다.

헬로 걸스는 전쟁이 끝난 후 본국으로 돌아와 명예 제대와 전승기념 훈장을 신청했지만 당시에는 미 육군 규정에 남자만 공식적으로 군인으로 맹세할 수 있었기 때문에 그들의 신청은 허락되지 않았다. 하지만 이와 대조적으로 제1차 세계대전 동안 미국에서 근무했던 해군하사관(yeowoman)[56]은 퇴역자로 간주되는 모순되는 상황이 벌어졌다. 헬로 걸스는 이후 거의 60년 동안 퇴역자 신분을 얻기 위해 노력한 끝에 1978년 마침내 카터 행정부에서 퇴역 군인의 지위를 부여받을 수 있었다.

이 시기 미국에서는 여성단체, 육군, 교육단체, 그리고 YWCA 등이 영국의 WACC와 동일한 여성부대를 조직하기 위해 활발히 로비활동을 전개했지만, 당시 여성의 군 활동에 대해 편협한 생각을 하던 사람들에 의해 그 노력은 수포로 돌아갔다. 1918년 11월 정부에 대한 적대감이 어느 정도 약화되자 관료들은 공공정책으로 경기를 부양시키기 시작했다. 따라서 여성들의 군복무에 대한 계획을 끝가지 거부했던 전쟁부(War Department)의 의지에 따라 여성부대 창설 계획은 흐지부지되고 말았다.

당시 정부 내 일부 관료들은 여성인력 사용을 신중하게 받아들였다. 다니엘스(Josephus Daniels) 해군부 장관이 대표적이었는데, 그는 해군 서무계 하사관(yeoman)이 반드시 남성이어야 한다는 법이 없음을 강조하면서 여성들의 군 입대를 승인했다. 결국 육군이 여성들을 어떻게 입대시킬 것인가를 파악할 때 관료형식주의에 빠져 주저하고 있을 때 해군은 전쟁부 내의 반대자들을 무시하고 재빨리 여성들을 충원하기 시작했다. 1917년 3월 여성들이 해군 예비군에 등록할 수 있었고, 4월에는 200명의 여성들이 해군 하사관으로 입대할 수 있었다.[57] 이들

---

56 당시 여성들이 주로 yeomanette나 yeowoman으로 불리고 있었지만, 1916년 해군 예비군법(Naval Reserve Act)에는 남자(man이나 male)라는 단어가 아닌 서무계 하사관(yeoman)을 사용하고 있었기 때문에 군인 충원에서는 성별이 정해져 있는 것은 아니라는 주장이 설득력을 얻을 수 있었다.

57 Nathaniel Patch, "The Story of the Female Yeomen during the First World War," *National Archives*, Fall 2006, vol. 38, No. 3. http://www.archives.gov/publications/prologue/2006/fall/yeoman-f.html.

이 바로 최초로 미군에 입대한 여성들이었으며, 다니엘스 장군 역시 여성의 군대 입대를 최초로 승인한 미국 관료가 되기도 했다. 로레타 월시(Loretta Walsh)가 공식적으로 최초로 병적에 이름을 올린 최초의 여성이 되었다. 하지만 여성의 상근 군복무가 법적으로 허용이 된 것은 이보다 훨씬 후인 1948년이었다. 이 때 총 12,500명의 여성들이 해군 서무계 하사관으로 근무했는데, 이들은 주로 미국 본토의 해안 군인 숙소에서 근무했고 해군들의 해외 파견을 담당했다.

〈그림 13〉 1917년 미국 해군의 여군 모집 포스터

http://www.posternation.com

해군 입대 자격은 18－35세의 좋은 성품, 단정한 외모, 사무직 경험을 지닌 고졸 이상의 여성으로 대학 졸업을 요구하지는 않았다. 군 입대를 지원한 여성들은 사무실에서 인터뷰를 한 후 서류를 작성하고, 단지 형식적인 수준의 체력검사를 거친 다음 4년간의 군복무 계약에 서명했다. 이들은 주로 비전투군으로 배치되었는데, 거의 13,000명에 이르는 여성들이 해군과 해병대에 남자들과 동등한 신분으로 입대하였고 유니폼을 입었다. 미국민들은 군 마크를 단 블라우스를 착용한 여군들의 용기와 독립심에 많은 찬사를 보냈다. 해군의 경우 해안 경비부대에도 여성의 근무를 허용하였으나 실제로는 워싱턴 D.

C.의 사령부건물에서 사무직으로 일하는 데 그쳤다. 19세의 쌍둥이인 베이커(Genevieve and Lucille Baker) 자매는 해군 해안수비 예비부대(Naval Coastal defense Reserve)로 이전되었는데, 이들은 최초로 미국 여군 계급장을 인정받은 사례라 할 수 있다. 이와 더불어 1,476명의 해군 간호사들도 국내와 해외 군 병원에서 근무했다.

〈그림 14〉 미 해군이 충원한 여자 하사관(yeomanetes)

http://userpages.aug.com/captbarb/yeomanettes.html

제1차 세계대전 동안 3만 명이 넘는 미국 여성들이 육군과 해군 내 간호부대에서 근무했고, 프랑스에서 해군 서무계 하사관으로 복무했으며, 해병대와 해안경비대에서도 근무했다. 미국 여성들은 그들이 투표권을 가지기도 전에 국가를 위해 군복무를 했다고 볼 수 있다. 미국의 경우 1916년 400명이었던 군부대 간호사들이 1918년 20,000명으로 급증했다. 1917년 이전에는 주로 간호사, 군수물자 제공, 전화교환수, 군 연예봉사단, 기자 활동, 음식 제공 등의 업무를 했던 반면, 1917년 이후부터는 해군, 해병대, 육군 내에서 복무하는 여군으로서의 역할을 하게 되었다.

전투에 참여한 여성들의 소속 부대는 여성들만으로 구성된 부대도 남성들과 통합된 부대도 아니었다. 오히려 군 계급 서열을 기초로 한 다양한 계급의 개인이었을 뿐이었다. 제1차 세계대전 종료 후 여성 관련 책임부서를 창설하면서 1920년대 핍스(Anita Phipps)가 담당자로서 여성부대 계획을 발전시키게 되었다. 이 계획은 전시에 보조부대가 아닌 17,000명의 여군을 모집하는 계획이었지만 의회로부터 승인받지 못했다.

〈그림 15〉 해병대 여군 모집 포스터

http://www.army.mil/women/history.htm

한편 제1차 세계대전 동안 미국 군대에서 처음으로 충원된 흑인 여성들은 16명의 서무계 하사관으로 해군에서 근무했는데, 나중에는 총 24명으로 증가했다.[58] 이들은 1917년부터 제대하는 1919년까지 워싱턴 D. C.에 위치한 해군본부 소속의 다양한 사무실에서 근무했다.[59]

해병대 역시 제1차 세계대전 말에 해군 병력 부족으로 해병대가 프랑스로 차출되었는데, 훈련받은 비서요원이 부족하게 되자 남자 군인들을 전쟁터로 보내기 위해 여성 비서의 도움이 필요함을 인식하게 되었다. 결국 1918년 8월 해병대 역시 24명의 비서직 예비 여군(Marine Corps Reserve)을 수용하기 시작했다. 이 때 미국에서 최초로 해병대 군복을 입은 여자 군인이 오파 존슨(Opha Johnson)이었다. 해군과 유사한

---

58 Morris J. MacGregor, Jr., 1979. *INTEGRATION OF THE ARMED FORCES 1940-1965*. Defense Studies Series, Defense Historical Studies Committee. http://www.gutenberg.org

59 Richard Miller, "The Golden Fourteen, Plus : Black Navy Women in World War One." in *Minerva : Quarterly Report on Women in the Military* vol. XIII, no. 3 & 4, Fall/Winter 1995.

자격을 요구한 해병대 충원은 4개월간 305명이었는데, 이들은 군사훈련을 받고 남자 군인들과 동일한 군복을 착용했지만 본토에서는 모두 비서직이나 전화교환수직에서 종사했었다.

이 전쟁에서 여성들은 부상자를 간호하고, 군인들에게 음식을 제공하고, 군수물자를 운반하는 등의 군부대 내에서의 직접적인 활동은 물론 '헬로 걸스'로 알려진 전화교환수로 활동하거나 부대를 위한 연예 활동도 전개하며, 일부 소수의 여성들은 저널리스트로서 군부대와 전쟁에 관한 기사를 보도하기도 했다. 무엇보다 전선에서 간호업무를 맡았던 여성들의 일은 위험하고, 역겨울 뿐만 아니라 더럽기까지 했기 때문에 이들의 노동은 상당히 스트레스를 많이 받는 직업이었다.

제1차 세계대전 동안 35,000명의 미국 여성이 군에서 복무했다. 미 해군과 해병대는 최초로 적극적으로 군대 내 남자들이 부족해서 채우지 못하는 자리를 여성들로 채워서 전투부대가 제대로 업무 수행을 할 수 있도록 도와달라고 부탁했다. 해병대 하사관 300명을 뽑는 충원에 수천 명의 여성들이 지원한 반면, 해군 하사관에는 11,000명이 지원했다. 미국 해군과 해병대에 등록한 여성은 12,000명 이상이었고 이들 중 400명이 전쟁에서 사망했다.[60] 간호사, 종군기사, 전화교환수, 군수물자 제공, 연예부대 등 전쟁과 관련하여 유럽에서 직접적으로 전쟁을 위해 활동했던 여성은 총 25,000명 정도였다. 이들은 주로 라디오 전기기사, 군 징집요원, 비서직, 회계담당, 전화교환수 등의 업무를

60 CBC News. http://www.cbc.ca/news/background/military-international/(검색일: 2013년 1월 18일).

수행했다.

제1차 세계대전 동안 미군 내에서 복무했던 여성의 절반 이상, 즉 21,000명 정도가 해군 소속이었고, 이들은 본토와 해외 군 캠프와 병원에서 용감하게 일했다. 남북전쟁과 미서전쟁에서와 마찬가지로 이들은 전방 근처나 전방에서 근무하는 경우도 꽤 있었는데, 그럴 경우 위험을 무릅쓰고 벙커와 야전텐트 등에서 매우 불편하게 지내는 것도 감수해야 했다. 간호사들은 군인과 민간인 모두를 돌보는 동안 포병대의 집중사격과 겨자탄(mustard gas)으로 인한 공포를 체험할 수밖에 없었다. 전쟁 동안 400명 이상의 간호사들이 임무 중 사망했는데, 그 이유는 대부분 전염성이 높은 '스페인 독감'으로 알려진 인플루엔자가 군 캠프, 병원, 그리고 출항지에서 빠르게 퍼졌기 때문이었다.

이렇게 여성들이 군인의 신분으로 전쟁에 참여한 것과는 달리, 병참부대는 전쟁 동안 여러 번 비서와 사무원을 해외에 계약직으로 파견했다. 이들은 민간인으로 명확하게 신분이 정해져 있었기 때문에 결코 그들의 신분이나 지위에 대해서 혼선이 발생하지 않았다. 이들에 대해서는 별로 알려진 바는 없지만, 다양한 통로를 통해 전쟁에서 필요한 업무를 수행한 여성들이 상당수였다는 점은 분명히 알 수 있었다. 제1차 세계대전 동안 여성들은 군에 의해 충원이 되었어도 계약을 통해 군인이 아닌 민간인으로 간주되면서 근무한 경우도 있었고, 한편으로는 정식으로 군인의 신분으로 인정받았던 경우도 있었다는 점은 여전히 군과 전쟁이 여성들에게 완전히 개방되지 않았다는 것을 의미한다. 그렇지만 제1차 세계대전을 통해 육군에 비해 해군과 해병대가 여군 역할에 대해 훨씬 우호적인 태도를 보이기 시작했다는 것이 큰 변화였다.

2절 제1차 세계대전 당시 미국 내 여성들의 활동과 변화

미국의 경우 20세기에 접어드는 과정은 1895년부터 시작된 진보주의 운동의 연속과정이었다.[61] 유럽 특히 유럽 남동부에서 유입되는 이민 물결로 인해 미국의 인구는 증가일로에 있었고, 그로 인해 문화 역시 매우 다양해지고 있었다. 도시화와 산업화가 이루어지면서 기술 발전과 사람들의 사고방식이 개혁적으로 변화됨으로써 미국에 처음으로 물질주의, 소비주의의 생활 방식이 널리 퍼지기 시작했다. 대량 생산이 가능해져 물가가 역사 이래 가장 낮아지게 되었고 카탈로그를 이용해 물건을 살 수 있는 시대가 되어 전형적인 소비주의 사회가 되었다. 이런 과정에서 식품 제조의 안정성과 환경 관련 이슈들이 관심 대상이 되어 이와 관련된 법들이 마련되었다. 이렇듯 1910년대는 미국으로서는 세계에서 선두 국가로 인식되기 시작된 시점이라는 점에서 매우 의미 있는 시기였다.

하지만 이 과정에서 미국은 높은 사망률 및 영아 사망률과 함께 셀 수 없을 정도로 많은 사람들이 도시의 빈민가에 모여 살고 있었다.

---

61 진보시대(Progressive Era)로 일컫던 이 시기는 1895년부터 제1차 세계대전이 끝날 때까지를 의미한다. 흔히 동요와 개혁의 시대로 인식되는 이유는 반독점법이 존재했음에도 불구하고 독점이 계속되고, 중산층의 불만이 높아지면서 노동조합이 증가하는 등 전반적으로 과거와는 다른 이슈들이 주요 관심사로 떠오르기 시작했기 때문이었다.

따라서 1908년경에는 이민과 빈곤, 노동, 정치적 부패, 기업 독점 경쟁, 작업 환경 안전성, 아동 노동, 그리고 반전 운동 등이 사회 내 주요 이슈로 등장하게 되었다. 이 때문에 많은 기자들이 이런 문제에 대해 '폭로성 기사(muckraking)'를 경쟁하듯 보도했다. 덕분에 많은 사건들에 대해 국민들에게 상세히 보도될 수 있었다. 1911년 뉴욕의 한 공장에서 발생한 화재로 145명의 여성 노동자들이 사망한 사건은 사람들에게 당시 작업 환경의 불안전성을 각인시키는 계기가 되었다. 아동들 또한 공장, 제재소, 탄광 같은 불안전할 뿐만 아니라 건강에도 매우 해로운 환경 속에서 장시간 일하고 있다는 점도 사회적으로 심각한 문제로 인식되기 시작했다.

중산층 여성들이 노동계에 진입하고 사회 개혁을 위해 활동하면서 특히 노동자들의 생활과 작업 환경을 개선하기 위해 노력했다. 특히 19세기에는 미국 사회의 변화로 인해 여성들의 노동 기회 확대라는 결실이 이루어졌지만, 노동환경이 매우 열악했기 때문에 진보주의 운동 시기에 여성들이 개혁 추진 세력이 되었다. 19세기 말 여성은 도덕을 수호하고 가정을 보호하는 사람으로 간주되었지만, 진보주의 운동이 진행되면서 여성개혁가들은 가정을 지키기 위해서는 여성들이 공공 부문에 나서야만 한다고 주장했다. 왜냐하면 여성들이 가정에 영향을 주는 공중보건 및 교육 등의 이슈에 자신들의 도덕적 권위를 행사하는 곳이 공공 부문이기 때문이었다. 이 때문에 여성들은 자발적으로 개혁운동을 위한 조직에 가입하고, 그 활동을 지방 수준에서 주 수준, 더 나아가 전국 수준으로까지 확대해 나갔다.

그 결과 연방법으로는 불가능했지만 모든 주들이 각기 노동 최소 연령을 규정한 아동노동법을 마련했는데, 아이들이 일할 경우 학교에 갈 수 없어 교육적으로도 큰 영향을 미쳤기 때문이었다.[62] 다시 말해 아동노동법은 일정한 연령이 될 때까지 아동은 교육을 받아야 하고 임금노동시장에 있어서는 안 된다는 것이었다.[63] 20세기 초 여성과 아동의 근로시간 제한과 근로환경 개선에 대한 법안이 마련되었지만 실제로는 이런 노동법들이 오히려 노동 여성들의 권한을 제한하는 역효과를 낳았다. 예를 들면, 여성들이 하루에 8시간만 일하거나 야간근무를 못하게 하는 법안은 오히려 여자들이 다양한 직책, 특히 초과 업무가 필요한 관리직 등에 진출하는 데 불리하게 작용되는 악법이었기 때문이었다. 심지어 일부 주의 법안들은 여자들이 일정량의 무게를 들어 올리는 일을 금지시켰는데, 그 수준은 아예 여자들에게 물건을 들어 올리는 직종을 금지시키거나 15파운드(7킬로그램) 이상일 경우 금지시키는 것이었다. 결국 이런 노동 환경에서 여성들에게 가장 많은 기회가 주어졌던 일자리는 타자기를 사용하는 비서직뿐이었다.

진보주의 시대에는 중산층 여성까지 노동시장에 진출했던 것도 큰 변화였지만 제1차 세계대전이 시작된 이후부터는 상류층 여성도 일하기 시작했다. 전쟁 전에만 해도 여성 노동 계층은 주로 가정부나 공장에서 일하면서 가족의 생계를 책임지기 위해 열심히 일했다. 그에 비해 숫자적으로 훨씬 적은 중산층 여성들은 주로 교사, 간호사, 전화교환수, 타자수, 판매원 등의 직종에 종사했다. 이들은 결혼하면 거의

62 당시 아동의 3분의 1만이 초등학교에 다녔고, 고등학교 졸업 비율도 10%를 넘지 못했다.

63 아동 연령은 주별로 차이가 있지만, 12세, 14세, 16세가 최소 연령으로 지정되었다.

모두 직장을 그만두었으나, 일부 섬유산업에 종사했던 여성들은 계속 일하기도 했다. 상류층 여성은 이미 잘 살고 있기 때문에 구태여 일을 할 필요가 없었다. 하지만 제1차 세계대전을 겪으면서 이전 시기에는 거의 불가능했던 변화가 나타나기 시작했다. 하층계급 여성들이 변호사, 회계사, 의사 등과 같은 전문직에 진출하기 시작하면서 미국에 처음으로 여성 치과의사가 등장하기도 했다.

미국이 제1차 세계대전에 참여하기 전에 연합국과 동맹국은 미국의 전쟁 참여를 유도하기 위해 상당한 노력을 기울였다. 그러나 오랫동안 미국은 유럽으로부터 어떠한 간섭도 받지 않으며 정치적 중립을 지킨다고 천명해왔던 먼로 선언(Monroe Doctrine) 때문에 윌슨 대통령은 전쟁에 참여하지 않고 있었다. 하지만 다인종으로 이루어진 미국의 특성상 미국 내에서도 연합국, 혹은 동맹국에 협조해야 한다는 의견이 많았으며, 무기회사들과 거래를 맺어오던 정치인들 역시 그런 주장에 동조했다. 어떤 이들은 "승리를 통한 평화"를 주장하며 윌슨의 중립적 입장을 비판했다. 결국 전쟁 참여를 결정할 수밖에 없었던 윌슨 대통령은 전쟁 참여를 합리화 하려고 애국주의 사상을 고취시키려는 정책을 펼쳤다. 예를 들어, 미국 내에서는 독일을 비방하는 뮤지컬을 공연하거나, 대학에서는 전쟁을 정당화하는 강좌를 개설하기도 하고 당시 제2 외국어로 미국 내에서 가장 많이 가르치고 있었던 독일어를 폐지하는 등 독일에 대한 적개심을 키워나갔다.

하지만 정치적 보수주의가 강세를 보이는 상황 속에서 여성 사회개혁가들까지 우익운동을 시작하게 되어 '평화' 이슈가 주요 쟁점이 되었다. 여성계에서는 전쟁을 통해 승리를 추구하는 식의 애국심에 저항하는 사람들도 많이 있었다. 사회복지관 지도자인 제인 아담스(Jane

Addams)와 경제학 교수인 에밀리 볼치(Emily Greene Balch)가 주도한 전문직 여성그룹은 '전쟁에 관한 재생산적 결론에 대한 감상적 믿음'을 비판했다. 1915년 여성 평화당(Women's Peace Party)이 만들어지고, 그 해외 지부인 '국제여성평화자유연맹(Women's International League for Peace and Freedom, WILPF)'은 전쟁이 아닌 평화를 협상하라며 정부를 설득하기 위해 노력했다. 이 단체는 '여성유권자동맹'과 여성상원위원회, 그리고 '미국혁명의 딸들(DAR)'과 연대하여 군국주의에 반대하고 전쟁참여에 반대하는 데 적극적인 활동을 펼쳤다. 그러나 1917년 미국이 전쟁 참여를 선언하게 되면서 이들 여성단체들은 겁쟁이, 매국노라는 딱지가 붙는 수모를 당하게 되었다.

제1차 세계대전 동안 정규군은 아니었지만 25,000여명의 여성이 전쟁 중인 프랑스로 건너가 간호사, 앰뷸런스 운전사, 전화교환원, 전쟁 통신원 등으로 활약했다. 이들은 자신들이 남성들과 마찬가지로 국가를 위해 일하고 있다고 생각했다. 국내에서는 수만 명의 여성들이 철도를 놓는 작업이나 용접, 금속 세공, 다루기 힘든 기계를 작동하는 일들을 했다. 특히 흑인 여성들이 이같은 일을 많이 했는데, 이는 전쟁 이전에는 무보수 노동이면서도 아침 6시부터 저녁 9시나 10시까지 일해야 하는 가사 일보다도 더 많은 돈을 벌 수 있는 일을 원했기 때문이었다. 다른 여성들은 화이트칼라 노동자가 되었다. 1910년과 1920년 사이에 여성 노동자의 수는 두 배로 증가했다.

1914년 제1차 세계대전 발발 전까지 미국 여성들의 노동 분야는 매우 제한되어 있었는데, 주로 가사노동, 간호사, 교사, 소규모 농업 등에 국한되었을 뿐이었다. 비록 매우 낮은 비율의 여성들이 공장에서 일하고 있었지만 주로 허드렛일이나 지루하고 반복적인 일을 했고, 임금도 남자들에 비해 아주 적었다. 하지만 남성들이 전쟁터로 떠난 후에는 남자들이 일하던 공장과 탄광 등에 여자들이 일자리를 채울 수 있었기 때문에 여성들의 역할은 획기적으로 변화될 수밖에 없었다. 물론 전쟁 덕분에 여성들의 노동이 확대되는 계기가 마련되기도 했지만, 한편으로는 전쟁 동안 여성들은 미국 사회에서 '소리 없는 영웅(unsung hero)'으로 평가받아 마땅하다.

제1차 세계대전에 미국 참전이 결정되자 여성들은 그 결과로 나타날 사회적 여파를 빨리 인식할 수 있었다. 남성 노동력의 거의 16% 정도에 해당되는 사람들이 전쟁터로 떠나면 미국 전역의 상점, 공장 및 사무실의 빈자리를 여성들이 채워 주어야 했다. 전쟁 동안 전자 제품, 항공기, 식품제조업에 종사하는 전체 노동자의 20% 이상이 여성으로 채워지게 되었다. 뿐만 아니라 전에 남자들의 직종이었던 서기, 전화교환수, 타자수와 속기사 등의 일에서 여자들이 우위를 차지하게 되었다. 간호 업무는 국내는 물론 전방에서도 필요한 직업으로 간주되었다.

전쟁 동안 미국 내 여성들은 전통적으로 구분되어 왔던 성별 역할이 아닌 일에 대한 요구를 충족시킬 수 있었다. 이 전쟁은 전쟁터에서 승리를 거두기 위해서 군수 산업생산에 의존했던 최초의 전쟁이었다. 남자들이 전쟁에서 싸우고 있는 동안 여성들은 군수품 공장, 사무실, 비행기 공장에서 육체노동자로 일해야 했다. 이 밖에도 많은 여성들이 군복을 만들고 있었다. 만일 여성들이 노동력을 제공하지 않았다면 전쟁을 어떻게 치를 수 있었을까 의문이 들 정도로 여성의 노동 가치가 중요하게 인식되었다. 실제로 전쟁이 끝날 때까지 위험하고 건강에도 위해한 군수품 공장에서 일했던 여성 수는 20만 명에서 90만 명으로 거의 4배 이상 증가했다. 군수품 공장의 임금 수준이 다른 일자리에 비해 높았기 때문에 여성들이 마다않고 일했기 때문이었다.

여성들은 전쟁 동안 남자들의 빈자리를 채움으로써 국가경제에 보탬이 되기도 했고 개인적, 경제적 기회뿐만 아니라 새로운 직업에 도전할 수 있는 용기도 얻을 수 있었다. 일터에 남자들이 부족했기 때문에 여성들은 가능한 모든 직종에서 일해야만 했기 때문이었다. 이들은 각기 직장에서 열심히 맡은 바 임무를 성실히 수행함으로써 노동시장에서 더 높은 임금을 받을 수도 있었고, 더 나은 직장으로 이직할 수 있는 기회도 얻게 되었다. 이런 변화 속에서 여성들의 노동조건은 더 향상될 수 있었고, 남자들과 경쟁할 수준의 지위도 얻었다.

미국이 1917년 제1차 세계대전 참여를 결정한 후 미국 여성들은 '여성 군복무를 위한 전국연맹(National League for Women's Services)'과 '국방위원회 여성분과(Women's Committee of the Council of National Defense)' 등을 조직하여 전쟁 지원 활동을 전개하기 시작했다. 이들은 붕대와 군복을 만들고, 군인들을 위해 통조림을 만들고, 해외에 있는 미군들을 위해 책과 잡지를 모았다. 물론 군대에 지원한 여성들도 대단했지만, 후방에서도 적극적인 전쟁 지원 활동을 하던 여성들이 돈을 버는 직업을 얻을 수 있었다는 점에서 매우 획기적인 변화가 나타났다. 이들은 엘리베이터 안내원, 전차 기사, 우체부, 공장노동자로 유니폼을 입기 시작했다. 여성들이 공장에서 일했던 것이 생소하진 않았지만, 제1차 세계대전으로 인해 처음으로 많은 여성들이 항공기 제조공장, 제철소, 조선소 등에서 기술 노동자, 즉 기술자로 고용될 수 있었다.

1910년 이후부터 참정권 운동은 주 단위로 투쟁하던 방식을 헌법개정운동으로 전환하면서 의회와 대통령을 상대로 캠페인을 벌였다.

1916년 앨리스 폴(Alice Paul)이 조직한 '전국여성당(National Woman's Party)'은 보다 더 적극적으로 참정권 운동을 진행하기 위한 집단이었다. 이는 NAWSA가 주들을 대상으로 로비활동을 전개해서 단계적으로 참정권을 획득하려는 것과 달리 급진적으로 헌법 개정을 통해 목적을 달성하려고 했다. 전국여성당은 1913년 시작된 '여성참정권을 위한 의회연맹(Congressional Union for Woman Suffrage)'을 변경해 시작한 단체였다.

여성의 정치 참여에서 나타난 보다 획기적인 발전은 여성의 참정권이 보장되기 전이었던 1917년부터 시작되었다. 1912년 여성에게 참정권을 승인했던 몬태나 주에서 공화당 출신 제넛 랜킨(Jeannette Rankin)이 1917년 연방의회선거에서 하원의원으로 당선되어 미국 최초

〈그림 15〉 제1차 세계대전 전후의 미국 여성의 지위 변화

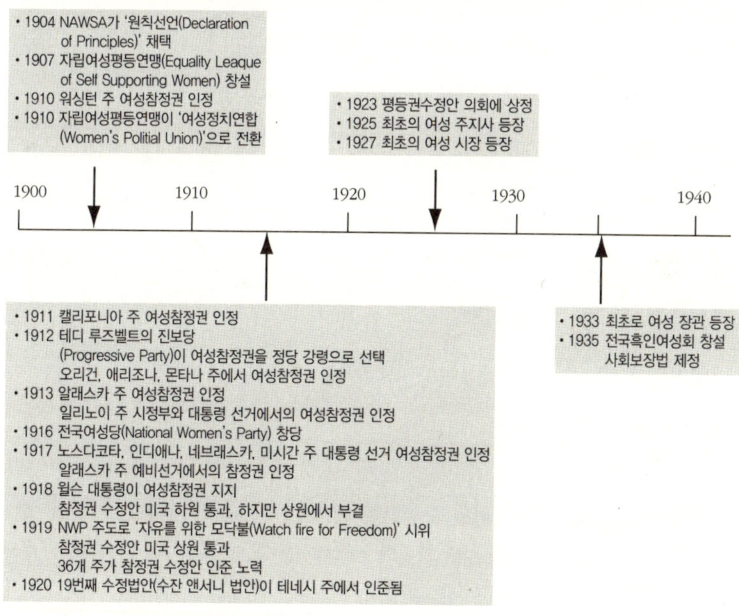

의 여성 하원의원이라는 기록을 세웠다. 그녀는 일생동안 평화주의자로서 의회에서 제1, 2차 세계대전을 모두 반대하는 표를 던졌지만 여성참정권 법안, 아동보호 법안, 금주 법안 등에는 지지표를 던졌다. 그녀가 연방의회선거에서 당선되었다는 사실은 미국뿐만 아니라 국제사회에서도 주목받게 되었고 인기도 많아졌다. 특히 여성참정권 운동가들에게는 큰 힘이 되었다.

1917년 백악관 앞에서 이들 회원들은 서로를 체인으로 묶고 "미국은 민주주의가 아니다. 2천만 여성이 투표할 권리를 빼앗겼다"며 선동하다가 잡혀가기도 했다. 500여 명의 여성들이 체포되었고, 그 중 168명이 투옥된 사건이었다. 1917년부터 일부 주들이 여성의 참정권을 인정하기 시작했고, 마침내 모든 여성에 대한 참정권은 1920년 수정헌법 제19조가 통과되고 나서야(1919년 개정안 통과, 1920년 발효) 보장될 수 있었다. 오랫동안 평등을 위한 노력, 즉 참정권 운동을 지속해온 여성들의 노력이 궁극적으로 결실을 맺게 되었다. 선거 과정에서 정치적 참여자로서 여성들의 삶은 1920년에 시작되었다. 여자들이 남성이 지배하는 의회를 대상으로 수년간 싸움을 해서 얻어 낸 결실이었다. 뿐만 아니라 많은 여성들이 참여했던 금주 운동도 결실을 맺어 1919년 엄격한 금주를 시행하는 법안인 '볼스테드법(Volstead Act)'이 통과되어 1920년부터 발효되었다.[64]

제1차 세계대전 동안 미국 여성들이 군수물자를 만드는 공장에서

64 알코올 사용과 금주와 관련된 수정헌법 제18조는 하원법사위원회 의장인 앤드류 볼스테드(Andrew Volstead) 의원의 이름을 붙여, 알코올 5% 이상 되는 모든 음료는 '취하게 만드는 술'로 정의되었다.

열심히 일했고, 전쟁에서도 간호사나 전화교환수로 다양한 활동을 전개했기 때문에 윌슨 대통령은 여성의 참정권 주장을 지지했다. 많은 여성들은 투표권을 정치에 참여할 수 있는 자신의 권리와 의무로 생각했고, 정치적 결정이 자신의 하루하루의 삶에 영향을 준다고 믿었다. 하지만 이런 변화를 못마땅하게 생각하는 일부 보수적 여성들도 존재했고, 이들은 투표하고 싶어 하지 않았다. 여자의 역할과 남자의 역할이 중복되고 있다는 것이 대중들에게 널리 퍼져있던 일반적인 생각이었다. 이들은 정치 분야는 남자들에게 맡기는 것이 최선이라고 생각했고, 여성들의 분야는 아이들을 보살피고, 가정 일을 하고, 교회를 다니는 것이라고 믿었다.

그렇지만 여성들은 단순히 투표권 획득에 만족하지 않고 정치 분야에서 얻을 수 있는 것들을 위해 계속 노력했다. 아동학대 방지법과 교도소 환경 개선법 등을 얻어내기 위해 끊임없이 노력했다. 1923년에는 전국 여성당 창설자인 폴이 입안한 '평등권 수정안(Equal Rights Amendment)'을 의회에 상정하는 결과도 얻어 냈다.[65] 이는 성차별을 없애려는 여성들의 강한 의지의 표출이었다. 이를 후원하기 위해 《평등권》(*Equal Rights*)이란 잡지가 등장했는데, 이 잡지는 주로 여성들을 대상으로 하지만 부수적으로 여성 참정권, 여성의 권리, 미국 여성에 관련된 다른 이슈들에 대해 남자들을 교육하는 데 기여했다. 하지만 여성의 개인주의와 노동시장에서 남성과 경쟁할 수 있는 평등한 기회를

65 이 수정안은 1923년부터 1972년까지 회기마다 의회에 상정했으나 상원이나 하원에서 표결에 부쳐진 적이 한 번도 없었다. 결국 주 의회 인준에 실패하면서 1982년 폐기되고 말았다.

획득하는 과정은 인종 문제와는 별개였다.

정치 분야에서 매우 드물긴 했지만 여성들이 등장하기도 했다. 넬리 로스(Nellie Tayloe Ross)가 1925년 선거에서 와이오밍 주지사로 당선되었으며, 1927년에는 벌사 랜데스(Bertha Landes)가 시애틀 시장이 되었다. 이렇게 여성들은 지방, 주, 연방의회에 당선되어 국민을 대표하여 정부에 대해 정치적 영향을 행사할 수 있었다. 1933년 프랜시스 퍼킨스(Frances Perkins)는 루스벨트 행정부에서 노동부장관으로 임명됐는데, 내각 구성원이 된 최초의 여성 관료였다. 노동운동가 활동을 했던 퍼킨스 노동부 장관은 재직 중 1935년 뉴딜법안으로 사회보장법 제정에 공헌했다. 또한 그녀는 여성의 주 노동시간을 48시간으로 축소했고, 아동 노동을 규제하는 연방법, 최소임금과 실업보험 등을 마련했던 주역이기도 하다.

이렇게 정치 분야에서 아주 소수지만 여자들이 진출하기 시작하면서 교육의 중요성이 인식되었고 대학에 입학하는 여자들이 서서히 증가하기 시작했다. 이전과는 달리 여자대학이 아닌 남녀공학 주립대학들이 성장하기 시작했다. 미국 사회에서 여자들에게 허용하던 일자리 대부분이 교사와 간호사에 국한되었음에도 불구하고 1920년대 여자들은 법과대학에 다니기 시작했다. 뉴욕대학, 코넬대학, 보스턴대학 등의 주요 법대는 1920년 이전에 여자 법학도의 입학을 허락했었지만, 일부 법대들은 여자들에게는 파트타임 학생으로만 허락하고 있었다. 하지만 사회 분위기에 편승하여 고용주 역시 법학 전공 여성들이 졸업 후 직장에 지원했을 때 별로 호응하지 않는 태도를 보여 여성들을 실망시켰다.

흔히 미국의 1920년대를 '격정의 20년대(Roaring Twenties)'로 일컫

듯이 제1차 세계대전 이후 미국 사회는 급속도로 변화하는 생활방식, 금융 불균형, 그리고 급속도의 기술발전 등의 특징을 보여준 시기였다. 기업 경제의 발전과 발명품의 증가로 미국 경제가 활성화되면서 고용이 늘고 임금도 상승했다. 제조업이 발달하면서 사람들은 전보다 싼 가격에 제품들을 구매할 수 있게 되어 생활이 보다 윤택해지는 것을 느끼기 시작했다. 이 때문에 사람들은 돈만 벌던 생활에서 벗어나 여가를 즐기기 시작했고, 헤어스타일, 의상, 음악, 댄스에 이르기까지 미국 사회에서 모든 것이 새로운 것들로 채워지기 시작했다.

인력시장에서 여성은 예술과 엔터테인먼트 등에서 활약상이 두드러지기 시작했다. 또한 남자들이 여성들의 사회 진출을 매우 싫어했고 배척했지만, 여성의 일자리도 이전과는 달리 판매원, 비서, 전화교환수 등 새로운 직종으로 확대되고 있었다. 전반적으로 사회는 여자가 먹고 살기 위해서가 아니라 개인의 성취감을 위해 일하는 것을 받아들이는 분위기는 아니었다.

선대 여성들이 이루어낸 참정권 획득 노력이 무색할 정도로 젊은 여성들의 정치에 대한 관심이 높지 않았다. 이들은 오히려 자신들의 권리 변화를 다른 측면에서 누리기 시작했다. 1920년 이전에는 거의 모든 뮤지션들이 남성들이었으나 이 시기 이후 라디오, 극단, 영화 등에서 여자들이 차츰 활동할 기회를 얻게 되었다. 또한 타자수와 비서직과 같은 사무직에서 여자들이 일함으로써 이 분야에서 일하던 남자들이 줄어들었다. 반면 화장품 산업은 여성 판매원을 고용하여 다른 여성들에게 립스틱과 화장품을 판매함으로써 궁극적으로 수백만 달러의 산업으로 성장했다. 이 산업의 발전은 오히려 여성다움을 강조하는 유행을 일으켜, 여자들이 스포츠 분야나 전문직을 스스로 기피하게 만드는 현상이 나타나기도 했다. 바로 1921년 미스아메리카 대회가 여성미를 경쟁적으로 과시하는 장으로 시작되었고, 현재까지도 일부 비난과 비판이 있긴 하지만 계속 개최되고 있다.

이와 같이 여성들은 이전에는 누리지 못했던 권리를 얻고, 경제적으로 독립해서 자유로운 생활을 누릴 수 있었다. 예를 들면, 그들은 생각의 틀이 변화되면서 캐주얼 복장, 이튼 크롭(Eton crop)[66]으로 부르는 단발머리, 즉 남자 머리처럼 짧은 헤어스타일이 유행했다. 의상은 치마길이도 좀 더 짧아졌고, 허리선과 가슴선을 강조하지 않는 헐렁한 옷 등의 플래퍼 룩(Flapper Look)[67]이 등장했으며, 군인들의 철모를 연상케 하는 모자를 쓰는 등 여자들은 여성성을 줄이고 좀 더 남자들처럼 빠르고 역동적인 모습으로 변화하고 있었다. 때마침 여자들이 자유로워질 수 있었던 또 다른 이유는 대량생산 자동차가 개발됨으로써 수동으로 엔진을 켜거나 남자들의 도움을 받지 않아도 되는 기술적 발전 때문이기도 했다.[68]

재즈와 무선영화 등 미국의 문화도 전 세계로 퍼져나가고 있었다. 점차 젊은 여성들 사이에서는 카바레, 댄스홀, 영화관에서 대중적 오락과 함께 술과 담배를 즐기는 쾌락적, 향락적이고 소비지향의 개인주

66 이튼 크롭은 영국의 남학생 전용 명문 이튼대학 학생들에게 선호되던 짧게 자른 헤어스타일에서 유래했다.

67 미국에서 플래퍼(Flapper)는 1920년대 재즈가 유행하면서 화장과 담배를 즐기는 자유분방한 젊은 여성들, 즉 말괄량이 여성을 의미하는 용어로 사용되었다.

68 포드(Ford) 자동차는 자동조립라인을 이용하여 모델 T(Model T)라는 자동차를 대량생산했다.

의적인 생활양식이 유행처럼 번졌다. 이런 성향은 이전에도 사회의 일부 여성들이 선호했지만 1920년 이후부터는 점차 백인 중산층 여성들에게까지 확대되고 있었다.

흑인 여성의 경우 제1차 세계대전 중 잠시 노동 기회가 확대되었지만 전쟁 후에는 인종주의적 고용정책 때문에 서비스 부문의 경제적 혜택을 받을 수 없게 되었다. 특히 남부 지역에서는 흑인 남성과 여성의 정치 참여가 원천적으로 봉쇄되었을 뿐만 아니라 북부 도시에서는 KKK(Ku Klux Klan)가 부활되는 등의 인종주의와 함께 1924년에는 '국적법(National Origins Act)'으로 인해 동유럽과 아시아 이민의 물결이 차단되는 반이민주의 성향이 나타났다. 이런 흐름에 저항하기 위해 메리 베튠(Mary McLeod Bethune)은 1935년 전국흑인여성회(National Council of Negro Women)를 창설했다. 이 조직은 흑인 여성들의 교육, 문화, 경제, 정치, 사회적 삶에 영향을 주는 여성조직 간의 단결을 증진하고, 전 세계 사람들과 우의를 다지고, 인종과 종교, 피부색, 민족, 성별에 기초한 차별을 완전히 없앤다는 목표를 세우고 활동했다.

그럼에도 불구하고 거의 대부분의 여성들은 여전히 농업 분야에서 일하고 있었다. 왜냐하면 이 시기의 주요 산업이 농업이었기 때문이다. 따라서 농업 부문의 여성들은 자급자족의 삶을 위해 가사노동을 열심히 하면서 살고 있었다. 많은 농가들이 1940년대 전까지는 전기를 쓰지 못했기 때문에 모든 일을 손으로 해야만 했고 요리도 나무를 연료로 사용하던 시기였다. 또한 여성들은 수십 년간 일해 왔던 분야인 간호사, 교사, 가정부 등의 일에 종사하고 있었다. 일부 여성들은 블루칼라 노동력의 수요가 많은 주, 즉 섬유공장이나 담배공장이 있는 노스캐롤라이나 주에서 고용되기 시작했다. 하지만 인종차별 관행이 여전해서 흑인 여성들의 고용은 업주들에 의해 거부당했다.

전후 미국의 1920년대는 '격정의 20년대'라 불릴 정도로 처음으로 큰 사회적 변화가 있었던 시기이다. 16세 이상의 여성 노동력이 전체 노동인구의 23%를 차지하게 되었고 여성 노동 인구는 1890년대 19%였던 것에 비해 획기적으로 증가했다. 무엇보다 이렇게 큰 증가 현상을 보이게 된 이유는 미혼 여성이 여성 노동인구의 68%나 차지하게 되었기 때문이었다. 또한 제1차 세계대전 이전에는 백인 중산층 이하의 여성들이 노동에 참여했었지만 전쟁 중이나 후에는 기혼 여성이나 미망인들도 일자리에 뛰어들었다. 하지만 여전히 공장노동자와 하녀는 사회적으로 부정적으로 인식되고 있었다. 따라서 전후에는 가정 내 하녀의 존재가 점차 사라지게 되었는데, 이는 인식의 변화도 있었지만 가사의 현대화로 하녀의 역할이 더 이상 필요하지 않게 된 생활의 변화 때문이기도 하다. 젊은 백인 여성들은 주로 사무직과 판매직을 선호했다.

제1차 세계대전은 유럽의 '구질서'가 끝나게 되었다는 점에서 큰 의미를 찾을 수 있는데 국제사회 내 여성 운동도 획기적으로 진일보하는 계기가 되었다. 20세기 초만 해도 여성들은 가정, 학교, 교회만이 그들의 활동 분야로 간주되던 시기였다. 전쟁 중에는 전쟁터로 떠난 남자들의 빈자리를 채우기 위해서 여성들이 필요했기 때문에 여성들이 새롭고 도전적인 직업을 얻음으로써 경제적으로 독립할 수 있는 사회적 환경이 조성되었다. 여성들은 이런 일자리에서 열심히 효율적으로 일하면서 노동시장에서 더 높은 임금, 더 나은 직장, 향상된 노동조건, 과거보다 경쟁적인 지위를 획득할 수 있었다.

1920년대 여성들은 사회적으로 진일보할 수 있었지만 계속 보수화되고 있던 사회에서 이런 여성들의 사회진출에 반대가 없었던 것은 아니었다. 제1차 세계대전을 겪던 1910년대 후반 미국 사회는 남편들이 국가를 지키기 위해 전쟁터로 떠나자 기혼 여성들이 일을 하는 것에 관대한 태도를 보여 주었다. 하지만 전쟁이 끝난 1920년대 이런 태도가 변화해서 과거로 회귀하려는 움직임이 일기 시작했다. 여성들이 참정권을 획득할 정도로 사회적 인식의 변화가 있었지만 여자들은 가정으로 다시 돌아가 조용히 남편과 아이들을 보살펴야 한다는 것인 일반적인 생각이었다.

1920년대 후반부터 계속되는 경제 대공황으로 1930년대는 그동안 개혁적이었던 여성의 주장이 더 이상 진전되기 어려운 상황이었다. 이 시기에는 젠더 이슈보다는 경제적 문제 해결이 급선무였던 시기라 오히려 계급 갈등이 심각해졌고, 노동계급이 진일보했다. 오히려 노동문제는 여성들과 밀접하게 연결되어 있는 문제였기 때문에 이런 의미에서 이 시기 여성들의 운동은 과거보다 큰 영향력을 행사했다고 볼 수 있다. 노동운동을 위해 남녀 공동으로 대처하기도 했지만 여성들만의 조직들도 탄생했다. 1929년 500여명의 젊은 여성들이 남부에서 발생한 일련의 섬유공장 대규모 파업에 처음으로 참여하기도 했다.

이런 경제 침체 속에서도 부자들은 별로 큰 영향을 받지 않았으나 루스벨트 대통령이 취임하던 1933년에는 실업률이 25%까지 상승했고, 이후 요동치다 1941년에 14.3%에 이르렀다. 이런 불황은 미국 가정을 획기적으로 변화시켰는데, 많은 연인들이 결혼을 늦추고, 이혼율도 급속하게 하락하고, 출산율도 역사 이래 가장 낮았다. 이와 함께 가정 내 전통적인 역할도 변화되었다. 직장을 잃은 남자들은 생계유지를 위해 아내와 자녀에 의존할 수밖에 없었고, 이로 인해 이때까지 집안에서 해왔던 결정자나 부양자로서의 권한과 세력을 상실하게 되었다. 일자리를 장기간 찾지 못했던 가장들은 심지어 가정을 버리고 떠나기도 했다. 1940년에는 140만 명의 기혼 여성들의 남편들이 떠나버린 채로 살고 있었다.

경제 대공황 시기를 '정지된 시대(Years of Standstill)'라고 부르는 사람들도 있지만, 오히려 이런 과정에서 여성들은 새로운 역할로 지위가 향상되는 것을 느낄 수 있었다. 물론 경제적인 발전과 번영을 기대할 수 없는 시기였지만, 기혼 여성들이 가족을 부양하기 위해 집 밖에서 일하는 것을 반대하는 전통적 시각을 무릅쓰고 일할 수밖에 없었다. 특히 흑인 여성의 경우는 하인, 판매원, 섬유공장 노동 등의 일을 할 수 있었기 때문에 남편들보다 더 쉽게 직장을 얻을 수 있었다. 이렇게 여자들의 고용이 증가하면서 가정에서도 여성들의 입장이 강화되어 권한과 지위가 높아졌다.

하지만 1930년대에는 특히 미혼 여성, 이혼 여성, 미망인들에게 힘든 시기였지만 백인 여성이 아니면 더욱 힘든 상황에 처해 있었다. 유색인종 여성은 성차별과 인종차별을 모두 겪고 있었기 때문이었다. 1937년 인구센서스에 따르면 북부 흑인 여성은 42.9%, 백인 여성은 23.2%의 실업률을 보였던 반면, 남부에서는 흑인과 백인 여성 둘 다 26%의 실업률로 동등한 상황이었다(US Census 1937).[69] 당연히 흑인 여성이 경제 불황 속에서 가장 고통을 받고 있었는데, 흑인 여성들이 주

69 남자들의 경우 북부 백인은 18.1%, 흑인은 38.9%인 반면, 남부 백인은 16%, 흑인은 18%였다.

로 하던 요리사, 가정부, 간호사, 청소부 등의 일들을 백인 여성들에게 빼앗기게 된 것도 중요한 요인으로 작용했다. 이와 함께 1920년대부터 의료계에서 산부인과 전문 분야가 출현하여 조산술 의료 분야가 절멸되면서 그 동안 산파에 종사하던 수많은 흑인 여성들이 큰 피해를 입기도 했다.

게다가 제1차 세계대전 종전 후 미국의 경제 대공황이 시작되자 이전까지 미국 사회에서 이루어졌던 일부 개혁은 다시 반대세력에 의해 원점으로 되돌아갈 위기에 직면했다. 무엇보다 금주법에 반대하는 금주법 반대협회(Association Against the Prohibition Amendment, AAPA)가 적극적으로 금주법 철폐운동을 전개하였다. 이들은 경제 불황 상황에서 금주법을 철폐하면 일자리 증가, 경제 개선, 세수 증대, 비합법적인 주류업으로 인해 발생하는 불법성을 감소할 수 있다고 주장했다. 이 때문에 많은 부유하고 유명한 엘리트들도 이 운동을 지지하였다.

불황으로 인한 성난 대중들의 폭동, 공산주의자와 사회주의자들의 정치적 시위 등으로 사회 불안에 두려움을 느끼던 사람들은 오히려 맥주가 정신적으로 피폐해진 대중들에게 위안을 줄 수 있다고 생각했다.[70] 결국 18번째 수정법안인 볼스테드법은 1933년 21번째 수정법안에 자리를 양보하게 되었다. 통과된 법은 알코올 농도 0.5%였던 기준을 버리고 3.2%의 맥주를 합법화하고 주류세를 부과하는 내용을 담고 있다.

---

70 E. Gordon. *The Wrecking of the 18th Amendment.* Francestown, N. H. : Alcohol Information Press. 1943. p.104

1933년 영부인 엘리너 루스벨트(Eleanor Roosevelt) 여사는 저서인 『모든 것이 여성에 달려있다(It's Up to the Woman)』를 통해 여자들은 용기를 갖고 가족들을 도울 결심을 해야 하며, 더 나아가 이런 심각한 경제 위기 속에서 국가를 도와야 한다고 역설했다. 경제 대공황은 여성들에게 전통적인 전업주부의 역할을 잘해야 된다는 메시지를 다시 각인시키는 결과를 가져왔다. 워낙 경제 상황이 나빠 1,200만 명이 일자리를 떠나야 했었기 때문에 많은 여성들이 남자들보다 훨씬 더 고용에 불리했던 상황이었다. 심지어 일부 주들은 여성 고용을 금지하는 법을 통과시키기도 했다. 높은 실업률 때문에 상처받은 남성성 회복을 위한 조처였지만 여성들은 굴하지 않고 노동운동과 사회운동에 적극적으로 참여함으로써 미국 정치와 공적 생활 재규정에 열의를 다했다.

경제적 불황으로 친족관계를 활용하는 경우가 늘어 여성들의 가내 생산 기술이 부활하게 되었다. 1930–1940년대에는 가내 노동이 25% 수준이 될 정도로 증가하기도 했다. 당시 여성들은 매우 열악한 노동환경에서 일하고 있었는데 여성 노동자의 절반 이상이 1주일에 50시간 이상 노동하고, 심지어 20%의 여성 노동자는 55시간 이상 노동했다. 또한 1937년 여성 평균 연소득은 525달러로 1,027달러를 버는 남자들에 비해 훨씬 낮은 임금을 받고 있었다.[71] 그럼에도 불구하고 가족들의 생계유지를 위해 여성들은 낮은 임금과 참혹한 작업환경이라도 일을 해야 해서 여자들이 남자들보다 오히려 2배나 취업률이

---

71 Susan Ware, *Holding Their Own : American Women in the 1930s*(Boston : Twayne, 1982).

높았다. 여성들의 비중은 자동차산업에서 7%, 그리고 전기산업에서 25%였다. 1938년까지 80만 명 이상의 여성 노동자가 노동조합에 가입했는데, 이것은 1928년에 비해 3배나 증가한 수치였다.[72] 일부 여성노조들은 임금상승을 위해 단합하기도 했다.

정부의 뉴딜법안(New Deal legislation)은 남녀 노동자 모두를 위한 구제 방안을 제공했는데, 1933년 국가복원청(National Recovery Administration)은 여성의 임금을 향상시키고, 노동 시간을 단축하고, 여성 고용 인원을 증가시키는 방안을 마련했다. 하지만 실질적으로 실직한 200만 명의 여성들을 구제하는 혜택은 전혀 제공되지 않았을 뿐만 아니라 정부가 제공하는 공공사업 역시 대규모 건설사업 등 여자들에게는 적합하지 않아 도움이 되지 못했다.

제1차 세계대전 이전에는 백인 중산층 이하의 여성들이 노동에 참여했고, 경제 대공황으로 인해 새롭게 변화되는 노동환경 속에서 미국 여성 중 미혼 여성 사이에서 나타나는 변화가 가장 획기적이었다. 그렇지만 공장노동자와 하녀는 여전히 부정적으로 생각하는 성향이 높았다. 근로여성에 대한 지위 변화를 사회적으로 인정해 주는 분위기가 조성되었고, 미혼 근로 여성을 여성성의 범주 안으로 포함시키는 인식이 자리하기 시작했다. 1920년대 여성 노동자의 30%가 사무직, 특히 비서직과 판매직에 종사하는 수준에 이르렀다.

하지만 전쟁 이후에는 선대 여성들이 이루어낸 참정권 획득이라는 노력이 무색할 정도로 젊은 여성들의 정치에 대한 관심이 높지 않

72 U.S. Department of Education, *National Center for Education Statistics.*

았다. 신문, 잡지, 영화, 소설 등의 분야에서 또 다시 새로운 여성성이 등장하기 시작했다. 전쟁 이전에 유행했던 말괄량이 스타일이 대중문화에서 사라지고 성적 해방에 대한 기대가 증가했다. 기혼 여성일 경우 취직 시에 발생하는 불이익이나 일하는 과정에서 발생하는 불이익 때문에 특히 교육 수준이 높은 여자들이 결혼하지 않는 성향이 높아지고, 사회개혁, 교육계, 전문직 등의 분야에서 일하고 싶어 했다. 경제 불황으로 노동시장이 위축되었지만 이들 젊은 여성들에게는 오히려 자립적일 수 있는 기회가 제공된 셈이었다. 경기 침체 중 페미니즘이 죽었다고 생각했던 사람들의 우려가 사라질 수 있는 현상이었다. 이 시기를 '미혼 여성들의 황금시대(Golden age for spinsters)'라고 불렀던 이유이기도 하다. 그리고 사회복지 서비스가 증가하면서 여자들이 활동하기 적합한 분야라 이 분야의 정부 일자리 절반 이상을 여성들이 차지하게 되었다. 심지어는 고위직에도 다수의 여성들이 임명되었다.

이렇듯 이 시기 여성들은 성차별로부터 보호받지 못했지만 과거와 비교했을 때 노동 분야에서 직장 선택의 기회가 확대되고, 정치 분야에서 참정권이 인정되고, 교육 분야에서 대학 교육의 증가와 같은 놀라운 성과를 이루어냈다. 이런 의미에서 1920년대의 여성을 '신여성(new woman)'이라 불렀다. 이런 성향의 여성은 젊고, 대학을 졸업하고, 스포츠를 즐기고, 직장에서의 출세에 관심을 두고, 평등성에 기초한 결혼을 추구하는 특징을 보였다. 이들은 이름에 걸맞게 정치, 가정, 직장, 교육 등의 여러 분야에서 과거와는 다른 새로운 모습을 보여 주었다. 게다가 집 밖에서 일하는 것이 사회적으로 용인되지 않았던 기혼 여성들은 자신들의 지식과 창조성의 분출구라 생각하고 열심히 개혁운동에 참여했지만, 젊고 전문적인 신여성들은 개혁운동 과정에서 사회복지사업 봉사원, 사회복지사, 공중보건 간호사 등과 같은 직종에서 경력을 쌓았다.

5장
제2차 세계대전과 여성

제2차 세계대전은 실제로 미국이 국제사회에서 발생한 전쟁에 참여한 최초의 전쟁이다. 제1차 세계대전 종전 직전 미국이 전쟁에 개입했기 때문에 미국의 전쟁에서의 역할을 평가하긴 어려웠다. 건국 초기부터 미국 정부가 고수해온 고립주의 외교정책은 제1차 세계대전이 끝난 이후에도 계속 유지되면서 제2차 세계대전이 발발했을 적에도 미국은 전쟁에 개입하지 않았다. 하지만 일본이 미국 영토인 하와이 진주만을 공격하는 상황이 발생하자 미국은 본격적으로 전쟁에 참여하게 되었다.

제1차 세계대전을 거치면서 미국 사회 내 여성들은 큰 변화를 경험했다. 그런 변화에 이어 제2차 세계대전 역시 여성들에게 이전과 다른 새로운 삶의 틀을 제공해 주는 계기가 되었다. 1930년대부터 시작된 경제 대공황 하에서 높은 실업률로 인해 많은 여성들이 남자들 대신 일자리를 잃게 되었지만 전쟁으로 인해 다시 여성들은 일자리를 얻을 기회가 늘었고, 오히려 남자들이 했던 일을 대신할 정도로 미지의 영역까지 진출하는 새로운 현상이 나타났다. 이렇게 생활뿐만 아니라 전쟁에서의 여성의 역할도 보다 적극적 참여로 변화되었다.

미국 정부의 전쟁 개입에 대한 태도 변화에도 큰 의미가 있지만 미국 사회의 성차별이 줄어드는 계기가 되었다는 점에서도 이 전쟁의 의미를 찾을 수 있다. 제2차 세계대전은 미국에게는 "전방에는 남자, 후방에는 여자"라는 기존 관념을 허물 수 있는 전면전(total war)이었기 때문이다. 이런 의식 변화는 성평등에 대한 욕구가 강해질 수 있는 계기가 되었지만 성 정체성 이슈의 등장에도 영향을 끼쳤고, 여성, 남성, 동성애자의 자기 의식적인 정체성이 탄생하는 전기가 되었다. 여성들은 새로운 자유 발견으로 성해방 정서를 표출하기 시작했고, 1920년대부터 도시 남성 동성애자들의 하위문화가 하나씩 나타나다 제2차 세계대전 동안 급속도로 발전하게 되었기 때문이다.

1절 제2차 세계대전에서의 여성의 역할

전반적으로 제2차 대전 기간 중에는 여성의 진출이 이전에 비해 상당히 활성화되었다. 전쟁 중 영국에서는 여자들이 보조요원으로 열심히 근무했었고, 소련은 특별히 여군을 많이 활용한 것으로 유명하다. 반면 독일은 전쟁 막판까지는 나치즘적인 발상에서 여자를 군대에 동원하지 않았다.

〈그림 16〉 육군여군지원단(WAAC) 포스터

http://www.army.mil

미국에서 여성들의 공식적인 전쟁 참여가 제1차 세계대전 이전이라고 말한다면 아마도 미 여군의 역사는 1901년 간호병과 창설과 함께 시작되었기 때문이다. 하지만 실제로는 간호사가 아닌 일반여군으로서 육군여군지원단(WAAC; Women's Army Auxiliary Corps)이 창설된 1942년이 공식적인 출발이라 할 수 있다. 지금은 세계 최고의 군사력을 자랑하는 미국이지만, 당시 다른 국가들에 비해 여군의 역할이란 거의 미비한 상황이었다. WAAC를 창설한 이유는 당시 육군참모총장인 조지 마샬(George Marshall)의 요청에 따라 남자 군인들이 행정 업무에 매달리지 않고 전투 임무에 전념할 수 있게 하기 위해서였다. 그러나 육군여군지원단은 순수지원단으로 군인으로서의 지위는 인정받지 못했다.

아메리카 식민지 시절인 1700년대 이후 여성들은 군대에서 활동해왔지만 미국 군대의 일원으로서 공식적으로 인정받고 보상을 받기 시작한 것은 1940년대 후반에서야 가능했다. 대부분의 국가에는 군대 내 여군이 있지만, 이들은 주로 의료, 행정, 병참 분야에서 제한된 업무만 담당했다. 남자들과 똑같이 여성도 병역 의무를 이행해야 하는 국가라 해도 여군의 전투 참여는 승인하지 않는 것이 일반적이다. 여군 징병제가 없는 국가들은 위기 시에는 어쩔 수 없이 이 제도를 시행하게 된다. 미국 역시 제2차 세계대전 동안 간호부대를 위해 여군을 징병하려고 했었다. 하지만 다행히 전쟁이 끝나서 여성 징병제는 시행된 적이 없다.[73]

〈표 3〉 여군에 대한 합법적 승인 년도

국가	년도
미국	1948
영국	1949
캐나다	1951
노르웨이	1975
네덜란드	1977
스페인	1988

출처 : NATO

미국은 제2차 세계대전에 참전했을 때 거의 8,000명 정도의 육군 간호사들이 실제로 군에서 근무하고 있었다. 그 후 6개월 만에 숫자는 12,000명 이상이 되었다. 그리고 전쟁이 끝날 무렵에 육군 간호사는 59,000명, 해군 간호사는 14,000명으로 큰 증가를 보였다. 육군으로서의 여성들은 단지 의료진과 간호 업무 역할만 할 수 있었다. 남자 군인들처럼 육군 간호사들은 일본에서 포로가 되기도 했고, 적으로부터 총격을 받아 부상을 당하기도 했으며, 운송 군용기를 타고가

73 여성을 군대에 징병하는 국가로는 중국, 에리트레아, 이스라엘, 리비아, 말레이시아, 북한, 페루, 타이완 등이 있다.

다 사망하기도 했고, 적의 후방과 집결 부대에서 시간을 보내기도 했다. 1942년 필리핀에서 근무하던 67명의 미군 간호사들이 일본 군인에 의해 전쟁 포로가 되었다.

제2차 세계대전은 미국 여성의 삶에서 큰 전환점이 되는 사건이었다. 역사적으로 전쟁을 겪을 때마다 많은 여성들이 강인함과 사회적 이동성을 얻었기 때문이다. 제2차 세계대전은 여성들의 역할이 확대되는 환경을 만들어 주었고, 무엇보다 이전과 다른 점은 여성들의 군 입대가 급격하게 증가했다는 사실이다. 1940년까지 미국은 25만 명의 여군이 있었던 반면, 2차 세계대전에는 35만 명 이상으로 증가되었다. 물론 이 전쟁 초기에는 여군의 규모가 훨씬 작게 시작했지만 전쟁이 진행되고, 특히 진주만 공격 이후 그 숫자는 획기적으로 증가했다. 전체 여군은 미국 군인의 3% 정도였다. 이들 모두는 육군간호부대, 해군자원예비군(Women Accepted for Volunteer Emergency Service, WAVES), 해군간호부대, 해병대, 해안경비대(Semper Paratus, SPARS)[74], 육군여군단(Women's Army Corps, WAC), 그리고 여성항공비행단(Women's Airforce Service Pilots, WASP) 등의 국내외 부대에서 복무했다.

1941년 초반만 해도 미국에서는 여성들의 군 입대에 대해 "결코 안 되는 일"이라는 주장이 대세였다. 하지만 일본의 진주만 공격으로 미국 내 여론은 달라지기 시작했다. 무기 공장, 육군과 해군 등에서 인력이 더 필요하게 되었기 때문에 군사력 부족은 현실 문제가 되고 있

---

74 SPARS는 라틴어인 *Semper Paratus*를 줄인 용어로 '항상 준비가 되어 있는(Always Ready)'을 의미한다.

었다. 이런 위기의식이 결국 여군의 필요성을 인식하게 만들었고, 여성들의 군에서의 역할, 전투 참여 여부, 사용 무기 종류, 지휘관 지위 부여 여부, 육군의 여성 허용 가능성 여부 등 많은 문제들에 대한 논의가 시작되었다.

일본의 진주만 공격으로 미국이 그동안 고수했던 고립주의 외교정책도 산산이 부서질 수밖에 없었다. 1941년 12월 7일 일본이 진주만을 공격했을 때 2,235명의 군인과 68명의 민간인이 사망했다. 이 때 하와이 소재 세 곳의 육군의료시설에서 근무하고 있던 육군 및 해군 소속 82명의 군 간호사들이 수백 명의 부상자들을 돌봤다. 심각한 인원 부족 상황이 발생하자 여군의 필요성에 대해 23년간 지속되었던 논의가 본격화되기 시작했다.

당시 미국 내 여성의 군 활동에 대해 구시대적 발상을 하던 워싱턴 D. C.의 군 담당자들은 여성단체, 애국자들, 여성의 군대 참여를 강하게 주장하던 사람들의 생각을 완강히 거부하고 있었다. 정치인들은 마치 게리맨더링 방법을 사용하듯 시간이 지나면 이에 대한 논란이 가라앉을 것이라고 생각했기 때문에 여성 보조부대 창설 등에 대해 막연한 약속만을 했다. 이런 와중에 에디스 로저스(Edith N. Rogers)[75]와

---

75 에디스 로저스는 매사추세츠 주의 공화당 출신 하원의원으로 1925년부터 1960년까지 35년간이나 재임했다. 그녀는 제1차 세계대전 동안 하원의원이었던 남편이 런던에서 잠시 군 생활을 할 때 미국 적십자사에서 봉사했던 경험이 있어서 군인들에 대한 복지에 관심을 갖게 되었다. 1942년에는 WACC 창설, 1943년에는 WAC 창설을 위한 입법안을 상정했을 뿐만 아니라 재향군인들을 위한 군인재조정법(Servicemen's Readjustment Act, G. I. Bill of Rights로 명칭)을 통해 참전용사에게 대학장학금 등 다양한 사회적응을 위한 혜택을 제공하는 데 기여했다.

영부인이었던 엘리너 루스벨트(Eleanor Roosevelt) 여사가 이 문제에 대해 포문을 열기 시작한 것이다. 로저스 의원이 제안한 법안은 다른 의원들로부터 계속 관심을 받지 못하다 조지 마셜 장군이 관심을 보이면서 논의가 시작되었다. 그럼에도 불구하고 여러 정부기관들이 합세하여 반대하는 태도를 보였고 마침내는 진주만 공격이 일어나자 마셜 장군이 전쟁부에 여성부대를 창설하라고 명령을 내렸다.

가장 놀라운 진전은 여성 하원의원인 로저스에 의해 1941년 육군여군지원단(WAAC) 창설 법안이 발의되어 1942년 WAAC가 결성되었다는 점이다. 1942년 미국 의회는 이 법안을 승인함으로써 최초로 공식적인 여군의 존재를 인정하기 시작했다. 당시 마샬(Marshall) 장군은 전쟁부 공보실에서 일하던 오베타 하비(Oveta Culp Hobby)를 WAAC의 최초 여성단장으로서 대령의 직위를 부여했다. WAAC에 지원한 사람들을 대상으로 훈련 교육을 실시하는 센터도 준비했다. 여기에서는 내부적으로 '배터리 X(Battery X)'로 불리는 기밀프로젝트가 진행되기 시작했다. 이는 워싱턴 D C.의 군사지역 내 대공 포대(Antiaircraft Artillery)에 여성들을 배치하기 위한 것이었다.

루스벨트 대통령은 1943년까지 WAAC을 위해 25,000명의 여군을 충원했지만, 의회는 목표치를 15만 명으로 증원시켰다. 하지만 제2차 세계대전 동안 육군여군지원단에서 복무했던 실제 여군의 수는 99,388명에 머물렀다. 미군이 목표했던 WACC의 총 모집 인원이던 15만 명보다 훨씬 낮은 수치를 기록한 이유는 몇 가지로 파악될 수 있다. 첫째, 당시 남자들은 계속 여성들의 군대 입대를 반대했다. 처음 WAAC가 업무를 시작했을 때 일부 남자 군인들은 여군들의 도덕성과 행태에 대해 조롱하거나 천박하고 비열하게 험담하고 소문을 내는 등 적대적인 행태를 보이기 시작하면서 군 전체에 이런 얘기들이 퍼져 나갔고, 심지어 언론에까지 알려지게 되어 여군들은 큰 상처를 입었다.[76] 시간이 어느 정도 지나면서 이런 분위기는 가라앉았지만 그 영향은 매우 컸다.

둘째, 전쟁 동안 미국 사회에서는 노동력의 부족 사태가 심각해졌는데, 무엇보다 산업체의 경우 노동력을 제공해야 하는 여성들이 육군지원부대로 이탈하는 것을 막아야 했고, 육군이 아닌 해군, 해병대, 해안경비대 등과도 여군 유치를 위해 치열한 경쟁이 불가피했기 때문이었다. WAAC의 충원은 시작되자마자 매우 안정적으로 확대될 정도로 성공적이었다. 입대 기준[77]이 비교적 높았지만, 늘 그 기준에 도달하거나 초과되는 충원이 이루어지곤 했다. 하지만 나중에는 WAAC 입대 기준이 거의 사라질 정도로 완화되었다. 해군은 약 10만 명을 목표로 했고, 군수 물자를 제공해야 했던 산업체는 400만 명의 여성 노동력이 필요했다. 결국 여성들이 육군지원단뿐만 아니라 다른 곳으로도 분산되어 노동자이자 군인으로 활동하게 되었다.

마침내 1943년 마샬 장군이 WACC의 충원을 장려하기 위해 의회에서 여성들에게 공식적인 군인 지위를 부여할 것을 요청했다. 여성

---

76 *New York Times*, February 18, 1919.

77 WAAC의 최초 입대기준은 신장과 몸무게, 시력 등은 물론 고등학교 2년 이상의 학력, 경찰 조사, 고용 경력과 성격 사항, 군 시험인 AGCT 점수 60점 이상 등이었는데, 1943년부터는 그 기준이 다소 낮아져 교육기준 폐지, AGCT 점수 50점 이상, 경찰 조사와 엄격한 신체조건 폐지 등 거의 대부분의 조항이 폐지되거나 수정되었다.

에 대한 군인 지위 부여가 필요했던 이유는 해외로 나간 여군들이 해외 근무 수당이나 정부의 생명보험을 받을 수 없었을 뿐만 아니라 주둔 중 아프거나 부상을 입었을 경우 병원 혜택도 없고, 사망하면 사망보상금도 받을 수 없었기 때문이었다. 의회가 이 법안을 통과시킴으로써 WAAC에 붙었던 지원(auxiliary)이라는 단어가 삭제되었고 1943년 중반부터 정규 부대가 되면서 육군 여군단(Women's Army Corps, WAC)으로 전환되었다.[78]

WAAC는 21-45세의 여성으로 비전투 업무를 담당하는 독립 부대로 조직되었고 봉급, 사택, 음식, 의복, 교통, 의료 서비스 등의 모든 혜택이 제공되었다. WAAC 장교급에 지원한 여성의 평균 연령은 30세 이상, 학력은 40%가 대졸자였으며, 사병급 평균 연령은 24세, 학력은 60% 이상이 고졸자였다. 이들은 엘리트 부대의 특성을 갖추고 있었다. 일반 사병급은 훈련 과정에서 관습과 예절, 군 조직, 지도 읽는 법, 응급조치, 물자 제공, 예식과 행군 연습 및 참가와 보초 의무 등을 배웠다. 한편 장교급은 리더십 훈련, 교육 방법, 목소리 연습과 명령 훈련, 군법회의 과정 훈련 등을 받았다.

훈련을 마친 여군들은 비서(서기), 타자수, 운전병, 취사병, 기간요원 등에 배치되었는데, 회계학, 언론정보학, 치과위생, 제도(製圖), 언어학, 도서관학, 수학, 교육행정, 사진학 등 군대에서 필요한 분야를 전공했던 여성들에게는 매우 실망스러운 일이었다. 하지만 군 인력이 부족해 수학과 정보통신학 등 민간인들이 배울 수 있는 지식을 기초로 하

78 WAC 창설법은 공공법(78-110.9)이 되었다.

는 기술직, 기상 관찰, 무선 기술자, 정보 분석가, 사진사, 목수, 페인트공, 우편취급자, 낙하산 정비사, 중장비 기술자 등의 분야에서도 일할 수 있게 되었다. 하지만 여전히 WAAC법에 따라 여성들은 육군이 절대적으로 필요로 하는 요원들이 되지 못했을 뿐만 아니라 육군의 규제를 적용받지도 않았다.

WAAC에서 '지원'이란 단어를 떼어 내고 WAC으로 전환된 후 입대 기준이 이전과는 다소 달라졌다. 기존의 21-45세였던 연령 기준이 20-49세로 바뀌었고, 이전의 특이한 계급체제도 사라지고 남자들과 동일한 계급체제를 사용하게 되었다. 그런데도 장교급과 일반사병의 경우 승진에서 각각 상이한 계급이 존재하는 등 일정 제약이 존재했다. WAC법안에는 WAAC법에는 있었던 '여성은 비전투요원이어야 한다'는 조항은 없었지만 의회 내 논의 과정에서 이 조항을 첨부시켰다. 따라서 여군들은 총기를 사용하는 훈련을 받지 않아도 되었다. 다만 총기 사용이 필요한 업무, 즉 정보실에서 일하는 정보 요원이나 특정 해외 지역에서 근무하는 운전병의 경우 적정 수준의 무기 훈련을 받아야 했다. 여성은 비전투원이어야 한다는 점은 당시 국민들에게는 상당히 중요한 것으로 군 홍보실은 WAC와 관련된 소식을 전하는 언론 매체들에게

〈그림 17〉 육군여군단(WAC)

http://armylive.dodlive.mil

무기가 있는 WAC의 사진은 보도하면 안 된다고 강조했다.

끝으로, 남자들만의 군대에서는 전혀 고려되지 않았던 여군의 임신 문제가 논의되었다. WAC법에서는 결혼 유무에 상관없이 임신을 하면 바로 군복무가 중단되고 명예 제대해 집으로 돌아가야 했다.[79] 하지만 이 부대가 육군의 정규부대가 된 후에는 전쟁부가 임신한 여군들을 제대시킬 수 있는 권한이 없었기 때문에 임신을 의무 제대(medical discharge) 범주에 포함시키게 되었다. 1942년부터 1945년까지의 임신통계를 보면 1달 평균 1,000명 당 7명 정도로 같은 연령대의 일반 여성들의 평균인 1,000명 당 117명 보다 현격하게 낮은 수준이었다.

1940년 전쟁부에서 흑인 징모병(inductee)을 전 국민의 10% 정도 되는 흑인 비율에 맞춰 받아들이는 정책을 수립함으로써 인종차별이 금지되었다. 하지만 당시의 사회 관습과 군대 전통에 따라 WAAC와 WAC는 흑인 여군들을 따로 분리해서 훈련시켰고, 별도의 부대로 배치하였다. 이 전쟁에서 활동했던 흑인 여군 중 약 146명 정도는 WAC 소속 장교(commissioned officer)들이었고, 6,527여명 정도가 군복무를 했다.[80] 이는 전쟁부가 원했던 인구의 10%에도 미치지 못하는 수치로 약 5.1% 정도에 머무르는 수준이었다.[81]

---

79 WAAC Circular (Cir) 17, 29 Dec 42, CMH Library.

80 Martha S. Putney, *When the Nation Was in Need : Blacks in the Women's Army Corps during World War II,* Scarecrow Press, 1992.

81 Treadwell, Women's Army Corps, Appendix A, Table 11, "Strength of Negro Personnel in the Women's Army Corps : 1943-1946"; Press Release, WAC Group, Bur of Public Relations, Washington, DC, Nov 45, author's file, CMH.

WAC은 여성 150,000명이 육군 내 비서직, 즉 비전투직을 채우도록 하는 준군사조직의 특성을 띠고 있었다. 군대 내에서 남자들이 하던 일을 여자들이 대신하면 전투 의무를 할 수 있는 가용 인력이 증가될 수 있었기 때문에 여성들이 선호될 수 있었다. 이들은 미국 전역의 239개 유형의 비전투업무에서 활동했다. 1945년까지 100,000명 이상의 여군과 6,000명 정도의 여군 장교가 이 부대에 소속되어 있었다. 해외 복무가 허용되었던 WAC은 마침내 1944년 D-Day에 태평양 지역과 노르망디(Normandie)에 상륙했다. 전쟁 동안 67명의 육군 간호사와 해군 간호사가 포로가 되어 일본 포로수용소에서 3년을 보냈다. 이들은 WAAC 시절에는 남자들에 비해 낮은 봉급을 받았으나 정규 부대가 되면서 계급이 같은 남성들과 동일한 대우를 받게 되었다. 하지만 육군에서의 군인 지위, 군 퇴역자의 권한과 혜택을 인정받지는 못했다.[82]

그럼에도 불구하고 이 부대는 여러 관료주의 부서의 비난을 받았는데, 특히 전쟁부(Department of War), 의무사령관(Surgeon General) 등이 대표적인 관료집단이었다. 육군여군단은 전투에 배정되지 않았을 뿐만 아니라 전투가 벌어지고 있는 지역 근처에도 가지 못하게 했다. 그렇지만 육군여군단의 업무 수행은 남자 군인들보다 훨씬 더 성실하다고 평가받았다. 예를 들면 여군들의 건강상태도 더 좋았고, 사고율도 낮았고, 비전투 업무였기 때문에 부상율도 낮았다. 1945년 전쟁이 가

82 Mattie E. Treadwell, The Women's Army Corps, United States Army in World War II(Washington, DC : Government Printing Office [GPO], 1954), p. 24.

장 극에 달했던 당시 육군여군단은 거의 10만 명에 육박했다. 전체적으로 제2차 세계대전 동안 규모는 약 15만 명 정도에 이르렀다.

미국에서 여군의 등장에 대한 논의는 1940년 여름 무렵 당시 유명했던 여성비행기 조종사 재클린 '재키' 코크란(Jackie Cochran)과 테스트 파일럿 낸시 러브(Nancy Love)라는 두 여성에 의해 시작되었다. 이들은 여성 조종사들이 미 육군 항공대에서 비전투 분야에 종사할 수 있게 해달라고 청원했다. 청원의 동기는 여성 조종사들을 육군 항공대의 비전투 임무에 투입하면 그만큼의 남자 조종사들을 전선으로 보낼 수 있을 뿐만 아니라 비행기를 조종할 수 있는 여성 조종사들의 능력을 활용할 수 있기 때문에 여자들도 비행기를 공장에서 출발시켜 군사 기지까지 옮기는 정도의 비전투 임무를 잘 수행할 수 있다고 주장했다.

하지만 제1차 세계대전에서도 그랬듯이 미국은 전쟁을 피할 수는 있을 것 같았고 이때까지만 해도 아직 전쟁의 중심에 있던 것은 아니었던 상황이었다. 당시 육군 항공대 대장인 보수적 성격의 헨리 '햅' 아놀드(Henry H. Arnold) 장군은 이 제안들을 모두 거절했다. 그는 "아가씨는 남자가 털양말을 만들기 위해 뜨개질 하거나 여자가 트럭을 운전하는 걸 본 적이 있나?"라고 반문했다. 1940년 러브와 코크랜의 제안도 거절했지만, 코크랜이 여장부로 소문난 영부인 엘리너 루스벨트를 통해서 로비했던 1941년 제안도 거절했다. 육군 당국의 소극적 태도에 항의하듯 1942년 루스벨트 여사까지 나서서 "지금은 여자들이 인내하기만 할 시기가 아니다. 우리는 전쟁 중이고 모든 능력을 동원해서 싸워야 한다. 여성 조종사들 또한 우리가 사용하려는 인원 중 하나다"라고 하면서 여성항공비행단(WASP) 창설을 독려했다.

결국 코크랜은 자신의 의견이 받아들여질 것 같지 않자 영국으로 건너가 항공운송 부대(Air Transport Auxiliary, ATA)에 자원했다. 이 부대에 자원했던 사람들 중에는 미국 여성들이 몇 명 있었고, 그 중 최초로 군사비행 임무를 수행했던 미국 여성은 스핏파이어, 타이푼, 허드슨, 미첼, 블레님, 옥스퍼드 등의 일선용[83] 무기들을 비전투 임무에서 사용한 적도 있었으며, 이곳에서 근무했던 사람들 대부분은 계속 ATA에 있었고 나중에 세 명이 돌아와서 미국의 WASP에 참여했다.

하지만 결국 육군의 지상 활동 이외에 여군들은 항공조종사로도 활약할 수 있었다.[84] 1941년 진주만에서 기습공격을 받고 급속도로 군대를 확장하기 시작한 미군에게 가장 부족했던 것은 역시 훈련받은 인력이었는데, 시골에서 농사짓던 사람들에게 총을 쥐어 주고 군인으로 만드는 것은 큰 문제가 아니었지만 갑자기 항공기를 주고 비행하라고 시킬 수는 없었다. 육군 항공대 수송단(Army Air Force Air Transport Command, ATC)의 윌리엄 터너(William Turner) 사령관이 당시 ATC에서 민간인으로서 지원해서 활동하고 있던 러브(Nancy Harkness Love)와 코크랜(Jacqueline Cochran)에게 감명을 받았던지 아놀드(Henry H. Arnold) 장군의 금지령에도 불구하고 여성 비행사들이 수송 집단을 운영할 수 있도록 했다.

1942년 여름 군 인력 부족에 절박해진 미 육군 항공대는 여성 시

83 일선용(一線用) 무기란 적과 맞서는 최전방에서 사용되는 무기를 의미한다.

84 당시에는 항공대가 육군에 소속되어 있었고 공군이 존재하지 않았다. 미국에서 공군이 독립적으로 창설된 것은 제2차 세계대전이 끝난 후인 1947년이었다.

민 자원 조종사였던 코크랜과 러브가 있다는 점을 인지하고, 그들에 관해 확인하던 중에 윌리엄 터너 장군이 이미 여성 인력을 이용하고 있다는 것을 확인했다. 터너는 이미 수십 명의 여자들을 공장에서 비행장까지 비행기를 옮기는 일에 활용하고 있었고, 전쟁 전에 '말썽장이' 코크랜을 영국으로 돌려보냈던 헨리 아놀드 장군도 이번에는 상황이 달라졌다고 느낀 모양인지 별로 이의를 제기하지 않았기 때문에 미국 최초의 여군 비행대가 코크랜과 러브의 두 선구자에 의해 개별적으로 설립되었다.

〈그림 18〉 여성보조 항공중대(WASP)

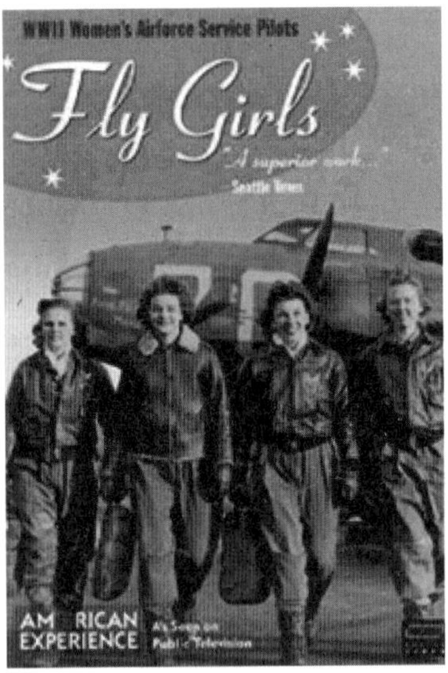

http://www.listal.com

러브를 지휘관으로 하는 여성보조항공중대(Women's Auxiliary Ferrying Squadron, WAFS)가 1942년 9월에 공식적으로 창설되었다. 이 부대는 모두 민간인 여성으로 구성되었고, 전선에 가지 않고 후방의 공장에서 만들어진 비행기를 배로 운반하고 남자 조종사를 바로 전쟁터로 보내는 일을 주로 수행했다. 여성비행훈련파견대(Women's Flying Training Detachment, WFTD)는 지금의 텍사스 휴스턴에 있는 시립(Municipal) 비행장을 근거지로 했고, WAFS는 델라웨어의 뉴캐슬 육군 비행장을 근거지로 하고 있었으며 1943년 8월에 두 부대가 여성항공비행단(Women's Airforce Service Pilots, WASP)으로 통합되면서 본격적인 군사 업무가 시작되었다. WASP은 항공대 소속 여자 조종사 부대였지만 준군사(paramilitary) 부대였다. 이 부대는 미 공군 지휘 하에 있었지만 민간인 중에서 뽑힌 여성 항공기 조종사의 지원으로 이루어져 여성 조종사들이 전선에 직접 나갔던 것은 아니었다. 단지 이들은 후방 공장에서 갓 조립한 비행기를 배에 태우기 위해 집적 장소까지 비행하는 일을 담당하거나 시험용 조종사로 활동함으로써 남자 조종사들이 바로 전쟁터로 대신 나설 수 있도록 지원하는 업무를 담당했고, 이것이 바로 이 부대의 설립 목적이었다.

25,000명의 여성들이 WASP에 지원했지만 단지 1,830명만이 승인되었으며 이들 중 1,074명이 훈련을 통과해서 WASP의 여성 조종사로 근무하게 되었다. 여자 조종사 1명은 각기 1명의 남자 조종사를 전투 의무에 충실할 수 있게 해준 셈이었다. 하지만 WASP는 민간인 지원이었기 때문에 남자들이 받는 대우를 받지 못했고 여자들이 군대에서 활동하고 있는 것을 불편해하던 여론에도 밀렸다. 결국 1944년 12월 20일 미 육군 항공대 사령관 헨리 '햅' 아놀드 장군은 스위트 워터의 어벤저 필드에서의 연설을 통해서 "WASP는 임무를 완수했고 성공적으로 수행했다. 그러나 이것은 전쟁 중에 일어난 비일상적인 사건이었으며, 그 대가로 38명이 국가의 승리를 위하여 목숨을 바쳤다. 공군은 그들의 희생을 영원히 기억할 것이다"라고 말하면서, WASP의 해체를 결정했다.

WASP에 관한 기록은 이후 35년간 봉인되었고, 그들이 전쟁에서 헌신한 노력들은 오랫동안 외면당했으나 1975년 햅 아놀드 장군의 아들, 브루스 아놀드 대령을 중심으로 관련 자료가 밝혀지기 시작했다. 그는 배리 골드워터 상원의원의 지원으로 명예회복을 신청했고 지미

카터 대통령이 마침내 WASP 부대가 전쟁 중에 군사적인 임무를 수행했음을 인정해서 이들은 1977년이 되서야 퇴역 군인의 지위를 부여받을 수 있었다. 1984년에 모든 WASP 구성원들에게 훈장을 수여했으며, 대부분의 수상자들이 이미 고인이 되었기에 수상자의 아들과 딸이 대신 수상하게 되었다. 2009년에는 이들은 의회로부터 금메달을 받기도 했다. 앤 바움가르트너(Ann Baumgartner)는 1940년 미국 최초의 제트항공기 조종사이며 WASP로서 훈련받았다. WASP의 일원이었던 안넬 핸더슨 벌첵(Annelle Henderson Bulechek)은 전쟁이 끝난 후 "무언가를 증명하고 싶다면, 그것을 마음에 담고 그대로 진행하세요. 그것은 불가능하다는 다른 사람들의 말을 듣지 마세요. 왜냐하면 우리 1,078명의 WASP의 여성 조종사들이 제2차 세계 대전 기간 중에 그런 일을 할 수 있었기 때문입니다"라고 했듯이 WASP는 전쟁 중 큰 성과가 있었음을 알렸다.

〈표 4〉 제2차 세계대전에 참여한 미군 규모

	전체 군인	여군
전쟁 참여 총수	16,112,566	400,000
전쟁 중 사망 인원	291,557	432
전쟁 포로		88

해군과 해병대, 해안경비대는 예비부대였지만 WAVES, SPARS, 여성해병예비군 등을 창설하여 여성들을 입대시켰는데, 이들 여성들은 남자들과 동등한 봉급과 혜택을 받을 수 있었다. 하지만 육군에서와 마찬가지로 이들 역시 상해 연금이나 퇴역 연금의 수혜 대상은 되지 못했다. 남자들과 똑같은 규제와 정책이 이들 여군들에게 실시되긴 했

으나 여전히 육상에서는 비전투 의무만 허용되었다. 또한 이들은 알래스카와 하와이에서의 활동이 허용되었지만 해외에서 활동하는 전투함에서의 근무는 허용되지 않았다.

〈그림 19〉 해군 자원예비군 (WAVES)

http://www.zazzle.com

14,000명 이상의 해군 간호사들이 국내외 병원선에서 근무했는데, 10여 명의 간호사들이 괌과 필리핀에서 일본군의 포로가 되어 일부는 38개월이나 잡혀 있었다. 해군이 1942년 WAVES를 창설하면서 총 80,000명 이상의 여 해군이 충원되었다. 이들은 해안 군인 막사에서 통신, 정보, 병참, 의료 및 행정 등의 다양한 임무를 수행했다. 여성 해병 예비군은 국내에서 서무, 취사, 기술, 운전 등의 임무를 담당한 반면, SPARS로 불리는 해안 여성 경비대는 국내에서 기지 보급계원, 서무직, 사진사, 약사 보조, 조리사로서의 역할을 담당했다.

군부 내에서의 성차별의 장벽은 여전히 높은 상태로 머물러 있었다. 하지만 간혹 여자들이 하지 말아야 하는 업무에 투입되는 경우도 있었다. 마가레트 버크-화이트(Magaret Bourke-White, 1904-1971)는 1941년 진주만 공격 후 1942년 미 공군 내 통신원(correspondent)으로 활약하면서 폭격 임무에도 참여했다. 이와 함께 여군 내 인종차별도 매우 심했다. 해군에서는 1944년까지 흑인 여군이 한 명도 없었다. 흑인으로서 해리엇 피켄스(Harriet Pickens)와 프란시스 윌즈(Francs Wills)가 최초로 흑인 해군장교로 임명되었다. 해병대에서는 제2차 세계대전이 끝난 1949년 처음으로 흑인 여성들을 허용했으며, 해병대에서도 1949년 최초로 여군을 선발했다.

이 외에도 군인은 아니지만 여자들이 전쟁을 지원했던 기관이 있었는데 대표적인 사례가 바로 적십자(Red Cross)였다. 적십자는 20만 명 이상의 간호사를 모집해서 이 중 71,000명을 적십자 간호 서비스에 등록시킨 후 육군과 해군 간호 부대 근무 자격을 주었다. 적십자 소속 간호사는 본토에서 군 관련 업무를 수행하는 민간인들에게 건강 보호 서비스를 제공했다. 적십자에서 일했던 40,000명도 750만 명의 민간 자원봉사자들의 해외와 본토에서의 미군 지원을 지휘하기도 했다. 1942년에는 적십자자원 간호보조부대(Red Cross Volunteer Nurse's Aide Corps)가 허가되어 약 5만 명의 여성들이 1년 동안 최소 150시간 사설 병원 및 군병원에서 비전문 간호사로 일할 수 있는 자격을 부여받았다. 이 부대에서 일했던 여성들이 회색 유니폼을 입고 있었기 때문에 '그레이 레이디 부대(Gray Lady Corps)'라고 불리기도 했는데, 이들은 군병원과 퇴역자 병원에서 오락 서비스를 제공했다.

한편 또 다른 자원봉사자들이 있었는데, 이들은 미군이 주둔하는 세계 어디서나 클럽이나 이동 클럽과 위문 활동에 종사했다. 집을 떠나 있는 군인들을 위한 오락을 제공하기 위해 미군 위문협회(United Service Organizations, USO)는 여섯 개의 사설 기관으로 이루어진 연합체였다. 1941년 YMCA, YWCA, 전국가톨릭공동체서비스(National Catholic Community Service), 전국유대인복지위원회(National Jewish Welfare Board), 여행자지원연합회(Traveler's Aid Association), 구세군(Salvation Army)이 연합된 USO는 미국 3,000개 이상의 지역에서 활동했다. 사람들은 흔히

USO 활동이 마치 군 캠프에서의 군인들을 즐겁게 해주는 쇼만 있는 것으로 알지만, 이 활동은 전문 엔터테이너들에게만 해당된 것이었다. 대부분의 여성들은 군대 매점에서 일하고, 부대에 배포할 보급품을 포장하기도 했다.

제2차 세계대전은 미국이 전에 경험한 어떤 전쟁보다도 참여 군인 수, 군비 지출, 사상자 수 등에서 가장 규모가 컸다. 전시에 필요한 업무에 부족한 인력을 채우기 위해 미군이 공식적으로 여성의 입대를 인정하기 시작했다는 점은 여성들에게는 큰 의미를 부여하는 사건이었다. 이 때문에 후방에서 남자들이 떠난 자리를 채운 여성들의 삶은 크게 달라졌다. 사람들은 전쟁을 도와야 했기 때문에 물자 부족으로 소비재를 배급받아야 했고, 금속은 무기 생산에 사용했고, 연료와 타이어를 군대에 보내야 했기 때문에 여행을 다니는 것도 삼가해야 할 정도였다. 하지만 기혼 여성들을 중심으로 자발적으로 빈 깡통과 폐지들을 재활용하면서 물자 절약에 나서거나 심지어는 가정에서 채소를 가꾸어 식자재로 사용하는 등 다양한 방법을 통해 애국적인 태도를 보여 주었다.

2절 제2차 세계대전 전후 여성의 생활 변화

미국에서 경제 대공황이 시작되었던 1929년-1932년 사이 미국 평균 가정의 소득이 2,300달러에서 1,500달러로 40%나 감소했다. 사람들은 발전보다는 일단 생존이 중요해진 시기였고, 정치보다는 경제가 우선시되는 시기였다. 하지만 직장에서의 여성의 역할에는 큰 변화가 나타나지는 않았다. 1930년 인구센서스 통계에 따르면 약 1,100만 명의 여성 노동인구[85] 중 24.3% 정도가 직장 생활을 했는데, 가정부나 서비스업이 10%였고, 전문직 중 75%는 교사나 간호사였다. 1940년대에도 1,400만 명의 여성 노동인구 비율은 약 25.4%로 큰 변화는 없었으나 직종에서는 변화가 나타났다. 여성 일자리의 30% 정도가 비서직이었고, 20%는 공장 노동, 20%가 가정부, 10%가 교사나 간호사, 10%가 서비스업이었다. 1930년대와 비교했을 때 여성들의 일자리는 매우 다양해지고 있었다.

이런 통계가 나온 이유는 여성 노동자 중 특히 기혼 여성들에게 불리한 사회 인식과 고용법 때문이었다. 사람들은 기혼 여성들이 남자들의 자리를 빼앗고 있다고 생각했고, 사기업과 정부는 많은 기혼 여성들을 해고했으며 여성들은 임금이 높은 전문직이나 비서직에 채용되기가 쉽지 않았다. 1932년 연방 고용법(Federal Economy Act)은 한 가정 당 한 명만 연방 공무원이 될 수 있었기 때문에 많은 기혼 여성들이 연방정부에서 일하긴 정말 어려웠다. 이 법에 따르면 "만일 정부 공무원을 감축할 경우 그 배우자가 공무원인 '기혼자'를 먼저 해고한다. 향후 공무원 배우자의 고용을 자제해야 한다"고 되어 있었다. 그런데 이런 제약에도 불구하고 이들은 경제적 필요 때문에 일을 해야 했기 때문에 이들의 고용 비율은 오히려 증가되는 현상을 보였다.

20세기에 접어들어 서구 유럽 국가의 여성들도 미국 여성들과 마

85 여성 노동 인구는 14세 이상인 경우였다.

찬가지로 동일한 법적 제약을 감당하며 살고 있었다. 1935년까지 영국의 기혼 여성들은 미혼 여성과 동등하게 사유재산권 소유권도, 계약권한도 갖고 있지 못했다. 1920년 후에야 직장여성들에게 고용 기회를 주고, 남자들과 동등한 임금을 받을 수 있는 법안이 통과되었다. 1960년대 초반에는 영국 공무원 체제에서 남자와 여자를 위한 평등 임금 지표 법안이 통과되었다. 기혼 여성의 지위는 미국에서 먼저 개선이 되었던 반면, 노동 관련법은 영국에서 더 일찍 여성을 위한 법으로 바뀌었다.

제2차 세계대전 발발 이전까지 미국에서 여성의 이미지는 아내와 엄마의 역할에 충실해야 한다는 것이었다. 제1차 세계대전 이후 여성들이 다시 과거의 일상으로 되돌아가 생활하게 되었고 경제 대공황으로 실업률이 높아 노동에서 제외되는 현상이 나타나기 시작했다. 일부 주에서는 기혼 여성의 직장 생활이 금지되기도 했다. 하지만 제2차 세계대전 발발 후 진주만 공격을 받자 미국은 군대는 물론 산업 전반에 노동력 부족 사태가 벌어졌다. 전시 대규모 동원이 발생하자 여성들은 자신들에게 부적합하다고 생각하던 일에도 뛰어들게 되었다. 또한 물자 절약, 적십자나 민방위기관에서의 봉사활동, 군 입대 등 다양한 노동 분야에 편입되어 600만 명의 여성이 4년 만에 유급노동자가 되었다.

결국 정치·사회 지도자들은 국가 위기 상황에서 남자와 여자의 역할에 대한 기존의 인식을 바꿔야 한다는 점을 인식하고, 남성들의 일자리를 여성들이 맡는 방안들을 모색했다. 특히 미 군부는 집회, 캠페인, 커뮤니티 구제 프로그램, 그리고 대학생 대상 홍보 등을 적극적으로 활용했다. 전쟁부는 군복을 입은 여군 모습을 담은 포스터와 지하철 카드를 만들기도 했다. 이들이 처음 관심을 갖기 시작한 대상은 교육 수준이 높은 여성들로 군과 민간 부문에서 정부 업무를 위해 충원했다.

공식적으로 군에 입대한 여성들도 많았지만 후방에서 군을 지원하는 직업에 종사했던 여성들의 수도 엄청났다. 백만 명 이상의 젊은 미혼 여성들은 워싱턴 D. C.의 임시 사무실에서 전쟁 업무는 물론 일반 공무까지도 맡아서 일했는데, 1944년 말에는 이런 여성 공무원의 수가 전체의 삼분의 일 정도가 될 정도였다. 거의 대부분의 여성들은 전쟁부에서 비서직 업무를 수행했는데, 이들은 민간인이었지만 사무실 내에서는 WAC 유니폼을 입을 수 있었다. 이런 여성들의 폭발적 증가로 워싱턴 D. C.는 주거시설이 부족해져 많은 젊은 여성들이 호텔이나 하숙집에서 공공 생활을 해야 할 정도였다.

더 흥미로운 현상은 전쟁 중에 일부 여성들이 전쟁에서 승리하기 위해 미국이 진행했던 무기 제조에 참여했다는 사실이다. 원자폭탄 제조 기밀프로젝트인 맨해튼 프로젝트(Manhattan Project)에 군 소속은 물론 적어도 민간 여성들 300명 정도가 참여하였다. WAC 소속 여군과 과학자들의 아내 등이 비서와 서비스직에 배치되었는데, 고급 기술력을 지닌 여성들은 중요한 연구직이나 실험실에서 일할 수 있었다. 제2차 세계대전으로 인해 이전까지 자신의 역량에 비해 낮은 수준의 직장에서 일했던 여성들에게 화학자, 공학자, 기술보조원, 연구원 등으로 일할 수 있는 기회가 훨씬 늘어나는 계기가 되었다. 연방정부 교육 담당 부서는 전국 227개의 대학의 국방 훈련 프로그램을 지원함으로써 수습 학생들에게 기초공학, 수학, 화학, 물리학, 안전공학 관련 강좌들을 제공해 과학자들을 많이 양성하도록 노력했다. 중요한 것은 이 프로그램 규정에 "어떤 수습 학생들도 성별, 인종, 피부색 때문에 차별받아서는 안 된다"고 명시해 여학생들이 과학 분야에서 일할 수 있는 문호가 개방되기 시작했다는 점이다.[86]

1940년과 1945년 사이 미국의 일자리에서 여성이 차지하는 비율은 27%에서 37%로 증가했다. 이들 중 거의 70% 이상이 사무직에 종사했다. 하지만 남성노동자들은 여성과 함께 일하거나 여성 상사 밑에서 일하는 것에 반대하면서 주기적으로 작업을 거부하기도 했다. 하지만 학교 내 교사 부족 상황이 벌어지자 기혼 여성의 취업 금지도 폐지되면서 기혼 여성 네 명 중 한 명은 집 밖에서 일할 정도로 여성 노동 기회가 확대되었다. 연방노동국은 1943년 기혼 여성들을 위해 노동자를 대상으로 취학 전 아동에 보육기금을 지원하는 결정을 내렸지만, 방위 산업체에서 일하던 기혼 여성 노동자의 16%가 아이 돌봄 서비스를 전혀 받지 못하는 수준이어서 여전히 기혼 여성은 미혼 여성에 비해 노동에 제약을 받을 수밖에 없었다.

노동 분야에 나타난 가장 큰 변화는 여성들이 과거에 남자들이 했던 일까지 대신할 수 있었다는 점이다. 항공 산업에서 특히 여성 노동자들을 많이 고용했는데, 1943년에는 31만 명 이상의 여성들이 이 분야에서 일했다. 이 수치는 전쟁 이전에는 1%에 불과했던 여성 노동자가 65%로 엄청나게 증가한 것이었다. 항공 산업이 전쟁 중 남자들의 자리를 대신해야 하는 대표 산업이었기 때문이다. 이와 함께 전쟁

---

86 Rita Halle Kleeman 1943. "The College Girl Goes to War." *Independent Woman*. January. http://www.nwhm.org/html/exhibits/partners/collegewar1.pdf(검색일 : 2013년 11월 24일).

〈그림 20〉 리벳공 로지 포스터

http://www.ushistoryscene.com

준비로 중요했던 탄약 공장 역시 여성 노동자를 고용할 수밖에 없었다. 하지만 당시 여성들이 거리낌 없이 이런 공장에서 일하기란 쉽지 않았고, 특히 가족들의 반대도 심했기 때문에 미국 정부는 여성들을 공장에서 일하게 만들기 위한 홍보 전략을 펼쳤다. 여성들도 금속을 다루는 공장 노동자로서 일할 수 있다는 용기를 주고 도전하도록 광고나 포스터를 제작해 캠페인을 펼치기도 했다. 그 예 중 하나가 바로 '리벳공 로지(Rosie the Riveter)'다.

제2차 세계대전을 계기로 미국에서는 현대적 의미의 여권 운동이 시작되었다고 볼 수 있다. 전쟁 전에는 여성들, 특히 중상층 여성들이 집 밖에서 일하는 것은 흔한 일이 아니었다. 다시 말해, 전에는 여자들이 일하는 것은 생계형 노동으로 주로 하층에 속했고 1,200만 명 정도의 여성들이 직장에서 일했다. 전쟁 수행에 여자들이 필요하게 되었을 때 그 규모는 1,860만 명으로 급속도로 증가되었다. 이 수준은 미국 여성의 거의 절반 정도가 직장 생활을 하는 것과 다름없는 것으로 농장에서 오래 일하는 여성들은 포함하지 않은 것이었다. 국립공원관리청(National Park Service)에 따르면 1941년까지 1,400만 명의 여성들이 미국 전체 일자리의 4분의 1을 차지하고 있었다고 한다. 하지만 전쟁이 끝날 무렵에는 고용 여성의 수가 전체 고용자들의 3분의 1에 해당되는 1,800만 명까지 증가했다.[87] 하트만(Susan Hartmann)의 1940-1944년의 자료에 따르면 공장에서 일하는 여성 노동 통계는 20%에서 30%로 증가했던 반면, 가정부나 하녀로 일했던 여성 비율은 오히려 17.7%에서 9.5%로 감소했다.[88]

대부분의 남자들이 전쟁터로 떠나 사실상 실업이 거의 없어질 정도였는데, 남자들이 일하던 자리의 55%를 여성과 흑인들에게 차지하면서, 특히 독신 여성들에게는 활발하게 직장 생활을 할 기회가 주어졌다. 전쟁이 더욱 악화되던 1943년에는 독신 여성들뿐만 아니라 기혼 여성들도 일할 수가 있게 되어 생산 활동 참여율에서는 물론 여성의 나약함에 대한 인식까지도 달라지기 시작했다. 군대에 있는 수백만의 남자와 여자들로 인해 도시나 농촌이나 노동력이 부족하게 되었고, 많은 시골 여성들까지도 군산업체에서 일자리를 얻게 되었다. 1942년 200만 명의 여성들이 미국 내 군수공장에서 매우 어렵고 위험한 공산품을 만드는 작업을 했다. 정부의 입장에서는 여자들에게 도움을 호소할 수밖에 없었고, 꽤 높은 임금을 지불해야만 했다. 농촌에 남았던 여성들은 트랙터와 트럭을 운전하고 매일매일 잡일과 가사 등 남자들의 일까지 해야 할 정도로 모두 힘들게 생활해야 했다. 결국 남부 농업인구의 절반이나 되는 여성들이 일자리를 찾아 도시로 이동하면서 농촌에는 노동력 부족 현상이 발생했다.

---

87 eHow.com. *Role of Women in America in the 1940s.* http://www.ehow.com/info_8572325_role-women-america-1940s.html#ixzz1sGaTMtMi(검색일 : 2011년 7월 20일)

88 *ibid.*

이렇게 수많은 여성들이 직장 생활을 시작했지만 여전히 직장 내 평등은 전혀 이루어지지 않았다. 예를 들면 네브라스카 주 오마하 남부 지역의 마틴 폭격기 공장(Martin Bomber Plant)에서 근무하던 13,000명의 노동자 중 여성이 5,300명 정도로 약 40%를 차지하고 있었지만, 새로 입사한 여성들은 비행기 제조 기술이 없었기 때문에 훈련을 받아야만 했다. 하지만 실제로 대부분의 여성들은 기술 훈련을 받는 대신 천공기 운전, 비서, 식당 종업원, 일반 도우미, 전기 기사와 같은 직업에서 저임금을 받으며 힘들게 일해야 했다. 무경험 노동자로서 전쟁 동안 노동 인력으로 편입된 여성 노동자들이 훨씬 더 고용차별에 노출될 수밖에 없었다. 1940년대에는 직업을 가진 여성이 점점 증가하면서 임금 여성 노동자들은 기존의 의존적 여성, 가정적 여성이라는 것이 거짓임을 깨닫게 되었고, 특히 노동조합 활동을 하는 여성들은 그들의 열악한 고용 상태를 자각하게 되었다. 이렇게 고용 차별과 열악한 주거 환경에 대한 여성들의 인식이 높아지면서 여성의 노조 가입률이 1940년 80만 명(11%)에서 1944년에는 300만 명(23%)으로 확대되었다.

제2차 세계대전 동안 미국에서는 결혼 비율이 높아졌고 미혼 여성의 출산 비율도 1939년과 1945년 사이에 42%나 증가했다. 이런 현상이 나타난 이유는 1940년 선택 복무법(Selective Service Act)에서 자녀가 있는 남성은 징집에서 면제하고 있었기 때문이었다. 이후 9개월간 출생률이 급증하는 현상이 나타나서, 이 조항이 삭제되었지만 이런 현상은 지속되었다. 당시 남편이든 남자친구든 군대로 떠나보낸 후 태어난 아기들은 '굿바이 베이비'라 불렸고, 이런 아기들의 출생 급증으로 미국에 베이비붐 세대가 등장하게 되었다.

1940년대 미국에서는 히틀러와 홀로코스트로 인해 미국으로 도망 온 유럽 출신의 예술인들과 지식인들에 의해 새로운 사상들이 싹트기 시작했다. 이 시기는 미국이 전쟁 용품 생산을 통해 경제 대공황으로부터 벗어나는 시기였다. 전쟁에 나간 남자들을 대신해 여자들은 공장이나 사무실로 나가 일해야 하는 사회 분위기로 바뀌는 상황이었다. 여자들의 활동 분야가 집에서 직장으로 바뀌는 최초의 대이동 현상이 나타나던 시기였다. 전쟁 때문에 삶의 패턴이 많이 바뀌어 음식, 옷, 심지어 어린애들의 장난감도 달라지고 있었다. 이밖에도 전쟁이 끝난 후 미군이 많이 주둔했던 영국과 독일을 비롯하여 뉴질랜드와 호주 등으로부터 수많은 여성들이 결혼하기 위해, 경우에 따라서는 아이와 함께 미국에 입국하는 현상이 벌어졌다. 이들은 퀸메리, 레티시아, 머리타니아 등의 '전쟁신부 선박(warbride ships)'을 이용해 미국으로 건너왔다.

또한 교육 분야에서도 새로운 현상이 나타났다. 1944년 프랭클린 루스벨트 대통령이 군인재조정법, 즉 제대군인원호법(G. I. Bill of Rights)에 서명함으로써 제대군인들은 교육 혜택, 주택 및 사업을 위한 저이자 대출, 고용 지원, 실업 혜택 등을 받을 수 있었다. 이 때문에 전쟁이 끝난 후 대규모의 제대군인들이 대학 교육을 받기 위해 지원했는데, 그 지원 규모는 대학 당국이 당혹할 정도였다. 제대군인 남자들은 1,500만 명 중 223만 명이, 여성들은 총 332,178명의 제대군인 중 약 19.5% 정도인 65,000명 정도가 지원해서 남자들에 비해 여자들의 숫자가 적었지만, 비율은 여자들이 남자들보다 높아 여자들의 학위 취득에 대한 관심이 훨씬 높았다. 여군부대인 WAVES, SPARS, WAC과 여군 해병 출신의 70%가 대학 교육을 받아야 하는 자격 요건을 갖추었기 때문이었다. 하지만 제대군인원호법 때문에 대학을 진학하려는 여자 제대군인은 특권 집단이 되었을 뿐이었다. 당시 여자들은 결혼 후 자식 양육을 당연시 했을 뿐만 아니라, 당시 교육받은 여성들의 사회 진출 가능성이 그다지 높지 않았기 때문에 여성의 교육 수준은 낮아지는 성향을 보였다. 교육의 평등화로 이전보다는 더 많은 여성에게 대학 교육을 받을 수 있는 기회를 주었지만, 사회적 여건의 한계 때문에 실질적인 효과는 나타나지 않았다.

제2차 세계대전이 끝난 후 남자들이 집으로 돌아왔을 때 미국은 전쟁 전의 모습이 아니었다. 더 이상 가족 농장이 이상형이 아니었고, 흑인들은 하찮은 사람들이 아니었으며, 여성들도 더 이상 남자들에 의존적이지 않고 독립적으로 변해 있었다. 결국 제1차 세계대전 후에 나타난 현상과 마찬가지로 미국 사회에서는 또 다시 '보다 강인한 남성성' 구축을 위한 분위기가 형성되기 시작했다. 남자들은 서부 영화 속에서 존 웨인(John Wayne)이 보여 주는 강인하고, 결단력 있고, 경쟁적이고, 무자비하고, 감정적이지 않은 남자가 되고 싶어 했다.[89] 전쟁 영웅은 전쟁이 시작하자마자 가족과 사회를 떠나 전쟁터에서 적들을 물리치고 변화된 모습으로 고향으로 돌아온 남자여야 했다. 영화에 나오는 존 웨인의 이미지가 바로 그런 모습이었고, 제2차 세계대전과 관련된 영화에 이런 이미지가 많이 반영되었다. 이는 특히 미국이 세계를 구원하고 민주주의를 수호하는 국가라는 이미지를 각인시키는 데 매

---

89 이를 존 웨인 증후군(John Wayne Syndrome)이라 부르는데, 남자는 남자다워야 한다는 강박관념을 의미한다.

우 적합했다.

또한 1950년대 미국은 사회의 급속히 변화에 대한 두려움 때문인지 '가정 예찬' 개념이 재등장하였다. TV쇼에서는 아버지는 밖에 나가 일을 하고, 엄마는 집에서 아이들을 돌보는 모습을 보여 주기 시작했다. 하지만 '가정 예찬'은 이상적인 가족의 모습일 수는 있지만, 더 이상 미국 사회에서는 공감을 얻지 못하는 상황이 되었고 핵가족이란 새로운 형태의 가정 모습에 자리를 양보했다. 여성들은 이미 변화되고 있었고 더 이상 남자들을 위한 하녀 같은 역할을 거부했다. 주부들은 사회의 일원으로 자기 권리를 주장하는 운동과 스스로의 인생 개척에 공감하게 되었다. 여성들은 공공장소에서 흡연을 하고, 치마 대신 바지를 입을 수 있고, 학교 교육을 받고, 중요한 직종과 업무도 할 수 있었으며, 운전도 하고, 나이트클럽에도 갈 수 있었다.

1950년대는 표면적으로는 공산주의 동조 세력 척결과 민권 운동의 확산으로 소용돌이를 치던 시기였지만 한국전쟁 이후 아이젠하워 공화당 정권의 방위 산업 육성책으로 경제 번영을 이루면서 1960년대에는 제2차 세계대전 전후와 다른 새로운 세대들이 나타나기 시작했다. 1940년대 말부터 1950년대 말까지 '제2차 적색 공포 시대'가 초래했다. 제2차 세계대전이 끝나면서 미국이 민주주의와 공산주의 간의 이념 대결 양상을 초래했기 때문이었다. 이 시기는 소비에트 연방의 간첩과 미국 내 공공기관에 공산주의가 침투되는 것을 크게 두려워하던 시기였고, 결국 매카시즘(McCarthyism)이라는 말이 등장했다.[90] 1960년 미국 식약청에서 피임약 판매를 허용하면서 록 음악과 함께 성 자유, 성 개방의 물결이 젊은이들 사이에 확산되어 사랑과 평화를 구가하는 낭만적인 분위기가 넘쳤지만, 다른 한편으로 퇴행적인 분위기를 조성했다. 정부, 교회, 사회 등 기성 질서와 권위에 대해 이의를 제기했고 그런 분위기는 문학작품과 록 음악을 통해 반문화(counter culture) 현상으로 사회 전반에 확산되었다.

경제 대공황을 서서히 벗어나는 과정 속에서 사회적으로 새로운 문제의식이 등장했다. 전후 베이비붐 세대들이 청년층이 되면서 미국은 보수적인 1950년대에서 벗어나 마치 새로운 혁명의 시대를 보는 것과 같았다. 1960년대 시민권 운동으로 인해 사회 대변화가 발생하던 시기였다. 인종차별 폐지 운동, 동성애자 운동, 평등을 외치는 여권 운동 등 헤아릴 수 없을 만큼 다양한 사회적 갈등을 일으키는 이슈들이 등장했다.

19세기 초반부터 시작되었던 여성의 낙태 문제는 1960년대 접어들어서는 여성주의자들에 의해 다른 견해가 제기되기 시작했다. 그 당시 낙태를 방지하기 위해서는 안전하고 효과적인 피임을 해야 한다고 주장했다. 오늘날 낙태 권리 운동 단체들이 안전하고 효과적인 피임, 정확한 성교육, 건강보험, 아동 부양 능력 등이 낙태를 방지할 수 있는 중요한 요건들이라고 주장하는 것과 같다. 1965년까지 주마다 약간의 예외 조항들이 있었지만 50개 주 모두 낙태를 금지했다. 예외의 경우란 겁탈이나 근친상간에 의한 임신이나 태아에 장애가 발생했을 경우

---

90 매카시즘은 미국 상원 의원 조지프 매카시(Joseph MaCathy)가 미국 공화당 당원 집회에서 "미국 내 공산주의자들이 암암리에 활약하고 있으며, 자신은 그 명단을 갖고 있다"고 주장한 사건을 계기로 일어난 반공주의 열풍에서 유래했다. 이는 지나친 반공주의, 정적의 성격이나 애국심에 대해 비난을 선동하거나 무분별하고 근거 없는 고발을 비판하기 위해 사용되기 시작했다.

〈그림 21〉 제2차 세계대전 – 1980년대까지의 여성 활동과 지위 변화

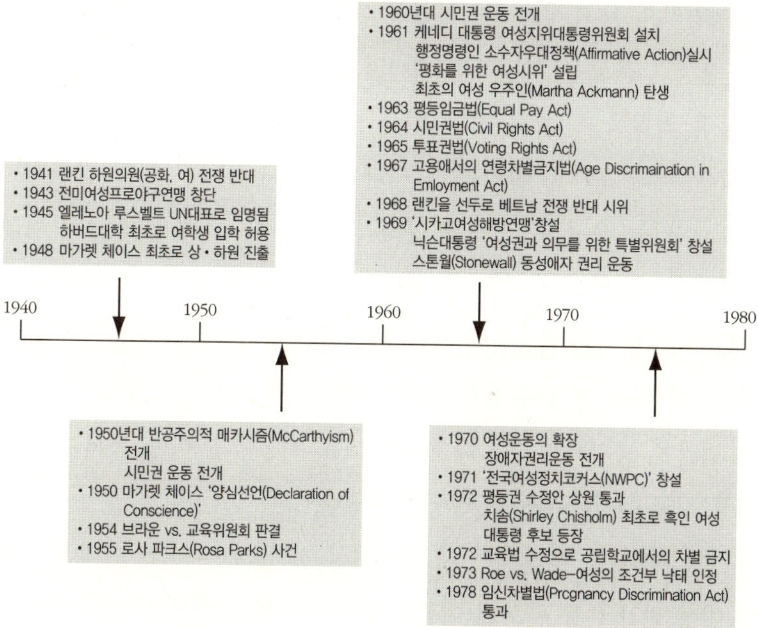

이고, 이때에는 산모의 생명을 위해 낙태를 허용했다. 하지만 '전국 낙태권 행동연대(National Abortion Rights Action League)'는 낙태 반대법 통과를 위해 활동했다. 1950년대 이후 낙태법을 요구했던 의사와 법조인들과 함께 페미니스트들은 낙태 금지 법안을 없애기 위해 의회를 압박했다. 그들은 여성 자신의 재생산에 대한 완전한 선택권이 없는 여성의 자유는 존재할 수 없다고 주장했다. 이런 과정에서 낙태권에 대한 분수령이 되는 사건이 바로 1973년 '로 대 웨이드(Roe vs. Wade)' 판결이었다. 대법원은 대부분의 주에서 채택하던 낙태법이 헌법에 위배된다고 판결하였고, 임신 후 3개월까지는 낙태를 할 수 있지만 그 이후에는 할 수 없다는 결론을 내렸다. 이는 평등권 수정 조항에 대한

반대보다 더 강력한 반대를 불러 일으켜, 가톨릭교회와 보수 정치인들은 생명권 운동 조직을 구성하였다.

생명권 운동은 낙태가 어머니의 의무를 훼손했으며, 페미니즘이 전통적 역할을 위협한다고 믿었던 수천 명의 여성들을 결집시켰다. 결국은 낙태 문제를 둘러싸고 '낙태 반대(Pro-life)'와 '낙태 찬성(Pro-choice)'이라는 운동집단으로 양분되었다. 그 이후 낙태 문제는 더 이상 과거처럼 여성만의 문제가 아니라 모든 미국인의 문제로 인식되기 시작했다. 오랜 사회 갈등과 논의를 거친 후 1977년 마침내 의회는 메디케이드와 다른 정부의 헬스 프로그램이 낙태 비용을 지원할 수 없다는 법안을 통과시켰으며, 대법원은 이를 허용했다. 이는 특히 가난한 여성, 시골 여성들에게 큰 영향을 미쳤다.

1960년대 초 등장하기 시작한 여성 정책들은 이러한 거대한 변화와 여성 권리 운동 덕분에 여성의 경제적 지위를 향상시킬 수 있는 여러 종류의 연방법으로 이어졌다. 노동부 보좌관 에스더 피터슨(Esther Peterson)은 케네디 대통령에게 여성 지위에 관한 위원회(President's Commission on the Status of Women, PCSW) 창설을 건의해 엘리너 루스벨트가 위원회 회장이 되었다. PCSW는 널리 퍼져있는 여성 차별 실태를 조사하고, 개선점을 제시했으며, 여성 조직과 노동조합은 20여 년 동안 동일노동 동일임금을 위해서 활동했다. 이러한 노력의 결과로 1963년 케네디 대통령은 젠더에 따른 임금 격차를 불법으로 규정하는 '평등임금법(Equal Pay Act)'을 통과시켰다. 이 법은 동일한 직종과 직급에서 일하는 남녀 임금은 동일해야 한다고 보장하지만 오랜 세월이 지난 현재에도 남녀 임금 격차가 존재하는 한계를 보이고 있다.

한편 1964년의 '시민권법(Civil Rights Act)'은 25명 이상의 근로자를 고용하고 있는 모든 회사의 여성에 대한 차별을 금지시키고 있다. 게다가 1967년의 대통령 행정명령은 연방정부 충원 시 여성 차별을 금지하였다. 하지만 많은 부분에서 여전히 차별은 계속되었다. 예를 들면 대다수 상점에서 기혼 여성들에게 독립적으로 신용카드를 발급하지 않으려 했고, 이혼녀나 독신 여성이 집을 사거나 자동차를 구입할 경우 신용을 얻기 어려웠다.

다른 운동들과 마찬가지로 페미니즘 역시 흑인 해방 투쟁 전략에서 많은 영향을 받았다. 1964년 공민권법 제7조에서 성차별을 금지했으며, 이로 인해 여성 운동은 더욱 확장되었다. 그러나 정부는 정책 시행에 적극적이지 못했고, 그 결과 여성들은 여성들을 위한 시민권 조직의 필요성을 느끼게 되었다. 이를 계기로 1966년 베티 프리단(Betty Friedan), 시민권 활동가인 폴리 머레이(Pauli Murray)를 비롯한 많은 여성 운동가들이 결집하여 전미여성기구(National Organization of Women, NOW)를 만드는 결실을 이루었다.

전미여성기구(NOW)는 여성 해방은 가족과 다른 관계에서 여성 종속의 종말이라며, 공공 부문에서의 여성평등에 주목했다. NOW는 현존하는 제도에 여성이 융합되기를 원했지만, 다른 급진 그룹들은 경제, 정치, 사회 제도의 전체적인 변화를 주장했다. NOW는 교육과 법적 소송을 통한 성평등 쟁취를 조직 목표로 한다. 여성의 권리를 주장하며 투쟁하는 기존 단체들이 여러 개 있었지만 전미여성기구는 바로 널리 알려지면서 가장 거대한 단체 중 하나로 부상했다.

전미여성기구 설립 당시에는 유급 노동시장에 진입하는 여성들이 증가하던 시기였기 때문에, 이 기구는 남녀평등을 위한 헌법 수정안 통과에 매진하는 등 자유주의적 페미니즘에 기초해 법적인 개선 전략

〈그림 22〉 전미여성기구의 평등권 운동

National Women's History Museum
http://www.nwhm.org

에만 지나치게 치중한다는 비판을 받았다. 1970년대에 NOW와 다른 주류 그룹들이 급진주의자들에 의해 제기된 이슈들을 받아들이면서 이러한 차이들은 사라졌다. 1970년에 흑인 여성이 NOW의 대표가 되긴 했지만, 이 그룹의 주류는 여전히 백인 중산층이었다. 따라서 유색인종 여성들은 NOW에 대해 소수자들의 가난과 인종 및 민족에 대한 차별에 무관심한 백인 여성조직이라고 비판했고, 그들만의 조직을 결성해서 따로 활동했다. 전미여성기구는 현재 미국 전역에서 50만 명이 넘는 회원과 500여 개의 지부를 거느릴 정도로 확대되었다.

이 밖에도 여성노조연대(Coalition of Labor Union Women), 9시에서 5시까지(9to5), 전국노동여성단체(National Organization of Working Women), 콤바히강 집단(Combahee River Collective) 등 노동계급 여성과 유색인종 여성을 대표하는 다른 단체들도 이 시기에 등장했다. 여성 노동조합은 작업장에서 젠더의 정의 수립을 위해 투쟁했으며, 블루칼라 여성 노동자들은 1974년 여성노조 전국연합(National Coalition of Labor Union Women)을 조직했다. 이들은 무수히 많은 다른 단체들과 함께 1960년대와 1970년대 여성 운동 확립에 기여했다.

동시에 급진주의 페미니즘도 성장하는데, 1965년 두 명의 백인 여성인 메리 킹(Mary King)과 케이시 헤이든(Casey Hayden)의 학생비폭력조정위원회(the Student Non-violent Coordinating Committee)에서의 활동은 그들에게 "개인의 가치와 인간의 능력, 전에는 문제 삼지 않았던 사회에서 인간의 역할에 대해 급진적으로 생각하는 방법"을 가르쳐 주었으며, "이 운동에서 많은 여성들이 배움을 남성들과의 관계에 적용하기 시작했다"고 말했다. 그들의 생각은 무관심이나 비웃음으로 반응했던 신좌파(New Left) 백인 남성 급진주의자들을 겨냥했으며, 그들의 메시지는 종속적 역할에 대해 불만을 공유하고 있던 많은 백인 여성들을 고무시켰다. 많은 여성들은 신좌파에서 분리되어 나와 전국에 걸쳐 독립적 여성 해방운동 그룹들을 만들었다.

이들 급진적 여성주의자들은 1968년 미스 아메리카 대회가 열리는 장소에서 이 대회는 "터무니없는 '미'의 기준 때문에 여성이 노예가 되고 남성의 승인을 얻어 내려는 대회"라고 비난하는 피케팅을 벌임으로써 여성 해방운동이 국민들로부터 주목받게 했다. 이들은 양에게 왕관을 씌우고 브라, 거들, 속눈썹, 가발과 여성을 억압하는 다른 물건들을 집어 던지며 항의했다. 여성들은 강간이나 낙태와 같이 비밀로 붙여졌던 그들의 경험을 이야기하기 시작했으며, '개인'의 문제라고 치부하는 것은 여성을 평가절하하고 차별하는 시스템을 더욱 견고하게 한다고 주장했다.

또한 페미니스트들은 당시 여성의 불평등을 다루지 않는 언론 매체에 대항했다. 언론은 그들의 운동을 보도하지 않으면서 페미니즘을 조롱했다. 1970년 8월 여성 행진에서 언론 협회는 헤드라인을 "오늘은 여성의 날, 저 젖가슴을 보라!"는 선정적인 헤드라인 기사를 붙인 신문을 배포했으며, 시카고 디펜더(Chicago Defender)는 "노브라가 집회에서 불에 타고 있다"라는 제목을 지었으며, 하원에서 미 헌법의 평등 개정안을 통과시켰을 때, 《뉴욕타임즈》는 "아내에게 쥐여사는 국회"라는 제목으로 개정안 통과를 비난했다. 이런 언론 매체의 태도에 대항하듯 여성 운동의 대모이자 저널리스트인 글로리아 스타이넘(Gloria Steinem)은 페미니스트들과 함께 자신들만의 잡지인 1972년 《미즈: 여성을 위한 새로운 잡지》(*Ms.: The New Magazine for Women*)를 창간했다. '미즈'는 기존 여성잡지들이 다뤘던 여성들만의 패션 팁이나 요리법을 싣는 것을 거부하고 페미니즘 이슈들을 다루고 여성 소설들을 소개했다.

이 시기 동안 또 다른 사회적 중요 이슈는 동성애 문제였다. 게이들과 레즈비언들은 직장에서 해고되고, 아이들을 빼앗기고, 미국 이민을 거부당하고, 심지어는 감옥에도 갔다. 따라서 대부분 그들의 성 정체성을 숨기고 있었지만, 1950년대부터 이들은 조직화를 시작했다. 첫 조직화는 동성애자들이 행정기관에 접근하지 못하게 하는 정부 정책에 반발하면서 시작되었다. 몇몇 게이 남성들이 정부를 상대로 소송을 걸었으며, 1965년 백악관 앞에서 "흑인과 유대인의 차별이 부도덕한 것처럼 동성애에 대한 차별도 옳지 않다"며 피켓시위를 했다. 그러나 그로부터 10년이 지나서야 행정기관이 반동성애 정책을 폐지했다. 레즈비언들은 전미여성위원회와 같은 조직에서 그들만의 위원회나 단체를 만들었다. 이처럼 많은 페미니스트들은 개별적으로 평등을 위해 싸웠으며, 아내와 엄마가 여성의 역할이라는 전통적 기준에 도전했다.

게이 레즈비언 운동은 1969년 뉴욕 동성애자들의 술집인 스톤월(Stonewall)에서 경찰 습격 이후 강력하게 퍼져나갔다. 스톤월 항쟁 이후 가속화된 1960년대의 게이 레즈비언 운동은 "게이는 좋은 것"이라는 슬로건 아래 거리와 대학에서 존재를 드러내기 시작했다. 1973년에 조직된 '전국 게이 및 레즈비언 전담팀(National Gay and Lesbian Task Force)'에 의해 동성애자 이슈가 전국적인 관심을 받았다. 하지만 게이 운동은 다른 사회 운동들에 비해 성공하기가 보다 더 어려웠다. 1980년까지 그들의 권리는 정당 정책 이슈로 전혀 언급된 적이 없었다. 정치권에서 1974년 매사추세츠 의회에 일레인 노블(Elaine Noble)이 레즈비언으로서 최초로 주의원으로 선출되는 수준이었다. 1973년 동성애 활동가들은 미국 정신의학회에 동성애가 정신질환이라는 정의를 철회하라고 요구했다. 이러한 동성애자들을 위한 초동 수준의 환경 개선을 얻는 데만 거의 10여 년이 걸린 셈이었다.

전반적으로 이 시기에 여성의 권한 확장의 큰 진전을 얻은 것은 분명하지만 여전히 많은 제약이 존재하고 있었다. 복지, 범죄, 매춘, 낙태 관련법에서도 여성 차별이 보편적이었다. 사생활에서도 여권에 위반되는 사건들이 종종 발생했는데, 예를 들면 정부로부터 복지수당을 받는 여자는 수당을 받을 자격을 확인하기 위해 자주 조사를 받아야만 했다. 미국에서는 죄를 정의하는 경우에도 성차별이 존재했다. 즉 남편을 총으로 쏴 죽인 아내는 살인죄(homicide)로 고발되었지만, 아내를 총으로 죽인 남편은 '격노에 의한 총격(passion shooting)'으로 정의될 수 있었다. 매춘 문제에서도 적발이 되는 경우 남자 손님들은 그냥 풀어주면서 매춘녀들은 기소하는 경우도 종종 발생했다. 대부분의 주들에서 산모 생명이 건강에 위험하다고 판단되면 낙태가 합법화되었지만 1973년 미연방대법원에서는 임산부가 임신 후 3개월 이내에 낙태할 수 있는 권리를 금지할 수 없다는 판결도 내렸다.

여성들의 사회 진출이 증가했지만, 여전히 여성들은 남성들보다 적은 임금을 받으며, 전통적인 직업을 가지며, 가정과 가족에 대한 책임까지 지는 '이중 고통'에 시달리고 있었다. 1971년 의회가 이러한 고통을 조금이라도 줄이고자 육아법을 통과시켰지만 닉슨 대통령은 거부권을 행사했다. 이후 1970년대 중반 '평등권 수정 조항' 비준에 반대하는 사람들이 등장했다. 그들은 전통적인 젠더 역할은 신이 부여한 것이기 때문에 아내와 엄마의 역할을 평가절하 하는 페미니즘을 우려했다. 이에 대항해 여성들은 비준을 막으려는 남성들을 비판하며 행진도 했다. 결국 1982년 이 수정안은 겨우 35개 주에서만 통과되었을 뿐이었다.

여성을 직접 조직화하거나 여성을 위한 법률 개정을 위해 기울인 여성들의 노력이 여성 운동 성공에 얼마나 직접적인 영향을 미쳤는지 꼭 집어 말하기는 쉽지 않지만, 1960년대부터 1980년대까지 노동 여성들의 지위에 주요한 변화가 있었던 것은 분명하다. 성별을 보고 고용하거나 성별에 따라 급료에 차별을 두는 법적 장벽이 제거됐다. 1970년 전후에는 성에 따른 직업 구분이 금세기 처음으로 무너지기 시작했다. 1964년에는 남성이 시급 1달러를 받을 때 여성은 59센트를 받았지만, 2004년에는 여성의 시급이 77센트로 오르면서 성별 임금 격차가 줄어들었다. 학사 학위를 가진 노동 인력 중 여성 비율은 1970년 11.2%에서 2004년 32.6%로 높아져, 여성 고학력자 증가율이 남성의 두 배에 이르렀다.

이런 변화의 일부는 서비스 부문 확대 및 제조업 부문 공장의 해외 이전 같은 경제적 변화로 설명될 수 있겠지만, 대부분 이 시기 사회운동의 영향으로 설명된다. 1960년대와 1970년대 여성 운동은 시민권 운동과 함께 노동계급 내 일부 집단에 의미심장하고 실질적인 성과를 가져오는 기틀을 마련했다. 이 운동은 텅 빈 공간에서 이루어진 것은 아니었다. 여성 운동을 펼쳐온 여성들은 자기들의 요구를 어떻게 구체적으로 제시할 지에 대해 내적 불화를 겪었다. 그리고 사회적인 역습과 역류에도 대처해야만 했다. 왜냐하면 사회 관습에서 별로 변하지 않은 것 중 하나가 바로 여성이 여전히 가사 노동과 아동 양육을 비롯한 여러 종류의 보살피는 노동을 수행할 책임이 있다는 것 때문이었다.

6장

베트남전, 걸프전 그리고 이라크전과 여성

전쟁이 끝나면 남자들은 사회로 돌아와 자신의 위치로 돌아가지만, 제2차 세계대전 이후에는 과거와는 다른 양상이 전개되었다. 남자들은 예전과는 달리 더 강인한 남성상으로 복귀하려는 의지가 강해졌다. 그 이유는 제2차 세계대전으로 인해 여성들도 전쟁에 참여할 수 있어서 더 이상 남성들만의 장이 아니었고, 전쟁터가 아닌 실생활에서도 많은 여성들이 다양한 직업에 진출했기 때문이었다. 결국 미군 내 여성 참여는 새롭고, 가족 지향의 남성성이 더욱 요구되기 시작하는 계기가 되었다. 새로운 남성성은 전통적인 강인함과 남성의 공격성에 부드러움을 보태서 다소 여성화 되는 것을 의미했다.

하지만 이런 현상은 미국이 전쟁을 치르는 데 있어서 좋은 현상은 아니었다. 결국 미국 사회 내에서 '보다 더 강인한 남성다움'이 유행하기 시작하면서 "존 웨인(John Wayne) 증후군" 이 등장했다. 이것은 남자들은 남자다워야 한다는 강박관념 때문에 지나친 행동을 하는 경향을 의미했다. 강한 남성의 상징인 존 웨인 때문에 남자들이 아픈 것을 인정하지 않거나 숨기려 해서 일찍 사망에 이른다는 것이다. 이런 부작용이 더 이상 미국 사회에서는 필요하지 않았기 때문에 제2차 세계대전 이후의 전쟁에서는 새로운 남성상이 요구되기 시작했다. 냉전 시기에 미국은 세계 곳곳에서 발생한 수많은 전쟁이 벌어질 때마다 대리전을 치르면서 이전과는 다른 모습을 보여 주었다. 냉전 동안의 한국전, 베트남전, 그리고 걸프전 당시에도 "미국인들을 위해 남성성을 강조하는 새로운 패러다임"의 필요성이 강조되었다. 그럼에도 불구하고 전쟁에 참여하는 미 여군의 비율은 점차 증가하였고, 그들의 지위도 점차 개선될 수 있었다.

1절 베트남전, 걸프전과 이라크전에 참여한 여성

미국에서는 트루먼 대통령이 1948년 여군통합법(Women's Armed Services Integration Act)에 서명하면서 여성들에게 공식적으로 군인 신분을 부여했다. 이 법에 따르면 육군, 해군, 공군, 해병대 등 모든 병과의 여군 입대가 가능하지만 여군 비율은 군 전체 인력의 2%로 제한하며, 간호병을 제외한 여군 장교는 전체 여군의 10%이며, 여군 장교가 승진할 수 있는 계급 상한은 중령으로 되어 있었다. 하지만 이 제한은 1967년 폐지되었다. 이와 함께 군복무에 있어서 인종차별을 금지하는 행정명령도 내려졌다. 1949년 미국 최초로 해병대에 흑인 여성이 입대하였다. 이렇게 여군 충원에서 군이 이전보다 훨씬 개방적인 태도를 보이긴 했지만, 1948년 다른 법인 '전투금지법(Combat Exclusion Act)'을 통해 전투 임무를 수행하는 해군 함정과 전투기에서는 여군 근무를 금지했고, 해병대에서는 기본적으로 해군 함정과 해병대 전투직 여군 보직을 금지시켰다. 육군 여군단은 이미 그 이전에 전투직 여군 보직을 제한해왔다. 냉전 시기와 냉전 이후 미국이 참여한 수많은 전쟁에서 여군의 규모나 활동 범위가 계속 확대되었지만 이러한 전투 배치 금지 때문에 여군들은 법의 테두리에서 허용된 활동과 전쟁터에서의 실제 활동 간의 차이가 사회 논쟁의 대상이 되기 시작했다.

1950년 한국전쟁이 발발했을 때 미 여군은 22,000명으로 이중 약 7,000명은 의료 분야에서 근무하고 있었다. 미군은 육군 이동 외과 병원(Mobile Army Surgical Hospital, MASH)과 부상자 운송용 헬리콥터를 처음으로 한국전쟁에서 사용했는데, 제2차 세계대전 때 발생한 사망자 수에 비해 부상자들의 사망을 거의 절반으로 줄일 수 있었다. 한국전쟁은 지금은 '잊혀진 전쟁'으로 기억되지만 54,246명의 전사자가 발생한 잊지 못할 전쟁이었다. 맥아더 장군이 인천상륙 작전을 시작하던 날 MASH에서 근무하기 위한 13명의 여성 육군 간호사와 야전병원에서 근무할 간호사들이 함께 도착했다. 1950년에 200여명의 미 육군 간호부대 장교들이 한국전에 참가하고 있었고, 전쟁이 끝날 때까지 총 500-600명 정도의 미 육군간호부대 소속 여성들이 전투작전 동안 부대를 지원하기 위해 전쟁 교전 지대에서 근무했다. 한국전쟁 동안 12만 명의 미 여군이 복무 중이었는데, 거의 대부분 일본과 극동아시아 국가들에 머물면서 지원부대에서 활동했다.

1966년까지 미국은 여군 비율을 2%로 제한했으나 1967년 이를 폐지했다. 1973년 징집제가 끝나고 지원제가 시작된 후 미군은 1970년대와 1980년대에는 군인 자격이 충분한 남자들을 충원하는 것이 어려웠기 때문에 여군 충원이 증가했고 남자들이 했던 다양한 보직에 여군을 배치했다. 또한 1960년대 이후 지속되었던 여성들을 위한 평등권 운동은 국방분야는 물론 전 분야에서 남자들과의 동등한 기회를 요구하면서 여자들에게 적용되었던 제한을 점진적으로 제거하려고 노력했다. 1974년에는 여자들이 부모 동의 없이 입대할 수 있는 연령도 남자들과 동일하게 조정되었다.

한국전쟁 이후 남자 군인들도 육군, 해군, 공군 간호 부대 및 의료 전문 부대에 입대할 수 있었다. 가장 여군에게 폐쇄적이었던 해병대에서는 최초로 여성을 상사(Sergeant Major)로 진급시켰고, 무관 임무(attach-duty)에 여성을 임명했다. 조금씩 여군들의 군 활동 범위가 확대되면서 그동안 여군의 임무로 간주되던 간호사 분야에 남자 군인들이 진입할 수 있는 변화를 가져왔다.

베트남 전쟁

베트남전을 치르던 미국 내에서는 20만 명 이상의 남자들이 전장에 가 있는 동안 여성들은 후방을 지키는 역할을 해야 했다. 이 시기 미군 내 여군 비율은 1% 미만에 머물 정도로 비교적 낮은 비율을 차지하고 있었다. 공식적으로 여성들에 대한 징병은 없었지만 국방부 통계에는 1962년부터 1973년까지 약 7,500명의 여성들이 베트남전에서 실질적인 군 복무를 수행했다고 기록되어 있다. 재향군인 관리국에서는 약 11,000명의 여군의 목록이 있다고 한다. 정확하지는 않지만 일부 조사 결과를 종합하면 여군과 민간인으로 베트남전에서 활동한 여성들이 33,000명에서 55,000명에 이른다고 추정하고 있다. 베트남에 주둔하던 WAC 소속 여군은 500명 이상이고 공군 소속 여군은 600명 이상이었으며, 해병대 여군도 베트남전에 참여했다.

전쟁에 참여한 여군 대부분은 간호사들로, 육해공군과 의료 전문가 등 모두 6,000명 이상의 규모였다. 이외에도 적십자, 특별 서비스, 민간 서비스 등을 감안한다면 셀 수 없을 만큼 많은 여성들이 베트남 전쟁에서 활약했다. 베트남 전쟁에 참여했던 모든 여성은 민간인이든 군인이든 모두 자원자였다. 전쟁을 위해 여성 간호사 징병을 논의했었지만 실행되지 않았는데, 그 이유는 베트남 전쟁이란 게릴라전이 지닌 예측불가능성 때문이었다. 전선도 없었고, 어느 누구도 다음 공격이 언제 어디서 있을지 전혀 알 수 없을 정도로 여군들에게는 매우 위험한 전쟁이라는 공감대가 미국 사회에 널리 퍼져 있었다.

이 전쟁을 위해 상당수 여성들이 전문 간호사, 물리치료사, 직업 상담사, 항공 관제사, 항공 정찰 사진사, 정보 언어 전문가, 법무 장교, 보안 행정직 등으로 근무했다. 특히 약 1,200명 정도의 여성들은 사진 기자, 비서, 타자수, 정보장교, 통역관, 항공 관제사를 비롯해 간호사가 아닌 의사, 물리치료사, 정신상담사로서 활동했다. 간호사 훈련을 받은 일부 여성들은 전쟁 중 주급을 받았는데, 학비를 벌었다는 이유로 나중에 대출도 받지 못하고, 직장도 구하지 못하는 불이익을 받기도 했다. 일부 민간인들의 경우 적십자사, 미군 위문협회(USO), 중앙정보국, 미국 국제개발처와 다른 정부 부서에서 일했다.

베트남전에서 여군은 2급 군인으로 인정되었는데, 그 이유는 여성들이 군에서 근무하길 원했고 경력으로 생각했지만 여군의 역할은 협조자로 간주되고, 종종 적절한 의료 훈련을 받지 않은 채 위험한 상황에 놓여 있었기 때문이었다. 베트남 전쟁에서 여군의 다양한 역할은 오늘날의 규범과 비교했을 때 매우 제한적이었다. 전투 지역에는 여군이 헬리콥터나 군용기 조종, 트럭 운전, 정비사나 기계공 활동도 할 수 없었다. 베트남으로 파병되기 전에 여자들은 연습 때 M-16을 사용하는 연습을 했지만, 실제로 이 무기 사용이 승인된 적이 없었기 때문에 전쟁이 끝난 후에도 여군들은 남자들에 비해 열악한 대접을 받았다.

일부 간호사들은 의무 후송함이나 공군 후송기 내에서 일했지만, 거의 대부분은 전투지역에 위치한 야전병원이나 인근 지역의 크고 시설이 좋은 병원에서 부상병들을 돌봤다. 이들 간호사들은 이전의 다른 전쟁보다 훨씬 더 참혹하게 부상당한 환자들을 볼 만큼 마음의 준비가 되지 않았다. 베트남 전쟁에 있던 간호사들은 계속 이런 환자들을 돌봐야 하는 정신적 쇼크뿐만 아니라 저격병, 로켓포 공격과 적군의 전면 공격의 끊임없는 위험성 때문에 전장에서 싸우는 남자 동료들만큼이나 큰 스트레스 속에서 일했다.

베트남 전쟁 동안 여군 입대 비율이 급속히 증가했다. 남자들은 군 입대를 싫어한 반면, 여자들을 적극적으로 군에 입대하길 원했다. 하지만 여군의 규모는 베트남 전쟁 이후 변동이 없었다. 한국 전쟁에 참여한 미 여군은 12만 명 정도였던 반면, 베트남 전쟁에서는 7,000명 이상의 여군이 참가했으며, 이 중 8명이 전쟁 중 대부분 헬기 추락 사고로 사망했다. 정확한 통계는 아니지만 공군 600명, WAC 소속 500명, 의료 요원 6,000명 정도였다고 한다. 하지만 베트남 전쟁에서는 남녀를 불문하고 참전 군인의 절반 정도가 심각한 스트레스 증후군에 시달렸는데, 여군 요원의 거의 10%가 14-22년 동안 이 문제로 처방을 받았다.

여군의 직무에 있어서 큰 변화가 나타나기 시작한 시기가 바로 베트남 전쟁 동안이었다. 공군의 경우 ROTC(reserve Officers Training Corps)가 1969년 여성에게 개방되었고, 육군과 해군의 경우는 1972년에 여성 ROTC를 허용했다. 미군 역사상 최초의 여성 육군 준장이 1970년 탄생했으며, 여성 공군 준장은 1971년 등장했다. 이어 1972년 해군에서도 여성 소장이 탄생되었다.

베트남 전쟁이 끝난 1976년에는 공군사관학교, 해군사관학교, 육군사관학교에 여성 입교를 허용하기 시작했다. 1977년에 미 육군은 공식적으로 제한된 전투직을 제외하고 그 동안 제한했던 많은 보직을 여군에 개방했다. 곧이어 해군과 해병대도 1978년 여성들에게 최고 대령까지 진급할 수 있는 장교(Limited Duty Officer)를 허용했다. 1978년에는 여성들만의 부대로 지속, 유지되었던 WAC가 미 육군에 통합되면서 폐지되었다. 이어 1979년 해군과 해병대는 신체조건의 차이를 제외하고는 군 충원에 필요한 최소 기준을 남녀 모두에게 동등하게 부여했다. 해군의 경우 비전투 해군함인 부속선·정비선·구조선 등의 보조함에는 여군이 정규군으로 승선할 수 있었으며, 기타 군함에서는 6개월까지 임시 근무할 수 있었다.

이렇게 미 군부가 여군 양성과 여군 역할 확대에 관심을 갖게 된 데에는 몇 가지 이유가 있었다. 첫째, 베트남 전쟁이 끝난 1973년 징병제가 폐지되고 지원병제가 시작되자 미군은 군인 자격이 충분한 남자들을 충원하거나 계속 유지하기 어렵게 되면서 여자들의 충원에 관심을 갖게 시작했기 때문이었다. 둘째, 당시 미국 내에서 1960년대와 1970년대 여성들은 평등권 운동 과정에서 국방을 포함한 모든 부문에서 여성들이 동등한 기회를 요구하고, 여성들에 대한 차별을 폐지하려고 노력하고 있었다(Burrelli 2013, 2).

1983년에는 직접 전투 가능성 체계 분류(Direct Combat Probabilit System, DCPC)에 따라 여군들을 일정 직무에 할당하였다.[91] 여군들을 직접 전투에 보내지는 않았지만 여군이 이 분류에 따라 제한된 직위를 채우고 있었다. 1985년 미군 중 장교 및 사병 9%가 여군이었고, 이 수치는 1972년에 비해 2% 이하의 증가를 보였다. 여성교육연구소(Women's Research & Education Institute)에 따르면 여군에 개방된 군의 직무는 육군 52%, 해군 59%, 공군 97%, 해병대 20%에 이르는데 군대에 따라 개방성의 차이를 보였다.

그레나다, 리비아, 페르시아 만(The Gulf), 그리고 파나마에서 수행된 미국의 군사 활동에서 각 군 간의 불협화음으로 많은 정책적인 문제점들이 드러났다. 1983년 그레나다에서 펼쳐진 '긴급분노작전(Operation Urgent Fury)'에서 미국인들을 구출하기 위해 네 명의 여군 경찰을 포함한 부대가 작전에 투입되었는데, 그레나다에 도착하자마자 육군 소장은 즉시 침공 기동부대의 여군들을 모두 작전에서 제외시켰다. 그런데 침공이 완수되자 또 다시 육군중장에 의해 여군을 다시 부대에 재배치하는 군부 내 불일치 상황이 발생했다. 또한 전투직에서 배제된 인원들이지만 전투지원부대에서 군복무를 하고 있고, 군사력의 실질적 역할을 하는 여성 수가 점차 증가하고 있는 현실적인 문제도 있

91 DCPC는 육군은 모든 부대의 임무와 직책에 대해 적과의 접촉 가능성이 낮은 임무를 한편에, 가장 가능성이 높은 임무를 다른 편에 두는 스펙트럼 상에서 위험성을 평가해 여군을 적절한 곳에 배치하는 방법이다.

었다. 미국에서 전투에 참여해 최초로 부대를 지휘한 여성 지휘관은 1989년 파나마에서 활약한 린다 브레이(Linda Bray)인데, 그녀는 '대의명분작전(Operation Just Cause)'에 참여해 리더십을 발휘해 미 육군 내 여성 역할에 대한 논의에 촉진제가 되었다. 당시 18,400명의 군인 중 4%에 해당하는 약 800명이 여성이었고, 이들은 헬리콥터와 지상부대(ground troops)에 배치되었다.

1988년 2월 미 국방부는 여군의 보직을 제한해 직위와 부대를 평가하는 단일 기준인 '위험수칙(Risk Rule)'을 채택했다. 이 수칙에 따라 비전투 부대나 임무에서 직접 전투와 적의 직사화기(hostile fire)나 포로가 될 위험도가 전투 부대에서의 위험도보다 높을 경우 그 직위 또는 부대에 여군 보직이 제한되었다.[92] 미 회계국(GAO)에서는, 이 수칙을 적용한다면 군 업무의 거의 절반 정도는 여군에게 개방될 수 있다고 했다.[93] 하지만 이 수칙은 걸프전이 끝난 후 1994년 클린턴(Bill Clinton) 대통령 시절 폐지되었고, 군인은 자격 요건을 필요로 하는 모든 임무에 배치될 수 있었는데, 다만 주요 임무가 지상의 직접 전투 참가였던 여단급 이하 부대에 여성을 배치하는 것은 예외로 금지했다.

---

92 David Burrelli. 1996. "92008 : Women in the Armed Forces." *CRS Issue Brief*. December. http://www.nwlc.org/sites/default/files/pdfs/Women_in_Military_Assignments_A_Brief_History_Revised_09_April_2012.pdf(검색일 : 2011년 7월 10일).

93 U.S. General Accounting Office, 1988. "Women in the Military Impact of Proposed Legislation to Open More Combat Support Position and Unites to Women." GAO/NSIAD-88-197BR, July 1.

걸프전과 이라크전

1990년-1991년에 치른 걸프전은 그때까지 미국이 참여한 전쟁 중 가장 많은 약 4만 여명의 여군을 파병한 전쟁이라는 기록을 갖고 있다. 1990년 5월 미 함대 아카디아(Acadia)가 걸프전을 위해 샌디에이고를 떠날 때 승선한 1,260명 중 360명이 여군이었다. 이는 전쟁을 위해 미국의 남녀 군인들이 함께 군함을 타고 간 최초의 파병이었다. 이 외에도 걸프전은 여군이 교전 지역 내 통합 부대에서 남자 군인들과 함께 복무했던 최초의 전쟁이기도 했다.

'사막의 폭풍 작전(Operation Desert Storm)'에서 여군들은 이전에 볼 수 없었을 정도로 훨씬 더 가시적인 역할을 보여 주었다. 이 전쟁에서 여군들이 군인들의 이동을 돕고, 군 보급품 운송을 하고 있는 것을 많은 미디어들의 보도를 통해 볼 수 있었다. 걸프전에서 여군들은 행정병, 항공관제사, 운송병, 공병, 정보 기술병, 종교 담당, 통신병, 운전병, 법무관, 호송병 등의 역할을 맡았다. 트럭 운전 여군들은 군 보급품과 설비를 쿠웨이트로 운반했고, 일부는 전쟁 포로를 호송했으며, 헬리콥터를 운행하거나 기관총이나 패트리어트 미사일을 쏘기도 했다.

한 여군은 육상전이 벌어진 첫 날 이라크로 다기능 운송용 치눅(chinook) 헬리콥터 편대를 이끌고 가기도 했고, 해군병원 함대에서도 근무하는 등 여러 분야에서 많은 일을 하고 남자 군인들과 함께 근무하면서 자신들의 임무를 잘 수행했지만, 당시 법적 테두리 내에서 여전히 여성들의 직접 전투 참여를 금하고 있었을 뿐만 아니라 해군과 공군은 전투함을 타거나 전투기 탑승을 금지시키고 있었다. 당시 50만 명 이상의 미군이 파견되었는데 이 중 약 7.2%인 41,000명이 여군이었다.[94] 걸프전에 참여한 미국 여군 중 10%가 육군, 7%가 공군, 4.2%가 해군, 1.5%가 해병대에 소속되어 있었다. 이 전쟁에서 15명의 여군이 사망했고, 이라크군에 의해 두 명이 감금되었다.

걸프전은 1970년대 여군을 남성 군인들과 분리하는 체제를 제거하고, 1973년 지원병 제도를 도입한 이후 최초로 미군을 검증하는 중요한 테스트를 할 수 있었던 전쟁이라 평가될 수 있다. 그렇지만 이 전쟁을 통해 여군의 전쟁 수행 역량은 검증되지 못했고, 성차별을 제한시킨 군에 대한 신뢰도 검증되지 못했다. 오히려 새롭게 불거진 문제는 새로운 기술과 전쟁 전략으로 전통적인 전선 개념이 제거되었고 전투병과 비전투병 간의 기능 구분이 어렵게 되었다는 점이었다.

전쟁에서 여군의 역할 확대라는 점은 남녀평등을 이룬다는 측면에서는 바람직한 변화였지만 이로 인해 발생하는 문제를 둘러싼 사회적 논의는 더욱 확대되기 시작했다. 우선 이전에도 이런 문제가 있었지만 그동안 감춰졌던 군 내부의 성희롱과 성폭력 문제가 불거지기 시작했다. 또한 1991년 '걸프전' 때 미 여군들이 '아이들을 두고 여성들이 전쟁터에 나가야 합니까?'라고 하소연했었고, 이런 탄원이 그대로 받아들여져 걸프전 이후 미국은 더 이상 여군들을 전투병과에 배치하지 않는다는 결정을 내렸다. 그런데도 1991년 걸프전은 세계 언론들이 주목할 정도로 여군들의 역할이 중요했던 전쟁이었다. 하지만 약 4만 명이나 되는 여군들은 군에서 요구하는 업무만을 수행해야만 했다. 여군들을 지상전에 투입될 수 없었으나 많은 여군들이 적으로부터 공

---

94 당시 미국 총 현역 군인의 11%, 예비역의 13% 이상이 여성이었다.

격을 받는 경우가 많았다. 이 때문에 많은 여군들이 전투에서 적군과 교전을 벌였다는 보도가 자주 등장했다.

걸프전이 끝나고 미국에서는 여군에 대한 제한이 차츰 다시 폐지되기 시작했다. 1991년과 1993년 의회는 국방 인가법(National Defense Authorization Act)을 통해 공군, 해군, 해병대의 전투기에 여군 보직을 금한다는 내용을 철폐했다. 또한 1994년 국방부는 '위험 수칙'을 폐지했는데, 그 이유는 작전 지역에 있는 모든 사람이 위험한 상태에 있다는 판단에 따른 것이다. 대신 국방부는 자격을 갖춘 모든 군인에게는 어떤 보직이든 배치될 수 있게 하는 직접지상전투 배치 규정(direct ground combat assignment rule)을 마련했다. 직접지상전투란 적의 직사화기에 노출되고, 적과 직접적인 신체 접촉 가능성이 높은 지상의 무장한 적이나 부대와 교전하는 것이다. 국방장관 아스핀(Les Aspin)이 발표한 새 수칙은 지상 전투에 대한 세 가지 기준을 제시했다. 이는 직접적으로 적으로부터 공격받을 수 있는 상황에서 여군이 무기를 지닌 지상 적군을 상대하거나, 적군으로부터 총격을 받거나, 적군과 직접 신체적 접촉 가능성이 높은 부대에는 배치를 금한다는 내용이었다. 결국 육군의 경우 여군 역할에 대한 제한이 여전히 존재할 수밖에 없었다.

이 기준에 따라 여군은 실제로 잠수함과 전투군에 배치될 수 없었고, 이는 최근까지 계속 시행되어 왔다. 여전히 여군에게는 직접지상전투부대에서 복무하는 주요 임무가 금지되었다. 그럼에도 불구하고 여군들은 이라크와 아프가니스탄에서의 전쟁에 보다 더 적극적으로 참여해왔다. 이와 함께 다음 조건들을 요구하는 직위나 부대에서는 여군을 제한할 수 있었다. 즉 직접지상전투를 기본 임무로 하는 병과, 특히 직접지상전투부대와 공동 작전을 수행하는 부대와 직위, 군이 판단할 때 여군에 적합한 생활환경 준비에 과다한 비용이 소요되는 부대나 직위, 그리고 특수 작전 임무나 장거리 정찰 임무를 수행하는 부대나 직위 등에는 여군의 활용을 제한했다.

〈그림 23〉 미 여군 관련법의 변화

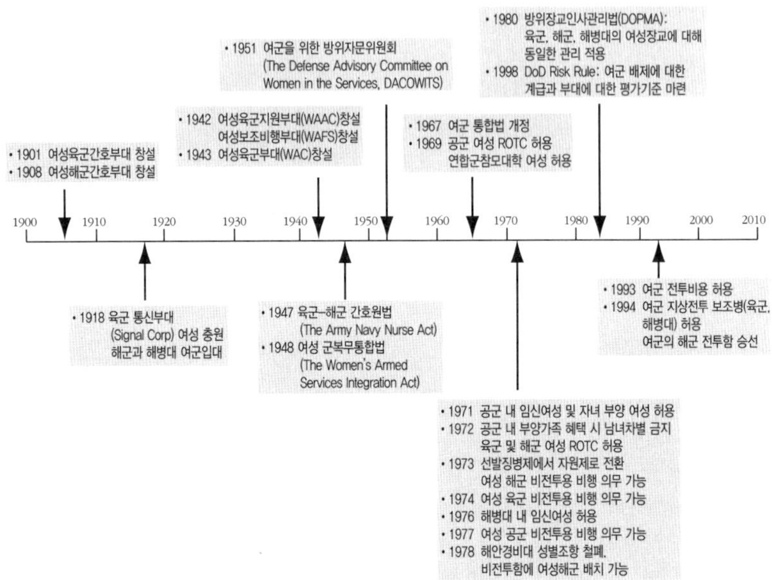

여군의 전투 배치 정책은 공군과 해군의 몫이 되었다. 공군은 모범적인 예를 보여주듯이 1994년 재클린 파커(Jacquelyn Parker) 공군 중령을 F-16을 조종하는 최초의 여성조종사로 임명해 전투비행대대에 배치했다. 하지만 실제로 여성 조종사가 전투에 참여한 것은 1998년 이라크 전쟁의 '사막의 여우 작전(Operation Of Desert Fox)'부터였다. 육군은 이보다 앞서 전투 업무에서 여군을 제외시키는 법을 폐지했었지만, 여군은 사실상 전투에 참여하는 보병 내 수비력의 핵심 업무를 포함한 다른 일부 보직 업무에도 배치되지 않았다. 1998년 미 회계감사원(GAO; United States General Accounting Office)의 보고서에 따르면 미군 전체 140만 개 직위 중 약 22,000개 직위에 여군의 보직을 제한하고 있으며, 이는 전체 직위의 약 15%에 해당된다. 각 군별로 보면, 육군은 29%, 해병대는 25%, 해군은 9%, 공군은 1%의 직위에 대해 여군의 보직을 제한했다.

1998년 방위정보센터(Center for Defense Information, CDI)는 여군 활용의 궁극적인 기준은 성이 아닌 개인이어야 한다고 제안했다. 이에 따르면, 모든 군 복무 지원자는 자신이 원하는 분야(병과)의 최소 기준을 갖추어야 하고, 각 병과에 근무하는 모든 군인들에게 예외 없이 모든 직위와 유형의 직무를 완수할 수 있도록 기회가 주어져야 하며, 각각의 직위는 성(性)과 무관하게 가장 유능한 개인들로 채워져야 한다는 것이다. 2001년 기준으로 미 육군의 전체 병력 47만 6,000명 중 현역 여군은 7만 4,943명으로 전체의 15.4%를 차지했다. 미군은 한국과 같이 부사관, 장교뿐만 아니라 사병도 운영하고 있어 단순 비교는 어렵겠지만, 장교만을 놓고 보면 그 비율은 16%였다. 1997년 미 육군 소속 클로디아 케네디(Claudia Kennedy)는 여성 최초로 3성 장군이 되었다.

미 해군은 2010년 2월 육군과 공군에 비해 뒤늦게 여군의 잠수함 복무 금지 정책을 폐지하기로 결정했다고 의회에 통보했다. 미 여군의 군함 복무는 1993년부터 시작됐지만, 잠수함 복무는 장소가 비좁고 수면 공간이 제한되어 있어서 남녀가 함께 지내기 힘들다는 이유 등으로 허용되지 않았다. 의회가 해군의 여군 잠수함 복무 금지 정책에 대한 폐지 방침을 따르더라도 여군이 실제로 잠수함에 복무하려면 최소한의 준비 기간이 필요하기 때문에 2012년부터 가능해졌다. 해군은 장교부터 단계적으로 여군의 잠수함 복무를 도입할 예정인데 잠수함 근무 장교는 배치 전 1년 이상의 '핵 훈련'을 마쳐야 한다고 강조했다. 국방부의 한 관리는 여군 복무를 위해서는 잠수함 구조에 많은 변경이 필요하다면서 2010년 해군사관학교를 졸업하는 생도들이 잠수함에 근무하는 첫 여성 해군이 될 수 있다고 했다.

그럼에도 불구하고 전쟁에 있어서 전투지역이라고 정의하기 어려운 경우가 많기 때문에 군에 따라 이 정책의 실천은 차이가 많을 수밖에 없다. 특히 이라크전은 전면전이므로 모든 지역이 전투지역으로 간주될 수 있었기 때문에, 여군들이 전투병으로 배치되지 않았다 해도 전투병과 다름없었다. 이라크 주둔 여군들은 의무병, 군용기 조종, 트럭 운전, 무기 운반과 수송, 포로 감시 등의 다양한 업무를 수행했는데, 일부 의회 내 의원들과 민간단체들은 미군이 법규를 위반하면서 적군의 습격을 직접 받을 수 있는 헌병 순찰대와 전투지원부대에 여군들을 배치하고 있다고 항의했다. 이 때문에 결국 여군을 보호하기 위한 목적에서 여군의 임무 범위를 제한하는 법안이 다시 추진되었지만 부결되고 말았다.

민간단체들은 대체로 여성의 전투직 배치에 적극적으로 반대했는데, 그 이유는 여군의 전투 참여는 여성의 신체적 능력은 물론 법과 도덕의 차원에서 위험이 많고, 여군이 보병, 기갑부대, 특수부대에 배치되어 임무를 수행하는 것이 정말 위험하다는 이유 때문이었다. 하지만 국방부 입장에서는 그럴 가능성은 전혀 없고 지상전투 임무를 수행하는 여단급 이하 부대에는 여군을 배속시키지 않는다는 군 규정이 잘 지켜진다고 단언했다.[95] 걸프전 이후 여성들의 전투 참여에 대한 논의가 불붙기 시작했지만 이 문제에 대한 결론은 상당히 오랫동안 논의될 수밖에 없었다.

2001년 '항구적 자유 작전(Operation Enduring Freedom)'과 2003년 '이라크 해방 작전(operation Iraqi Freedom)'은 1990년 초반 미국이 걸프전에서 수행했던 군사 작전 이후 최대 규모의 군대를 동원한 전쟁이었다. 이라크전과 아프가니스탄전에서 사망한 여군 수는 150여 명으로, 그중 100여 명 가량이 전투를 벌이다 사망했다. 이 전쟁은 여군의 전투부대 배치 금지 정책과 대비해 다양한 전투에서 여군들의 활약이 돋보였다. 이렇게 여군의 전투 참여와 사상자 수가 많은 이유는 다음과 같다.

첫째, 이라크에서의 전쟁터는 항상 예측불가능한 상황이 발생하는 곳이라 작전지역 전방과 후방을 구분하기 어려웠다. 따라서 수칙에 정의되어 있는 '직접지상전투'의 개념의 의미가 없어졌다. 둘째, 당시 육군이 '모듈러 재설계(Modular Redesign)'을 기초로 운영되고 있어서 여단전투팀(Brigade Combat Teams, BCT)이 다기능 지원 여단으로 구성되어 있었는데, 이들 여단들에는 비전투 군인인 여군들이 많이 포함되어 있었다. 여군 배치에 관련해 이런 협력 체제는 1994년 수칙과 차이가 날 수밖에 없었다. 육군과 해병대는 여군들을 가가호호 방문하면서 이라크 여성들이 무기를 지니고 있는지 검문하거나 보병들과 순찰하는 임무를 맡았다.

---

95 Voice of America. "[미국은 지금] 계속되는 미국 여군의 역할과 임무 범위 논란." 2006년 6월 1일. http://www.voanews.com/korean/news/a-35-2005-06-01-voa17-91188684.html.

미국이 참가한 가장 최근 전쟁인 아프가니스탄과 이라크에서의 전쟁은 미군에서의 여군의 역할이 얼마나 확대되었는지를 아주 잘 보여 주었다. 2008년 전체 미군의 수가 약 140만 명이었는데, 이중 여군이 약 20만 명으로 여군의 비율은 전체 군인의 약 14.4%였다. 2012년에는 미군의 14%인 165,000명 이상의 여군이 등록되었으며, 이와 더불어 장교로 복무하고 있는 여성은 35,000명 이상이었다. 이와 같이 과거 어느 때보다 높아진 여군 비율의 증가에서 보듯이 아프가니스탄과 이라크에 파병된 여군의 규모도 상당히 컸다. 이 두 전쟁에 2001년 9월부터 2011년 12월까지 283,000명 이상의 여군이 전투작전에 배치되었다. 거의 13년간 이어진 전투작전에서 여군은 800명 이상 부상당했고, 최소한 139명이 사망했는데, 비전투에서 발생한 경우까지 합하면 그 숫자는 늘어날 수도 있다. 이라크 전쟁에서 110명의 여군이 사망했고, 아프가니스탄 전쟁에서는 적어도 13명의 여군이 사망한 것으로 집계되었다.

〈표 5〉 전쟁에 따른 여군 현황

	전쟁	작전명	여군 규모 및 여군 사상자 수
1812	미서전쟁	Stephen Decatur's flag ship	1,500명, 2명(간호원) 승선 20 명 이상 사상
1862 –1865	남북전쟁		80명 이상 사상, POW 1명 간호사 수천 명 400명 이상 전투참여
1910– 1917	제1차 세계대전	해군 및 해병대 최초로 여군 입대 육군은 간호병만 허용	35,000명, 육군은 200명의 민간인을 고용하여 전화교환수로 고용 – 나중에 퇴역자로 인정 172명 사상(4명 사망)

1941–1945	제2차 세계대전		400,000명, 432명 사상(16명 육군간호사 사망), POW 90명
1950–1953	한국전쟁		120,000명, 2명 사상
1955–1975	베트남 전쟁		7,500명, 8명 사상(7명 사망), POW/MIA 4명(민간인)
1983	그라나다 침공	Operation Urgent Fury	170명(군 운송기 공군)
1983	리비아 침공		KC-135와 KC-10 tanker 부대 내 공군 소속 여군들이 참여
1989	파마나 침공	Operation Just Cause	770명을 여성 헌병 부대에 배치 블랙호크 헬리콥터로 비행 중인 여군들이 공격받음
1990–1991	걸프전	Operation Desert Storm	40,782명 13명 사망, POW 2명
1992–1994	소말리아 작전		1,000명 이상
1995	아이티	평화유지군	1,200명 이상
1996–2001	보스니아	평화유지군	15,000명 이상
1998	이라크	Operation Desert Fox	여조종사들이 최초로 전투기 조종
1999–2001	코소보		여조종사들이 전투기 조정 여군 8,000명 이상
2000	USS Cole 테러 공격		2명의 해군 사상 5명 부상
2001–2011	아프가니스탄/이라크 전쟁	Operation Enduring Freedom/Operation Iraqi Freedom	283,000 명 이상 840명 이상 사상(150여명 사망) POW 3명

〈표 6〉 2014년 미국 여군 규모

	크기
미군 내 여군 규모	362,200명(활동 여군과 예비여군)
미군 내 여군 비율	15.7%(활동 여군) / 25%(예비 여군)
여군이 배치될 수 있는 보직 비율	95%

출처 : Women's Memorial/ Department of Defense

이라크 전쟁에서 미 여군은 공식 전투병으로 배치될 수 없었지만, 현실적으로는 지상전투-보병부대에서 수년 동안 복무하고 있었기 때문에 적으로부터 공격받기 쉬운 상황에 놓여있었다. 모든 여군부대는 이라크 여성들을 대상으로 폭발물을 소지하고 있는지 보안검문소 조사 업무에 배치되었다. 여군들은 검문소에서 남자 군인들과 함께 잠을 잘 수 없기 때문에 매일 트럭을 타고 미국 기지로 출퇴근하는 동안 적의 눈에 보이는 목표가 되었다. 결국 이라크 전쟁이 절정이었던 2005년 이라크군 은닉 지역인 팔루자(Fallujah) 근처에서 14명의 여군 해병을 태운 트럭이 폭발물 공격을 받아 두 명이 사망하고 나머지 인원도 중화상을 입었다. 이는 1991년 이후 미 여군들이 가장 치명적인 공격을 받은 경우였다.

최근 미 여군이 군대 내 금녀의 벽을 허물고 있는 것은 이미 검증되었다. 미국 국방부는 공식적으로 여군의 전투 참여를 금지하고 있었지만 실제로는 이라크와 아프가니스탄에서 여군들은 기관총을 들고 거리를 순찰하거나 폭발물을 처리하는 일도 맡았고, 이동 차량에서 기관총 사수로 배치되기도 했다. 과거에는 전쟁터에서는 힘과 용맹함이 가장 중요한 자질로 평가받았지만, 최근에는 기술도 중요한 능력으로 인정을 받으면서 여군들이 참여 분야가 많이 늘어났다.

특히 이라크나 아프간전쟁에서 미군은 게릴라나 비정규군과의 전투를 했기 때문에 전쟁터에서 민간인과 적군이 구별이 힘든 경우가 많아서 오히려 여군들의 손길이 필요한 경우가 많았다. 예를 들면 가끔 무기를 압수하기 위해서 여성들에 대한 몸수색을 할 때, 이슬람 문화를 생각하면 남자 군인들이 여성의 몸을 수색한다는 것은 있을 수가 없기 때문에 여군의 존재가 절실히 필요했다. 리 헤스터(Leigh Ann Hester)는 2005년 이라크에서 작전 수행 중 근접전투술(Close-quarters combat)[96]을 펼치는 과정에서 놀라운 용맹을 보여줘 은성훈장(Silver Star)을 받은 최초의 여군이 되었다. 게다가 2008년에는 모니카 브라운(Monica Brown)도 은성훈장을 받았는데, 그녀는 아프가니스탄에 도로 매설 폭탄(roadside bombs)이 폭발했을 때 자신의 몸을 던져 부상당한 군인들을 보호했고, 그들을 살리기 위해 총격을 피해 나온 용기에 대한 포상이었다.

미 국방부는 그동안 여성이 남성에 비해 체력이 떨어져 실제 전투에서 불리하고, 여성이 전투 현장에서 사망하면 국민 여론이 악화된다는 이유로 여군의 전투 참여를 금지해 왔다. 하지만 미 국방부는 최근 엄격한 체력 심사를 거쳐 남성에 뒤지지 않는 여군을 전투 지역에 실전 배치하고 있다. 특히 일반 보병이나 기갑부대가 아닌 특수부대에

---

96 근접전투술은 시야가 좁은 정글 같은 곳에서 갑자기 적이 눈앞에 나타나거나 바위나 수목에 가려져 총기를 마음대로 쓸 수 없을 경우 적과의 접근전에서 권총이나 전투용 나이프를 동시에 움켜잡고 근처의 적을 붙잡아 던지는 전투 기술이다. 이 전술은 간단한 조작으로 적을 방패로 삼거나 위협해서 정보를 캐낼 때도 사용한다.

도전하는 여군이 늘어나는 추세에 따르는 배치도 고려되고 있다. 예를 들면 레이 마버스(Ray Mabus) 미 해군장관은 최근 여군이 최정예 특수부대인 '해군 특수부대 SEAL'[97]에 배치될 수 있는 기회를 주겠다고 선언했다. 해군 특수 여단으로 불리는 SEAL은 알카에다를 이끌었던 오사마 빈 라덴 사살 작전을 수행했을 정도로 최고의 전사로 구성되어 있다. SEAL은 그러한 작전 수행을 위해 지옥 훈련을 계속하는 것으로 유명하다. 또한 미 해군에서는 여군을 역사상 최초로 잠수함에 배치했다.

지상전투보병대에서의 여군 복무 문제는 오랫동안 논의되었다. 일부 군 전문가들은 여군들이 전투직은 물론 다른 군사업무도 할 수 있도록 문호를 개방해야 한다고 주장했던 반면, 한편에서는 비전투 업무에 더 많은 여군을 배치하는 것은 전투부대 남자 군인들의 교대 인원을 축소하는 것과 같다고 주장했다. 어떤 경우라도 군대의 주요 업무가 전쟁이 발생했을 때 상대방과 싸울 준비를 하는 것이 전쟁을 방지하는 것이므로, 전투직 여군 배치에 제약이 있다면 군대가 병력 수를 늘리고 여군 배치를 확대할 수 있는 범위에도 한계가 있을 수밖에 없다. 두 주장 모두 국가 안보와 미국 사회에서 여성의 역할을 고려하고 있기 때문이었다.

여군을 전투병으로 허용한 경우는 1993년 캐나다, 벨기에, 네덜

97 SEAL은 바다(Sea), 하늘(Air), 육지(Land)가 합쳐진 용어이다. 1962년 케네디 대통령의 명령으로 창설된 특수부대로서 주로 해상, 육상, 항공에서의 적의 정보를 분석하고 상황을 판단함으로써 효율적인 작전 수행을 지원한다. 최근에는 미국의 테러 예방이나 진압을 위한 해군 특공대로서의 역할을 주로 하고 있다.

란드, 노르웨이, 영국이 최초였고, 그 시기 역시 별로 오래되지 않은 약 20년 전에 불과하다. 1997년 스페인과 호주가 여군 전투병을 허용한 반면, 이 때 영국은 오히려 여군 전투병을 다시는 허용하지 않았다. 1999년 프랑스, 일본, 남아프리카공화국, 스리랑카, 타이완, 이스라엘, 러시아에서 1인 공격기 조종사로 국한해 여군 전투병을 허용한 반면, 해군의 경우 포르투갈과 남아프리카공화국만이 여군 전투병을 허용했다. 하지만 2000년 이스라엘 법과 독일 법정에서는 여군을 전투병에서 제외해야 한다는 결정을 내리기도 했다. 한편 에리트레아와 남아프리카공화국은 여군을 보병에 허용했지만, 공군과 해군보다는 육군에서의 여군 전투병을 금지하는 성향이 강했다. 독일과 그리스는 여군을 전투 병과에서 완전히 배제시키는 결정을 내리면서 단지 타자병과 간호병으로 여군의 직무를 제한하고 있다.

군대 내 여군에 대한 신뢰가 커지면 국가안보가 위험에 빠질까 강화될까? 이런 기본적 이슈에 대해 미국 내 여론은 항상 양분되어 왔다. 성에 따른 역할의 차이, 신체의 차이, 미래 세대에 대한 보호, 사회적 규범을 이유로 군대 내 여군의 배치에 제약을 두어야 하는가? 전투직 여군에 반대하는 측은 남녀 간의 신체적 차이와 감정적 차이뿐만 아니라 임무에 방해될 수 있는 남녀 관계를 우려하고 있다. 이들은 여성은 남성보다 신체적으로 약한데, 특히 상체의 힘이 더욱 약한 여성이 남성에 비해 감정적으로 행동한다고 주장한다. 또한 남녀 군인이 성적이든 감정적이든 서로 호감을 느끼면 부대의 단결력을 저해하고, 군 임무를 충실히 수행하지 못할 수 있다고 주장하기도 한다.

반면 전투 여군에 찬성하는 측은 전시에 군인은 남녀 구분을 떠나 할 수 있는 임무는 같기 때문에 여성의 전투병 제한 규정은 결코 의미가 없다는 주장도 있다. 문제는 여군들이 남자들과 같은 무기를 소지한 채 근무하지만, 보병대 남자들처럼 전투훈련을 받지 못하는 규정 때문에 오히려 비상 상태에서 적의 공격에 효율적으로 대응하기 어렵다. 이러한 임무를 했던 지상 보병대에 속했던 여군들은 남자 구성원과 팀의 결속을 이루고, 전투 시 서로 팀의 강점과 약점을 이해하고, 무엇을 할 것인지 파악하고, 서로 어떻게 행동해야 하는지 이해하기 위해서 반드시 모두 함께 동일한 훈련을 받아야 한다고 주장했다. 게다가 이런 상황이 계속되면 전투에서의 효율성은 물론 여군들의 내부 승진, 즉 지도급 진입에 걸림돌이 된다는 것이었다.

국방부에 따르면, 종전이 선언되고 공식적으로 미군이 완전히 철수한 후인 2013년 2월에도 여전히 이라크에서의 군사작전에 배치된 여군은 16,407명이 배치되어 있었다. 현재에도 전쟁지역 스트레스가 심각한 상태의 여군들은 20%에 육박한다. 여군들은 군사 인력에서 필수적이고 대부분의 전투 업무 배제가 법적으로 폐지되었지만 여전히 여러 문제가 남아있다. 첫째, 여군 규모를 감축할지, 그대로 유지할지, 확대할지의 문제가 남아있다. 둘째, 전투직 여군의 신체조건 및 체력검사 기준에 대한 논의도 이루어져야 한다. 이 문제를 조사한 결과, 남녀를 불문하고 군인들에게 동일한 조건을 적용해야 한다는 점에는 이견이 없다. 셋째, 남녀 군인 통합 전투부대를 구성하는 문제 역시 중요하다. 젊은 하위급 군인들은 이것을 큰 문제라 생각하지 않지만, 중고위급 군인들은 여성들만의 특성, 임신과 생리 주기, 체력 한계 등의 문제는 물론 성추행이나 부적절한 관계 형성 등의 문제 발생을 우려하고 있다. 170,000명의 여군을 대상으로 한 조사를 통해 8% 미만의 여군만 전투직을 원한다는 결과를 보여 주고 있다.[98] 그 비율이 생각보

〈그림 24〉 미 여군의 변화 추이

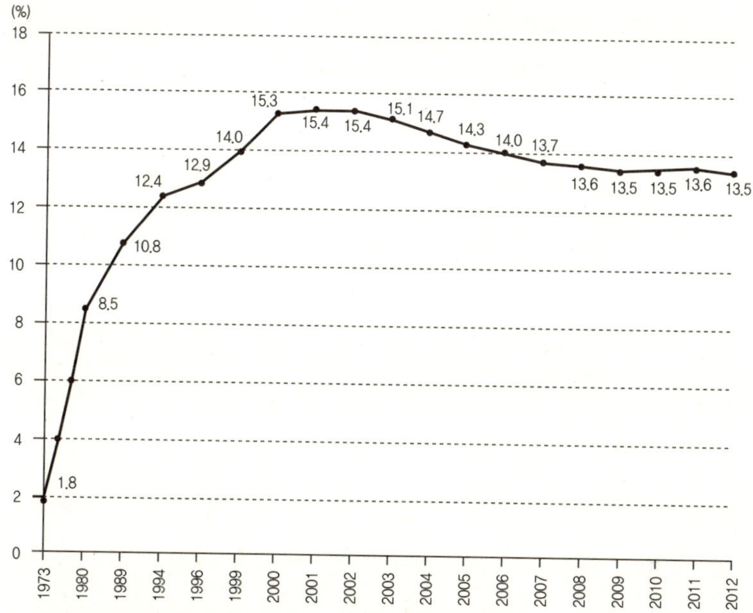

출처: DoD PERSONNEL & PROCUREMENT STATISTICS, Militay Personnel Statistics
http://siadapp.dmdc.osd.mil/personnel/MILITARY/miltop.htm

다 낮은 편이지만, 여성들은 자신들에게 적용되는 제약을 폐지하고 전투직에 배치될 수 있는 기회는 누구에게나 공평하게 주어져야 한다는 데 동의하고 있다.

2012년 국방부는 그동안 여군 참여가 제한되었던 수천 가지 보직을 여군들에게 개방할 것이라고 발표했다. 임무 특성상 제한된 분야

98 The Guardian. "Small fraction of U.S. army women want combat jobs, survey finds." February 25, 2014. http://www.theguardian.com/world/2014/feb/25/us-army-women-combat-jobs-survey(검색일 : 2014년 3월 6일).

에서만 활동했던 여군에 대한 임무 제한이 사라져 여성의 군대 참여가 크게 늘어날 수 있게 되었다. 미 국방부가 여군 보직 개방을 검토한 배경은 이미 상당수 여군들이 남자 군인들과 함께 적지에 투입되는 상황에서 더 이상의 보직 차별은 옳지 않다고 판단했기 때문이다. 여성단체들도 그동안 "여군의 직접 전투 참여를 막고 있어 남성에 비해 여군들이 진급, 급여 등에 상당한 불이익을 받고 있다"고 주장해 왔다.

이에 따라 미 국방부가 추진하는 여군 보직 제한이 풀릴 경우에는 여성들을 위한 수천 개의 일자리 창출과 함께 여성의 군대 참여율도 크게 늘어날 수 있을 것이다. 그동안 미 국방부는 1994년부터 여군의 경우 적군과 바로 조우할 수 있는 최전방 전투에 참여하는 여단급 배치를 금지해 왔으나 이제는 여군에게도 여단급 배치가 허용되었다. 향후 기갑, 포병, 방공 부대원으로 여군의 보직 확대가 가능해졌다. 이와 관련해 해군의 'SEAL'이나 육군의 '델타포스' 등 특수부대로 확대되지는 않았지만 언젠가는 이 부분도 성역이 될 수 없으리란 전망도 나오고 있다. 그러나 남자 부대원과 함께 적군을 사살하는 광경이 벌어질 가능성이 있는 최전방 전투 참여는 여전히 논의의 여지가 있다.

미군 규정에 따라 지난 1994년 이후 여군들은 전쟁터에 일부 투입되어 각종 위험한 임무를 수행하고 있지만, 여성에게도 동등한 기회를 주고 능력에 맞는 다양한 임무를 수행할 수 있도록 했다는 점에서 이 같은 발표는 긍정적으로 평가되었다. 국방부의 새로운 결정은 단지 이런 업무 배정을 공식화했다는 점에 의미가 있지만, 여전히 여성의 전투탱크부대, 특수작전 특공대, 그리고 보병대 근무를 금지하는 한계를 보였다.

하지만 남성들과 마찬가지로 여군들도 전투 현장에 배치해야 한다고 주장하는 사람들은 이미 수많은 여성들이 위험한 지상군에 포함돼 충실한 임무를 수행하고 있다고 주장했다. 또한 전쟁 과정에서 사망하는 여군 비율이 남성에 비해 월등히 높은 것이 아니라는 주장도 있었다. 또한 이런 주장을 옹호하는 사람들은 만일 직접 총을 들고 싸워야 하는 보병 병과가 아니더라도 전쟁터에는 수많은 역할과 임무가 있기 때문에 전투병과에서 여군들을 배제하는 것은 군의 효율적인 임무 수행을 저해하는 결과를 초래한다고 주장했다. 하지만 여전히 일부는 체력적으로 남성에 비해 여성이 취약한 경우가 많고, 목숨을 담보로 하는 위험한 임무는 가급적 피하도록 하자는 주장도 많았다.

결국 2013년 1월 리온 파네타(Leon Panetta) 국방 장관이 여군의 전투병 금지를 해지한다고 밝히면서 여군들의 근무 부대에 대한 차별은 완전히 철폐되었다. 이로써 1994년의 규칙은 더 이상 필요 없게 되었지만, 실제로 군에서의 변화는 점진적으로 이루어졌다. 일부 임무는 즉시 여군에게 배정될 수 있었지만, 군 내부의 각 분과는 2016년까지 새로운 규칙에 대한 예외 조항을 유보시키기로 했다.

2012년 여군은 미군의 14% 정도를 차지하고 있다. 16만 5천 명 이상의 여군들이 복무하고 있는데, 이외에도 35,000명 이상의 여군 장교들이 있다. 해를 거듭하면서 군대에서의 여군 역할이 점점 확대해 왔는데, 2012년 초반 국방부는 대대에 상시적으로 여군들을 배치하고 무선통신병, 위생병, 탱크정비병 등과 같이 중요한 임무를 맡김으로써 전투 현장에 더 많이 투입시키는 새로운 정책을 마련했다. 하지만 이라크와 아프가니스탄 전쟁에서 긴급히 필요한 임무를 채우기 위해 여군들은 이미 임시적으로 배치되어 있었다. 1994년 수칙 이전에는 육군 직책의 67%만이 여군에게 개방되었던 반면, 2014년 육군 직책의 78%까지 여성에게 확대되었고, 모든 현역 여군과 예비역 여군은 군 직책의 95%에서 복무하고 있다.

2절 현대 전쟁과 미국 여성들의 삶과 지위

제2차 세계대전 이후 여성의 사회 참여가 잠시 주춤했지만, 사회의 변화와 여성의 의식 변화는 자신들이 받는 차별의 벽을 허물기 위해 연대하면서 1970년대에는 제2의 페미니즘 운동이 전개되었다. 1960－1970년대에는 여성들을 위한 다양한 법, 즉 1963년 임금평등법, 1964년 시민권법이 등장했다. 이전의 시기가 혼란의 시기였던 것과 달리 미국 국민에게 1980년대는 낙관과 희망의 시대로 간주되었다.

1980년대는 레이건 행정부 하에서 '마약과의 전쟁'이 진행되었다. 사회 내 가장 큰 변화는 대학생들과 베트남전쟁 퇴역자들 사이에서 마약 사용이 불법화된 것이었다. 마치 1930년대 금주 운동이 벌어질 때와 유사하게 도시마다 전쟁터와 마찬가지로 마약 색출 작업이 벌어졌다. 특히 영부인인 낸시 레이건(Nancy Reagan) 여사는 "그냥 안 한다고 말해(Just Say No)" 캠페인을 통해 남편의 정책을 지지하기 위해 마약 반대운동을 적극 전개했다.

여성들은 남편의 권력이나 명성을 높이는 것만큼 자신들의 권한을 영향력 있게 행사하기 시작했다. 이런 분위기가 조성되기 시작한 것은 서방국가 최초의 여성 지도자로 영국의 대처총리가 등장했기 때문이었다. 그녀의 강력한 리더십과 반공산주의는 '철의 여인'이라는 별명을 얻기에 충분했다. 여성들의 교육 기회가 계속 확대되면서 1980년대 중반에는 대학 학부 졸업생의 49%가 여학생들이었고, 석사 49%, 박사 33%가 여성일 정도로 여성들의 교육 수준이 매우 빠르게 높아졌다. 또한 과거에는 여자들이 거의 전공으로 선택하지 않았던 자연과학, 공학, 농업, 법학 등을 시작했지만, 1989년만에도 여성 엔지니어는 여전히 7.5%에 불과했다. 여성들은 교육학, 사회사업, 가정경제, 간호학, 도서관학 등을 주로 전공했다. 직업적인 측면에서도 여전히 서무직, 공장 업무, 소매상, 서비스직, 비서직, 타자수, 미용사, 조리사, 청소부 등과 같은 전통적으로 여성들이 종사하던 직종에 대부분 종사하고 있었고, 정책 결정을 하는 직업에는 여성들이 거의 없었다. 임금도 여성들이 남성들에 비해 32% 정도 낮게 받았지만 1970년대의 49%에 비하면 크게 향상된 것이었다.

이렇게 여전히 여성 관련 지표들이 낮은 상황이라 페미니즘 운동이 완전히 사라지지 않은 채 계속 진행될 수밖에 없었다. 하지만 1920년 여성들이 참정권을 얻어 투표할 수 있었던 것에 비하면 1984년 대통령 선거에서 민주당 제럴딘 페라로(Geraldine Ferraro)가 부통령 후보로 선택될 정도로 여성들의 정치 분야에서의 선전은 큰 변화였고, 이에 따라 여성들의 정계 진출이 눈에 띄는 현상이 되었다. 레이건 행정부에서 산드라 오코너(Sandra O'Connor)가 미 대법원 최초의 여성 대법관으로 임명되었고, 진 패트릭(Jeanne Patrick)은 미국을 대표하는 UN대사로 활동했다.

이 시기에는 예전과는 다른 페미니즘 운동이 전개되면서 사회적으로 미시즈(Mrs.)나 미스(Miss)와 같은 명칭을 붙였던 관습 대신 미즈

(Ms.)라는 단어를 사용하기 시작하면서 자신의 결혼 상태를 표면화 하지 않았고 심지어는 결혼 후에도 남편의 성으로 바꾸지 않은 채 자신의 성을 그대로 사용하는 경우가 많아졌다. 이런 현상이 나타난 이유는 여성들이 자신의 이름으로 직장 생활을 하면 자신의 가정이나 가족을 둘러싼 사생활이 타인들에게 노출하지 않아도 되었기 때문이었다.

많은 여성들은 자아회복은 물론 점차 나아지는 생활수준 향상을 주택이나 자동차, 의상 등에 소비하는 패턴을 통해 자신들의 성공을 보여 주려는 현상이 나타나기 시작했다. 이런 변화는 음악, 영화, TV 드라마 등에서도 여성의 활약이 눈에 띌 정도로 두각을 보이게 되었는데, 예전과는 다른 여성상이 강조되고 있었다. 이와 같이 대중매체가 귀엽고, 성적 매력을 지닌 젊은 여성들보다는 성숙하고 강인하며, 독립적이고, 능력을 갖춘, 무엇보다도 자신의 의견을 거리낌 없이 솔직히 말하는 중년 여성의 활약상을 강조함으로써 여성들의 새로운 라이프 스타일에 대한 사회 인식과 여성 자신의 변화에 큰 영향을 끼쳤다.

게이, 레즈비언 운동은 1981년 후천성면역결핍증후군(AIDS)의 출현으로 활성화되기 시작했다. 초기에 AIDS는 뉴욕과 샌프란시스코의 게이 남성 커뮤니티를 통해 전염되면서 이 병은 남성 동성애자들에게만 영향을 미친다고 보았기 때문에, 활동가들은 AIDS 교육, 예방, 치료를 위한 공공 기금을 마련하는 운동을 펼쳤다. 게이, 레즈비언 운동으로 숨었던 동성애자들이 커밍아웃을 했으며, 이는 많은 이들이 동성애자임을 깨닫게 했다. 1987년 뉴욕에서는 50만 명이 참가한 게이 권리를 위한 행진이 열렸다. 1982년 위스콘신에서 처음으로 동성애자 고용차별금지법을 통과시켰으며, 11개 주가 시민권 아래 그들을 보호하는 카테고리를 만들었으며, 일부 주는 그들을 위한 건강보험을 보장했다. 그러나 아직도 소도미법(Sodomy Law)[99]이 남아있는 주가 있으며, 그들의 동등한 권리는 보장받고 있지 못하다.

1950년부터 1990년 사이 여성들에게 전례 없는 변화들이 일어났고, 그 후에는 여성의 노동시장 참여가 큰 변화 없이 안정적인 양상을 보였다. 거의 40년 간 여성들이 인권 운동을 동반한 여성 운동을 통해 기회를 많이 획득했지만 1990년대에 들어 여성 노동자들 간의 격차가 나타나기 시작했다. 백인 여성과 흑인 여성 간의 직업 차별과 고학력 여성과 저학력 여성 간의 임금불평등이 발생했고, 젊은 백인 여성과 흑인 여성 사이의 고용격차도 처음으로 나타났다. 에릭 올린 라이트와 레이철 드와이어(Wright and Dwyer 2000)의 연구는 새로 창출된 일자리를 통해 누가 얼마나 이익을 보았는지 설명하면서, 1960년대에는 성(gender)이 가장 중요한 요인이었지만 1990년대에는 인종(race)이 더 중요한 요인이 되었음을 보여 주었다.

1950년 이후 진행된 거의 40년 동안의 여성 운동을 통해 나타난 가장 큰 변화는 전체 노동시장에서 여성의 참여가 상당히 증가했으며, 특히 기혼 여성과 어린 자녀를 둔 여성의 노동시장 참여 확대는 주목할 만하다. 1990년대 후반과 2000년대 초반에는 아이를 둔 백인 기혼 여성의 노동시장 참여율이 약간 하락했지만, 이런 현상의 일차적

---

99 이 법은 동성 간 성행위를 처벌하는 것으로 각 주별로 처벌 내용이 달랐는데, 2002년까지 36개의 주에서 이 법이 폐기되었다. 텍사스 주의 경우 2003년 연방대법원이 이 법에 대한 소송에서 위헌 결정을 내림으로써 '동성애자는 자신의 사생활을 존중할 권한을 지니고 있다'는 점을 인정했다.

원인은 경기후퇴와 일자리 찾기의 어려움 때문이었다(Boushey 2006). 미국 노동통계국(BLS)에 따르면 1950년에는 유급 노동시장에 참여하고 있는 여성이 전체 여성 인구의 삼분의 일에 불과했지만, 2004년에는 이 비율이 약 60%에 이른다. 같은 기간 기혼 여성의 노동시장 참여율은 24%에서 61%로 상승했다. 1975년에는 6세 미만의 자녀를 둔 여성의 39%가 노동인구였지만, 2004년에는 이 비율이 62%로 올라갔다. 최근에는 이보다 높아져 30대 여성들의 고용이 약 70%에 달하며, 40대 여성들의 고용은 약 75%에 달한다.

그렇지만 여성들이 끊임없이 노동운동을 해야만 하는 이유는 분명했다. 첫째, 많은 여성들에게 적용되는 '승진 상한선' 같은 커다란

〈그림 25〉 기혼 여성의 직장 생활에 대한 의견 변화(1938 - 2012)

(질문 : 당신은 기혼 여성이 직장에서 풀타임으로 일하는 것을 찬성합니까?)

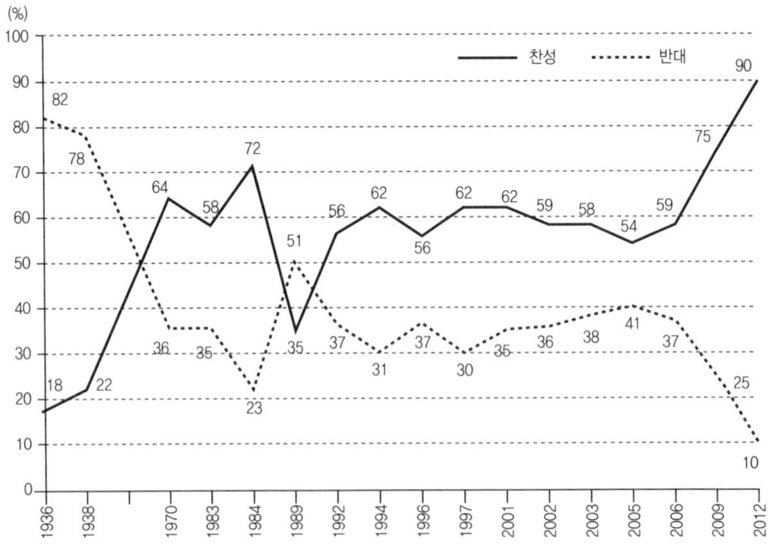

출처: Gallup. "Gender Stereotypes Prevail on Working Outside the Home." August 17, 2005; Fortune 1936 Poll; CNN Poll. "Support for working women almost unanimous. "April 16, 2012.

장벽이 여전히 존재했으며, 그 외에도 여러 가지 차별이 노동시장에 여전히 남아 있었다. 특히 일과 가정 모두에서 잘하려고 노력하는 전문직 여성의 경우에는 이런 측면에서 별로 변한 것이 없는 직업 세계에서 불이익을 받는 고통을 겪었다. 둘째, 성공한 전문직 여성들의 이야기에서는 계급과 인종이라는 핵심 요소가 생략되었다. 대부분의 여성 노동자들은 여전히 저임금의 비정규직이었으며, 그들의 직업은 내세울 만하지도 못했고, 안정적이지도 않았으며, 사회보장 혜택도 없었기 때문이었다.

결국 1991년 미국 노동부는 역량 있는 여성들에게 놓여진 직장에서 승진을 가로막는 장애물을 제거하기 위해 유리천장위원회(Glass Ceiling Commission)를 설치했다. 이런 사회 분위기 덕분인지 1992년 의회 선거에서 여성 의원의 비율이 거의 두 배로 증가하는 현상이 나타났다. 1970년대 후반까지 20명(0.5%)도 안 되던 여성 의원의 수가 1992년에는 55명(10.3%)이 되는 획기적인 결과가 나타났다. 이 때문에 그 해 선거는 '여성의 해(Year of the Women)'로 회자되고 있다. 이 같은 현상은 2006년 또 다시 발생했고 여성 의원이 94명(17.6%)까지 증가했다. 이외에도 빌 클린턴 행정부 하에서 매들린 올브라이트(Madeline Albright) 국무장관, 재넷 리노(Janet Reno) 검찰총장, 루스 긴스버그(Ruth Bader Ginsbug) 대법관 등이 그동안 여성들이 진출하지 못했던 고위직에서 역량을 펼칠 수 있었다.

미국의 젊은 여성들은 1980년대 영국의 마가렛 대처 총리의 성공적인 정치인 모습을 통해 자신감을 얻었다. 이와 함께 1990년대 영부인인 힐러리 클린턴(Hillary Clinton)의 역할에 대해 여성들은 찬반 논란의 행태를 보였다. 많은 여성들은 영부인이 백악관 집무실 내에 사무실을 가지는 것에 거부감을 보였지만, 젊은 여성들은 이런 새로운 영부인 역할이나 역량 있는 여성에 대한 존경심을 표현하기도 했다. 이 시기에는 미국에서 여성 역할에 대한 전통적인 생각과 신개념의 여성성에 대한 인식이 공존하고 있었다. 여성들의 이런 변화는 1990년대 클린턴 행정부 하에서 진행된 클래런스 토마스(Clarence Thomas)가 연방대법원 판사 임명 청문회를 통해 과거 많은 여성들을 성희롱했다는 사실의 진위 확인이 사회적으로 이슈화되면서, 직장에서 남자 동료들의 성희롱에 여성들이 더 이상 침묵해서는 안 된다고 인식하게 만들었다.

냉전체제가 끝나고 미국 경제는 호황을 누리기 시작했고, 여성들은 생활수준이 향상되었다. 게다가 컴퓨터와 인터넷 보급이 확대되면서 집에서 아이들을 돌보면서도 일할 수 있는 주부들이 증가하게 되었고 부수적인 소득을 올릴 수 있었다.

20세기 초 모든 미국 대학 졸업생의 19%만이 여자였다. 하지만 1984년까지 이 수치는 49%로 획기적인 증가를 보였다. 여학생들의 대학원 진학도 증가했다. 1980년대 중반까지 석사학위를 받은 여자의 비율은 전체 석사학위 소지자의 49%, 박사학위자 중 여성은 33%에 이른다. 2000년에는 대졸자의 56%가 여자였다. 법조계, 의료계, 그리고 재계와 같은 전문직에 종사하는 여성의 수가 증가하고 있었다. 이렇게 1990년대는 젊은 여성들에게 더 많은 기회가 주어지는 시기가 되면서 여성들 간에 "힘내라(You go, girl)"와 같은 말이 유행하기도 했다.

1980년대 이후 미국 여성들은 예전처럼 결집하거나 자신들의 목표 달성을 위해 단체 운동을 전개하는 모습은 보이지 않았다. 이는 이미 미국 여성의 법적 권한 확대와 지위 향상에 있어서 걸림돌이 많이

〈그림 26〉 1980 – 2010년 미국 여성 활동과 지위변화

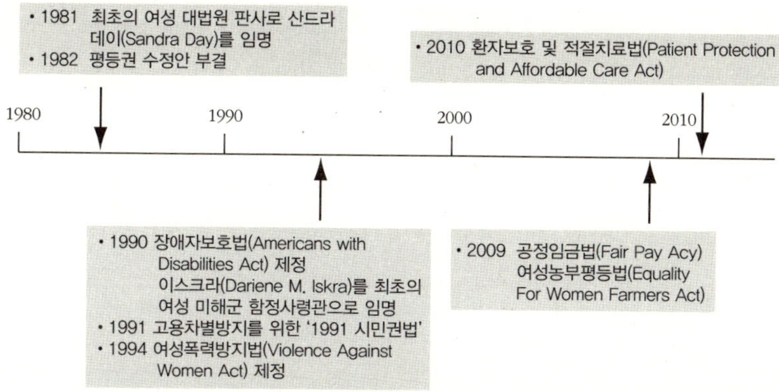

사라졌음을 의미한다. 하지만 관습적, 실질적으로 성차별 관행이 여전히 남아있는 상황이다. 따라서 최근 여성들이 전개하는 캠페인은 출산권이나 낙태를 반대하는 태아생명권(pro-life) 주장과 낙태의 선택을 찬성하는 산모선택권(pro-choice) 주장 간의 갈등, 성희롱 및 성폭력 문제, 그리고 여성들의 승진을 막는 유리천장 등과 관련된 다양한 이슈에 초점을 맞추고 있다.

1973년 '로 대 웨이드(Roe vs. Wade) 사건'에 대한 대법원 판결로 낙태를 합법화하면서 1950년대부터 시작된 낙태 논쟁이 종결된 듯이 보였지만, 이 판결 후 40년이 지난 지금도 생명의 권리를 주장하는 사람들이 낙태법 개정의 필요성을 강조하면서 선거 때만 되면 이슈로 부각시키려는 활동을 적극적으로 펼치고 있다. 1994년 여성에 대한 폭력범죄를 근절시키기 위해 여성 폭력 방지법(Violence Against Women Act)이 통과된 바 있지만, 여전히 여성을 대상으로 발생하는 폭력은 계속해서 증가하고 있다. 한편 2013년 오바마 대통령은 연두교서 연설에서

"여성이 성공해야 미국이 성공한다"고 말할 정도로 활용이 낮은 여성의 능력과 기회를 극대화해야 미국 경제가 활력을 찾을 수 있다고 강조했다. 이는 향후 여성의 경제활동을 촉진하는 새로운 정책을 모색할 필요성이 있음을 의미한다. 일과 가정 양쪽을 모두 해야 하는 여성들은 '리턴맘(return mom)' 정책보다 일·가정 양립 시스템이 구축되길 원한다. 북유럽국가에서 사용되는 남성의 육아휴직제도나 시간제 근로, 시차 출퇴근 등 적극적인 유연근로제 운영 등이 논의되고 있다.

7장

전쟁사 속에서 나타난 여성 역할과 여성권한 변화

1절 전쟁과 변화된 여성의 삶

전쟁은 분명 아직까지는 힘의 논리가 작용하는 갈등의 장이다. 그래서 여성과는 어울리지 않는다고 생각할 수 있다. 하지만 전쟁은 여자들만 존재하는 세상에서도 분명히 발생하는 인간의 갈등을 해소하는 장이다. 전쟁에서는 누군가 승리하면 누군가는 반드시 패배하는 것이 일반적인 결과다. 전쟁을 수행하면서 남자들만 주인공이 되었던 것은 여자에 대한 남자들의 배려였을까? 아니면 여자들이 남자들이 하는 일을 할 수 있어 자존심이 상해서였을까? 전통적인 성 역할에 대한 이론을 기초로 보면 여자보다 신체적으로 힘이 세고 성격적으로 강인한 남자들이 전쟁에 나가 싸우는 것이 맞다. 하지만 지금까지 많은 전쟁에 남자 대신 여자들을 보내 싸운 전쟁은 한 번도 없기 때문에 그 결과에 대해서는 누구도 예측하기 어렵다. 그렇지만 분명한 것은 전쟁을 경험할 때마다 여성들은 스스로 직면한 현실에 적응하면서 계속 변화했다는 것이다.

미국의 여성사는 미국의 사회사 및 역사 발전과 더불어 1960, 70년대 자본주의 문화에 대한 비판과 반성을 시작했는데, 당시 급진적인 페미니즘의 등장과 미국 여성을 되돌아보는 학계의 노력으로 눈부신 발전을 이루었다. 그런데도 미국이 경험한 수많은 전쟁 속에서 여성들이 어떤 역할을 해왔고, 그런 경험을 통해 자신의 권한을 어떻게 확보해왔는가는 연구된 적이 별로 없다. 그 이유는 페미니스트들도 전쟁은 남성의 전유물이고, 여성과는 어울리지 않는 영역으로 생각했기 때문이었다.

메리 비어드(Mary Beard 1946)는 여성을 "역사 속의 충동력"이라고 표현했다. 미국 전쟁사 속에서 여성의 활동과 여성 지위의 변화는 젠더의 역사성과 사회성, 역동성 파악에 매우 중요한 요인이다. 물론 서로 다른 지역과 문화권에서 삶의 모습은 다르지만 모든 여성이 동일한 역사적 경험을 공유하는 존재라는 점을 감안한다면, 전쟁과 여성 간에 찾아볼 수 있는 상관관계는 여성성의 역사적 보편성을 제공해 줄 수 있을 것이다. 다시 말해 가장 많은 전쟁을 치룬 미국의 사례를 통해 여성의 역할과 지위 변화를 살펴보면 다른 국가에서도 유사한 현상을 찾아볼 수 있음을 의미한다.

아메리카 식민지 시절부터 현재까지 미국이 수행했던 다양한 전쟁 경험에서도 여자들이 주요 행위자로 활동한 실험적 전쟁은 없었다. 그렇다면 전쟁이 남자들의 장이라는 것은 관습적 사고라 할 수 있다.

미국의 경우 여자들이 왜 전쟁터에 갔는가보다는 미국이 경험한 모든 전쟁에서 여자들의 활동이 있었다는 사실이 더 중요하다. 심지어 군인이 되는 권한을 부여받지 못했어도 자발적으로 전쟁터로 들어간 여성들이 많았다는 사실에 주목할 필요가 있다.

또 다른 흥미로운 점은 전쟁이 끝나면 전쟁터에 갔던 여자나 후방에 있었던 여자나 스스로 변하거나 변화의 요구를 강하게 표출하는 성향을 보였지만, 남자들은 전쟁터에서 돌아오면 전쟁 전에 살던 방식으로 되돌아가 생활하길 원했다. 이들은 오히려 고향을 비운 사이에 바뀐 환경에 적응하지 못했다. 심할 경우에는 남자들은 치졸해 보일 정도로 변화를 꿈꾸는 여자들을 과거로 회귀시키려고 방해 전략을 펼치기도 했다. 결국 전쟁은 사회 변화를 초래하고, 더 나아가 여성의 사회활동 범위를 확대시키는 촉매제가 되었던 반면, 남성들은 전쟁 동안 잃어 버렸던 사회 내 자신의 가치나 지위를 회복하기 위해 여성들을 제어하려고 했기 때문에 오히려 젠더 의식의 차이가 더 커지는 현상이 발생하게 되었다. 이 때문에 여성들의 사회에 대한 반발과 자신들의 권한 획득을 위한 조직화와 운동이 보다 활성화될 수 있었다고 볼 수 있다.

미국 사회 내 권력관계와 그 변화는 정치권력은 물론이고 사회적, 경제적 독립과 자율성에 기반을 둔 사회적 역할과도 관련된다. 이 책은 여성의 사회적 역할의 확대와 새로운 공적 영역 창출 및 참여를 전쟁사의 관점에서 살펴보고 있다. 많은 국가들처럼 전통 사회의 특성이 강하지 않은, 다시 말해 최초의 근대 국가로 시작한 미국이라도 식민지 시절부터 여성은 대부분 공식적인 공적 역할에서 제외되었고 이런 생활은 상당 기간 유지되었다. 간혹 여성들이 공적 활동에 대한 사회적 통제를 행사했던 일부 사례가 있지만, 미국 여성의 역사는 다른 국가와 별반 차이가 없는 출발점을 보였다.[100] 처음부터 젠더화 되었던 북미 식민지 세계는 남성과 여성 역할에 대한 확고한 견해가 존재했다. 기혼 여성은 남편이 보호하며, 21세 이상의 미혼 여성과 과부만 독신녀 신분으로 자기 이름을 사용해 계약하고 재산을 소유할 수 있는 법적 권리를 누릴 수 있었다.

2장에서는 미국 전쟁사에서 최초로 여성이 군대에서 근무하기 시작했고 그들이 어떤 역할을 했는지를 살펴보았다. 이 시기 남자들은 본인들의 자발적 의지와 결정에 따라 군대에 갔지만 여성들의 경우는 합법적이지 않았다. 당시 여성의 지위는 군대에 갈 수 있는 권한을 논할 수 없을 정도로 매우 하찮은 상황이었다. 하지만 일부 여성들이 전쟁터에 합류했다는 기록이 전해지고 있다. 여성이 전쟁에서 합법적으로 활동할 수 있는 일은 군부대 수행원(camp followers) 자격뿐이었는데, 주로 간호 활동, 식사 준비, 군복 제공, 세탁 같은 활동만 가능했다. 전쟁에 참여하는 여성들은 거의 대부분 남편과 함께 전쟁터에 따라간 후 잡일을 하다 남편이 사망한 후 그 자리에 들어가 활동하기도 했다. 이것이 미국 사회에서 잘 알려진 '몰리 피처(Molly Pitcher)'라는 용어의 기원이다. 처음에는 군인들에게 주전자로 물을 나르던 역할에서 시작

---

100 여성을 둘러싸고 발생한 사회 갈등의 예는 1636–1638년 매사추세츠 식민지에 거주하던 앤 허친슨(Ann Hutchinson)이 정신적 평등을 강조하는 개신교를 설파하는 '은총' 이론 때문에 종교적 반란자로 낙인 찍혀 공동체에서 추방당한 경우와 1692년 소녀들의 거짓말로 기존 질서가 무너져 사회적 긴장을 발생시킨 세일럼의 마녀 사건이 있다(사라 에반스 1997, 64–65 참조).

했지만, 전쟁을 통해서 여성들의 역할은 대포를 쏘다 죽은 남편을 대신해서 자리를 채운 여성까지 진화되고 있음을 볼 수 있었다. 전쟁에서 가장 적극적인 행동을 보였던 여성들은 남자로 가장해 참전하는 경우였다. 일부 식민지 내 충성파 여성들은 영국군에 미국군 정보를 전달하는 스파이 역할이나 위로 활동을 맡기도 했고, 반대로 애국파 여성들은 자발적으로 영국군 정보를 대륙군에 전달하는 스파이가 되기도 했다.

미국 독립 전쟁은 아메리카 식민지가 영국으로부터 독립하기 위해 싸웠던 전쟁으로 매우 중요한 의미를 담고 있었다. 8년 동안 지속되었던 독립혁명(전쟁)은 미국이 영국으로부터 벗어나 하나의 국가 형성의 출발점이었기 때문이다. 이 전쟁을 통해 가정생활에만 국한되던 미국 여성들은 새로운 정치 질서에서 다른 형태의 공적 영역을 만들어 낼 수 있었다. 여성들은 독립 전쟁 전부터 시작된 1760년대 설탕법(Sugar Act), 인지법(Stamp Act), 타운센드법(Townshend Acts)[101] 등의 새로운 세금 관련법 반대운동, 1770년대 영국 상품 불매운동, 독립 전쟁에 대한 찬성에까지 높은 사회 참여에 의 열의를 보였다. 영국 상품을 불매하면서 생필품 대용품을 스스로 생산하고, 군중 폭동을 일으키고, 남편과 아버지가 전쟁에 나가 싸울 때는 농장과 가게를 직접 운영하고, 군 캠프까지 따라 다니며 군인들에게 음식과 의류를 제공하는 도우미로 활약했다.

101 타운센드법은 영국으로부터 아메리카 식민지로 수입되는 차, 종이, 납, 도료 등 4개 품목에 수입세를 부과하는 법률이다.

독립 전쟁 경험은 여성의 정치적 가치와 능력에 대한 새로운 의식 형성의 계기가 되었다. 정치에 무관심했던 여성들이 정치토론에 참여도 하고, 자신의 편지나 일기를 통해 정치 문제를 언급하기도 하고, 영국 상품 불매운동이나 차 불매 운동을 통해 가정용품을 구매하는 경우에도 정치적인 판단을 내리기 시작했다. 여성들은 모임과 청원을 통해 자신의 의사를 표현하거나 군대를 위한 기금 모금을 위해 전국 여성 조직을 창설하자고 제안하는 등 여성의 충성심과 용기, 애국심을 공개적으로 보여 주었다. 이 전쟁은 비록 남성성을 위한 전쟁으로 간주되었지만, 유한계급의 백인 여성들이 새로 탄생한 공화국에 문제를 제기할 만큼 삶의 변화를 꿈꾸게 만들었다.

무엇보다 여성들의 권한과 지위가 개선될 수 있었던 주요 요인 중 하나는 남녀 인구 비율의 변화다. 식민지 시절부터 18세기 초까지 지속적으로 여성 인구는 남성에 비해 적었지만, 남자들이 서부 개척지로 떠나기 시작하면서 일부 지역에서는 오히려 여자들이 훨씬 더 많기도 했다. 1780-1790년대에는 많은 여성들이 서부로 이동하는 서부 개척 운동에도 참여했다. 19세기 초 미국의 상업도시와 타운에서 일어난 경제 변화로 여성들은 다양한 제품과 서비스를 위한 시장을 모색했다. 이들은 가내 생산을 통해 직물을 생산하고, 소매상을 운영하면서 판매가 증가하고, 산파나 간호사로 의료서비스를 제공하는 등 사회활동의 범위를 확대해 갔다. 특히 산업혁명이 진행되는 과정에서 섬유산업 노동자의 수요가 증대되는 가운데 여성은 수적으로 우위를 차지하기도 했다.[102]

19세기에 접어들면서 1780년대 남성들이 세웠던 여학교(academies)는 여성들 자신에 의해 여자 전문학교(seminaries)로 발전하기 시작했다.

이런 여성교육 운동을 통해 여성들은 종교적, 국가적 사명에 대한 젠더화된 의식을 갖추고 다양한 협회와 단체, 즉 기도회, 여전도회, 어머니회 등에서 새로운 비전을 실현하려고 노력했다. 1825년 이후 20년 동안 여성과 남성 모두 자발적인 협회, 즉 시민단체를 조직하여 가정이라는 사적 영역과 공식적인 통치기구라는 공적 영역 사이에서 새로운 공적 공간의 개척을 활발히 전개했다. 이런 현상은 당시 프랑스에서 여행 온 토크빌(Alexis de Tocqueville)이 미국 사회의 특징 중 "아메리카인들은 정치적인 결사와 관계없이 시민생활에 필요한 부분에서 공공의 결사를 조직한다"는 점을 가장 놀랍게 생각했다(토크빌 2002).

미국은 1812년 영국과의 전쟁과 멕시코 전쟁(1846-1848)도 경험했지만 이를 통해 획기적으로 큰 변화는 나타나지 않았으며, 독립 전쟁보다 전쟁 참여 자격 문제를 떠나 더욱 여성의 역할이 전문화되는 경향을 엿볼 수 있었다. 이런 변화는 남북전쟁에서 두드러지게 나타나고 있었다. 여성의 군 입대는 여전히 불가능한 상황이었지만 남부와 북부 모두 군 인력이 부족해져 여성들의 도움은 반드시 필요했다. 유일하게 미국이 경험한 내란이었던 만큼 전쟁에 임하는 사람들 역시 노예제 폐지라는 이슈에 대한 분명한 견해와 자기가 속한 지역에 대한 애정을 남다르게 표출했다. 남자들의 경우에는 징집법이 적용되기 시작했지만, 이 전쟁에서도 여전히 여성들은 군에 입대할 자격이 없었다.

남북전쟁 이전에는 미국 여성들의 목표와 사회적 역할은 큰 대조

102 1981년 조사에 따르면 면방직 산업에 여성 66,000명, 소년 24,000명, 성인 남성 10,000명이 고용되었다고 한다(Ryan 1979, 46–48).

를 보였다. 전쟁 전 남부 북부 어디든 미국 여성들은 '가정예찬' 신조에 따라 신앙심, 순결, 순종 같은 가치를 추구하는 생활 태도를 보였다. 산업이 발달했던 북부 지역에서는 신중산층이 등장해 더 이상 생필품을 집에서 만들어 사용할 필요가 없어진 여성들은 단순히 집에만 머물러 있으면 되었고, 남부 지역은 노예가 가사나 농장일 등을 도맡아 했기 때문에 자연히 여성들은 집안에서 편히 지낼 수 있었다. 하지만 남북전쟁이 치러지는 동안 남부와 북부 여성의 삶은 큰 차이의 변화를 보였고, 변화의 폭도 달랐다.

전쟁이 시작될 즈음 북부는 서부개척으로 영토가 확장되는 가운데 미래에 대한 낙관적 전망을 갖고 많은 사회개혁이 추진되고 있었다. 금주 운동, 공립학교 체제 확립, 범죄자와 정신병자 및 가난한 사람들에 대한 처우 개선, 노예제 폐지, 여성의 평등권 확보 등을 둘러싼 개혁을 추진하면서 미국의 민주주의는 좀 더 발전하는 모습을 보였고, 일부 개혁 이슈는 성공적인 결과를 얻어내기도 했다. 주로 미혼 여성들은 제조 공장이나 교육 분야에서 일하는 등 이미 어느 정도 공적 활동에 참여하고 있었기 때문에 전쟁터로 떠난 남자들의 일자리를 채우는 것이 문제되지 않았다. 이와 더불어 보건위생위원회(U.S. Sanitary Commission)는 군인들을 지원하기 위해 여성들을 기금 모금에 활용했다. 여성들이 조직 내에서 중요한 직책에 임명될 수는 없었지만, 이런 활동을 통해 정치 조직에 대한 지식 획득과 이해에 큰 도움이 되었다. 덕분에 북부 여성들은 남북전쟁이 끝난 후 참정권 운동을 보다 적극적으로 전개할 수 있었다. 한편 일부 북부 여성들은 의료 분야의 남자들이 전쟁터로 떠난 후 간호사로 충원될 수 있었고, 비록 행정 업무는 아니었지만 정부 내 사무실에서 비서나 사환으로 일하게 되었다. 따라서 미국 사회에서 비서직이나 서기직은 여성 전용 분야처럼 인식되는 계기가 되었다.

하지만 남부 여성들은 노예를 통해 노동을 제공받고 있었고 가정 내에서만 생활하던 흔히 '숙녀'로서의 이미지를 모범적인 이미지로 생각했었다. 하지만 전쟁이 진행되는 과정에서 남부의 여성들은 평생 해보지 않았던 힘든 가정일로부터 대농장 운영, 그리고 전쟁을 위한 자원봉사 및 지원 등에 이르는 다양한 활동을 하게 되었다. 특히 거의 남부에서 전쟁을 치렀기 때문에 남부 여성들의 고충은 클 수밖에 없었고 그만큼 큰 변화를 경험하게 되었다. 이들은 자신의 가족과 연합군을 돕는 역할을 하는 것도 새로운 변화이지만, 특히 엘리트 백인 여성들은 공적 영역에서 참여할 기회를 가질 수 있었다. 이들은 남자들에게 군대에 가라고 용기를 북돋아 주며, 자신들이 후방에서 모든 일을 떠맡아 할 수 있다는 자신감을 보여 주었다. 실제로 남부 여성들은 남자들이 떠난 자리를 채워 일하기 시작했고, 전통적으로 남자들만 하던 간호사 일도 했다. 반면 가난한 여성들은 군복이나 텐트 등을 만드는 공장에서 재봉사로 일했다. 하지만 무엇보다도 북부에 비해 남부 여성들이 전쟁에서 더 많은 역할을 한 것은 스파이 활동이었다.

남북전쟁이 끝나고 재건의 시기에 접어들면서 여성들은 참정권 운동을 위해 미국평등권협회 등 백인과 흑인 여성이 함께 참여하는 조직을 결성해 보편적인 참정권을 얻는 운동을 전개하려 했다. 하지만 곧바로 수정헌법 제14조가 통과되어 흑인의 생명, 자유, 재산 등을 보장되었다. 하지만 이 법이 시민권과 유권자를 남성으로 제한하고 있었다는 점이 중요했다. 곧이어 통과된 1870년의 수정헌법 제15조 역시 성별 차이가 아닌 인종을 기초로 투표에서의 차별 금지를 보장하는 내용을 담고 있었다. 이 때문에 여성 운동 지도자들은 여성에게만 허용되지 않는 법체제에 저항하고 여성들의 투표권 획득을 위해 참정권 운동을 보다 적극적으로 펼치게 되었다. 하지만 급진적인 여성주의 운동을 펼치던 북부 여성들과는 달리 남부 백인 여성들은 재건 시기에 과거 남부의 명예를 회복하고 자신의 경제적, 사회적 지위를 되찾기 위해서 해방된 흑인에 대해 호의적인 태도를 보이지 않았다. 이 때문에 여성의 참정권 운동은 여성들 사이에서 구심점을 잃고 분열되면서 정치권 내 남성들로부터 관심을 잃게 되었다.

재건 시기에 여성들에 대한 고등 교육의 기회가 확대되면서 여대들이 개교하거나 남녀대학으로 바뀌는 대학이 증가하게 되었다. 특히 남부 지역에서는 흑인 여성들만을 위한 대학도 탄생했다. 여성들의 의식 수준이 높아짐에 따라 참정권 운동과 금주 운동을 보다 효율적이고 적극적으로 진행할 수 있었다. 여성들은 점차 다양한 조직을 결성하면서 사회 참여를 확대하고, 더 나아가 정치 참여도 모색하는 적극성을 보이면서 그토록 오랫동안 염원했던 여성 참정권 획득에 거의 완성 단계에 도달했다. 산업화와 수많은 기술의 발전으로 여성들도 노동시장에 진출하게 되었지만, 그들이 종사하는 직업 유형은 여전이 다양하지 못했고 임금과 노동환경 등이 매우 열악한 상황이었다.

미국은 제1차 세계대전이 시작될 무렵 고립주의 외교 노선을 계속 고수해왔기 때문에 전쟁에 참여하지 않았다. 그럼에도 불구하고 미국 내 육군간호부대는 1901년, 해군간호부대는 1908년에 창설되었다. 간호사가 아닌 여성들이 해군과 해병대에서 군 복무할 수 있었던 것은 바로 제1차 세계대전 때부터였다. 육군의 경우 여전히 여성들은 간호사 자격만을 허용했었고, 영어와 불어에 능통한 약 200명의 일반 여성들을 선발해 전화교환수로 고용했다. 미군이 이들을 충원했지만 실제로는 프랑스 군대에서 근무했다. 여성단체들은 여성 부대를 창설하라고 정부에 압력을 가했지만 남자들의 편협한 태도 때문에 성사되지 못했다.

하지만 제1차 세계대전에서 최초로 미국은 전쟁에 도움이 되는 민간인 지위 여성 통신부대인 '헬로 걸스'를 프랑스에 파병했다. 한편 국내에서도 여성 인력을 군에 충원할 필요성이 대두되자 해군과 해병대가 여성을 충원했다. 또한 제1차 세계대전에 미국이 참전하면서 육군간호부대를 파견했는데 이들 역시 군인의 지위도 아니었고, 임명일 뿐 임관은 아니었다. 이 전쟁 중에 3만 명 정도의 여성들이 육군과 해군의 간호부대에서 근무했고, 1916년 400명이었던 군 간호사들이 1918년 20,000명으로 급증했다. 미국 여성들은 자신들이 투표권을 갖기도 전에 국가를 위해 군복무를 했다고 볼 수 있다.

미국에서 여성들의 전쟁 참여는 제1차 세계대전 이전부터 공식화되었다고 할 수 있다. 제1차 세계대전 전후로 나타나기 시작한 근로 여성의 지위 변화는 사회적으로 인정해 주는 여성성의 범주 내로 미혼 근로 여성을 포함하는 발전을 가져왔다. 또한 전쟁이 끝난 후 얼마 후인 1919년 여성들은 마침내 여성참정권을 인정받게 되었다. 1920년대 백인 여성 노동자의 30%는 사무직과 판매직에 종사하고 있었다. 남성과 여성이 가정 내에서 전통적인 역할을 하며 사는 것과 비슷하게 사무실에서도 각자 분리되고 불평등한 역할을 서로 인정하면서 일하는 공적 환경이 만들어졌다

미 여군의 역사는 1901년 간호병과 창설과 함께 시작되었지만 일반 여군은 1942년 육군여군지원단(WAAC) 창설이 공식적인 시작이었

다. 오늘날 세계 최고의 군사력을 자랑하는 미국이지만, 당시 다른 국가들에 비해 여군의 역할이란 거의 미비한 상황이었다. 진주만 공격 후 미국은 육군항공대 수송단에서 민간 지원을 하던 여자 비행사들을 중심으로 여성보조항공중대(WAFS)를 창설했다. 이와 더불어 1940년까지 미국은 25만 명의 여군이 있었던 반면, 제2차 세계대전에는 35만 명 이상으로 증가되었다. 하지만 이들 모두는 육군간호부대, 해군자원예비군(WAVES), 해군간호부대, 해병대, 해안경비대(Semper Paratus-Always Ready, SPARS), 여성육군부대(WAC) 등에서 보조 활동을 하고 있었다. 이 중 여성육군부대만 1943년부터 정규부대로 전환되었다. 그런데도 여성들은 여전히 육군에서의 군인 지위, 군 퇴역자의 권한과 혜택을 인정받지는 못했다.

제2차 세계대전은 미국 여성의 삶에서 큰 전환점이 되는 사건이었다. 역사적으로 전쟁을 겪을 때마다 많은 여성들이 강인함과 사회적 이동의 기회를 얻었기 때문이다. 제2차 세계대전은 그 어떤 전쟁보다도 여성들의 역할이 확대되는 환경을 만들어 주었다. 무엇보다 이전과의 큰 차이점은 여성들의 군 입대가 급격하게 증가되었다는 점이다. 전쟁이 계속되면서 더 많은 군 인력이 필요한 만큼 여성 인력 충원도 확장되었고 흑인 여성들의 참여도 가능해졌다. 마침내 공군도 WASP라는 여자조종사부대를 창설하였다. 군인의 지위를 얻을 수는 없었지만 미국 여성들은 육군, 해군, 해병대, 공군 등 전군에서 각자 맡은 임무를 수행할 수 있게 되었다.

이와 같이 제2차 세계대전 동안 여성들은 미군 모든 부대에서 활약할 수 있었고 전쟁에 동원된 여군이 총 40만 명이나 되었지만, 군인의 지위를 부여받지 못해 그들의 역할에 대한 평가가 제대로 이루어지지 못한 한계가 있었다. 마침내 미국은 1948년 여군통합법(Women's Armed Services Integration Act)을 제정함으로써 여성에게 정식으로 군인 신분을 부여했다. 육군, 해군, 공군, 해병대 등 모든 곳에 여군으로 입대할 수 있지만 여군 비율은 전체 군 인력의 2%로 제한하고, 간호병을 제외한 여군 장교는 전체 여군의 10%여야 하며, 여군 장교가 승진할 수 있는 계급은 중령까지였다.

1973년 징집제가 끝나고 지원제가 시작된 후 1970년대와 1980년대에 미군은 군인으로서의 자격이 충분한 남자들의 충원이 어려웠기 때문에 여군 충원이 증가했고 남자들이 맡았던 다양한 보직에 여자들을 배치했다. 따라서 여군의 자격 요건과 계급 체제, 보수 체제 등이 체계화 되었다. 가장 문제가 되었던 지상전투군 배치는 여전히 위험한 상황에 있을 경우 배제되었지만, 최근 해군이 잠수함 복무금지를 폐지함으로써 유일한 논쟁거리로 남겨졌다. 그럼에도 불구하고 걸프전을 비롯하여 최근 아프가니스탄 전쟁, 이라크 전쟁의 과정에서 일부 여군이 적군과 교전을 한 적이 있다. 미국 여론은 점차 여군의 지상전투군 활동에 호의적인 태도를 보이는 경향이 있다.

2003년 이후 16만 명 이상의 미 여군들이 이라크, 아프가니스탄 및 중동 지역의 전쟁에 참여했다. 이는 이 지역 전쟁에 참여한 미군 7명 중 1명이 여성이라는 의미다. 현재 여군은 미군의 약 15% 정도인데, 이는 1991년 걸프전 때의 네 배에 이르는 규모다. 이라크 전쟁에서는 적어도 450명의 여군이 부상을 당했고, 71명의 여군이 사망했다. 이곳에서는 한국전, 베트남전, 그리고 걸프전보다도 더 많은 여군 사상자가 발생했다. 그리고 여군들은 전투에서 싸우기도 했다.

이라크 전쟁에서 불거진 성폭행과 성추행 문제는 군대에서 처음으로 발생한 새로운 문제가 아니다. 베트남전쟁 때 여성군단(Women Army Corps)에서도 발생한 심각한 문제였었고, 1991년 해군 내에서 여성 해군들을 대상으로 성폭행과 성적 괴롭힘이 발생했고, 1996년 메릴랜드주 애버딘(Aberdeen)에서 육군 소속 여군들에게 발생한 성추행 문제는 국제사회의 뉴스거리가 되기도 했다.

베트남전부터 걸프전까지 참전했던 여군 퇴역자들을 대상으로 실시된 2003년 조사에 따르면, 이들 중 30%가 군대에서 성폭행 경험이 있다고 말했다. 2004년 베트남전 및 이후 전쟁에 참전했던 군 퇴역자들 중 외상 후 스트레스 장애로 인해 도움을 원하는 사람들을 대상으로 한 조사에서 여성들의 71%가 군대에서 성폭행을 당했다고 말했다. 한편 1992–1993년에 걸쳐 실시한 연구는 걸프전과 그 이전 전쟁에 참여했던 여군 퇴역자 중 90%가 군대에서 성적 조롱과 추파 등의 성추행 경험이 있었다고 언급했다. LA 타임즈는 군 퇴역자 관련 연구를 기초로 이라크전이나 아프가니스칸전에 참전했던 여군 7명 중에서 1명 정도는 성폭행이나 성추행으로 인해 건강관리가 필요했다고 전했다(2008년 10월 28일).

이렇듯 여군은 전쟁에서 적들과 싸우는 한편 심각한 수준의 성폭력이나 성추행 가능성에 대항해서도 싸워야 하는 이중의 고충을 겪고 있다. 2013년 통계에 따르면 미국 내 여성 퇴역자는 총 158만 명 정도인데, 전체 퇴역자 중 8% 정도이다.

2절 전쟁과 여성권한 변화

식민지 시절에는 여자가 부족해 신부감을 데려와 담배로 교환한 '담배 신부'가 존재했고, 성경을 기초로 생활하는 청교도들이 생각한 '약한 그릇', 종교의 여성화와 '여성의 공화주의적 모성', '가정예찬' 등을 통해 독립 전쟁이 끝난 후에도 미국 사회는 공적 생활이 배제된 여성의 삶과 지위를 고찰할 수 있었다. 그렇지만 사회적 변화에 따라 점차 확대된 여성 교육, 재산 소유권의 변화, 노예제 폐지 운동, 여권 운동 등이 등장했다.

아메리카 식민지 여성들은 무엇보다 본인 소유의 재산을 갖고 자기 의지대로 처분할 수 있는 권한을 갖는 것을 중요하게 생각했다. 미혼 여성들도 결혼과 동시에 본인의 재산이 남편에게 넘어가는 것을 원치 않았다. 이런 전통 사회에서 일부 아버지들 역시 자기 딸에게 가야 할 재산이 결혼으로 인해 사위에게 돌아가는 것을 원치 않았다. 이와 다른 문제일 수 있지만, 기혼 여성의 종일 근무에 대해 반대하는 견해는 오랜 세월이 흘렀지만 어느 정도 꾸준히 유지되었고 최근에야 비로소 하락하는 추이를 보이고 있다.

미국의 독립 전쟁은 20세기 이전 여성들에게 가장 강력한 상징적, 문화적 추진 세력으로 작용하는 사건이었다. 이 전쟁을 경험하면서 영국으로부터 독립한 미국에서 여성들은 공적 생활과 시민에 대한 정의와 관련해 새로운 공화주의적 정치의식을 갖는 계기를 얻을 수 있었다. 군대는 남성적이었지만 여성들이 군부대를 따라 다니면서 군인들을 돕거나 극소수이지만 남장을 하면서까지 전쟁에 참여했고, 군 외부에서는 스파이 역할을 하는 등 정치적 갈등이나 활동에 참여하는 모습을 보였다. '공화주의적 모성'은 아메리카 식민지 시절과는 다르게 모성 내에서 여성의 정치 참여를 인정하고 허용했다. 구체적으로 여성의 정치적 과업은 자식을 건전한 시민으로 양육하는 것이었다.

특히 잭슨식 민주주의로 일컬어지는 1820년대 후반부터 여성들의 정치 활동은 궁극적으로는 노예폐지운동을 비롯해 남성들의 행동을 통제하기 위한 일환으로 사회도덕과 여성성에 대한 위협이었던 매춘 근절은 물론 알코올 남용에 반대하는 금주 운동으로 이어졌다. 여성들은 자발적으로 모임이나 협회를 조직하기 시작했고, 더 나아가 협회의 광범위한 네트워크를 통해 정치 체제의 메커니즘과 정치적 담론 및 설득의 방법을 터득해갔다. 이를 계기로 여성들은 자신들의 문제에 대해 사회에서 공개적으로 논쟁하는 계기를 마련한 셈이었다.

1830년대부터 기혼녀의 재산권에 대한 법률상의 변화를 이끌어내기 위해 노력한 결과 1848년 여성의 지참금과 그 후 여성이 벌어들인 재산에 대한 권리를 보장받게 되었다. 하지만 아메리카 식민지 시절부터 이어진 전통적인 가부장적 특성이 붕괴되는 듯 보였지만, 여전히 이면에는 남성이 지배하는 시장 경제가 여전히 존재하고 있었다. 다시 말해 노동 분야에서는 여전히 여성들이 남성들과 동등한 조건으로 기회를 얻고 일할 수 없었음을 의미했다. 또한 정치 분야에서도 여성들이 직접 자신의 투표권을 주장할 수 있는 사회 분위기가 아님을 인지하고 우회적으로 노예제 반대 운동에 적극 동참함으로써 흑인 남성들의 투표권 획득을 지원하는 태도를 보였다.

이 시기 반노예제 운동을 통해 여성들이 자신들이 민주적이며 평등주의적인 변화를 위한 정치 운동을 기초로 이데올로기적이고 실제적인 훈련을 받게 되었다는 점은 미국 여성사적 측면에서 매우 의미 있다. 이런 운동을 통해 여성들이 진실로 주장하고 싶었던 것은 인간의 평등성을 강조함으로써 사회에서 고려되지 않는 여성의 권리를 획득하려는 의지를 표출하려는 것이었다. 또 다른 의의로 엘리트 여성들이 자선단체와 도덕 개혁을 위한 단체를 조직했다면, 증가일로에 있던 노동자 계급 여성들이 노동조직 구성에 앞장섰다는 점이다. 이렇게 서로 다른 위치에 있는 여성들이 자신들이 추구하는 목적 달성을 위해 결집되기 시작해서 향후 미국 내 여권 확대 운동이 더 역동적으로 진행될 수 있는 계기가 될 수 있었다.

남북 전쟁 동안 여성들은 전통적인 역할을 할 경우 각자 집안일을 하면서 간호사, 세탁부, 여자 교도관 등의 도구적 역할을 했고, 보다 적극적인 소수의 여성들은 스파이 활동을 했으며, 남장을 하면서까지 남자들과 직접 전투에 참여했다. 이전과는 다르게 남부와 북부 모두 여성들이 구호단체를 조직해서 전쟁터 밖에서 지원할 수 있는 많은 일들을 했다. 이들은 주로 군복, 담요, 붕대 등을 만들어 준비하고, 물품에 대한 재고 정리를 하고, 물품을 보급하는 역할을 담당했다. 여성들은 그동안 공동 관심사를 결집하는 방법을 터득했던 것이다. 정확한 통계는 없지만 각 군에서 참여한 여성들 수도 약 400여명으로 추정될 정도로 여성들의 참여 의지가 높아졌다. 또한 여의사, 여간호사, 여성 참정권 운동가 등 사회적으로 활동하는 여성들이 적극적으로 전쟁 지원 활동을 했다. 과거와 달리 일부 여성들에게 전쟁 수행 업적으로 훈장이 수여될 정도로 여성들의 전쟁에서의 역할이 사회적으로 인정받기 시작했다.

남북전쟁의 원인이 노예제 폐지였던 만큼 흑인 여성들의 참여가 적극적으로 반영된 점도 주목할 만하다. 그리고 북부 여성들보다 훨씬 더 전통적인 여성상을 강조하던 남부 여성들이 전쟁에 더 많이 참여했고, 전쟁터로 떠나간 남자들의 자리를 채우고 생명을 지키기 위해 일부 남부 마을에는 여성 민병대가 창설되기도 했다. 남북전쟁은 여성이 사회적으로 용인될 수 있는 행동 범위를 가시적으로 확대시킨 결과를 가져왔다. 특히 이 시기를 통해 미국 사회에서 가장 보수적인 남부 지역의 숙녀들의 생활과 노예였던 흑인 여성들의 인식이 바뀌어 이후에도 여성들이 자신들을 위해 어떤 변화를 추구해야 하는가를 깨닫게 했다.

남북전쟁이 끝나고 30년 후 있었던 미서전쟁에서는 미국 의회가 마침내 군인의 지위는 아니지만 육군의 여간호사 충원을 허가했다. 이때 바로 공식적으로 여간호사들이 처음으로 정부와의 계약을 통해 군에 충원되어 근무할 수 있었다.

남북전쟁 이후 노예제 문제는 더 이상 운동의 이슈에서 빠졌기 때문에 여성들이 전쟁 전부터 진행해왔던 여권 운동, 즉 금주 운동 및 여성의 참정권 운동을 다시 본격적으로 재기하기 시작했다. 금주 운동을 하던 여성들은 1872년 성직자에 의해 창당된 금주당(Prohibition party)에 가입해 정당 강령으로 여성의 참정권을 내세우는 최초의 전국 정당 당원으로 활동하였다. 일부 주의 여성들은 선거에 나가 경쟁했지만 여성 유권자들만의 호응만으로 결실을 얻기에는 너무나 역부족일 수밖에 없었다.

산업화와 더불어 미국 내 산업구조도 변화하면서 특히 북부 지역의 여성들의 공장 일자리가 증가했다. 특히 독신 여성의 노동력이 획기적으로 증가했다. 따라서 여성들의 노동 이슈들이 사회 내에서 중요하게 대두하기 시작했다. 산업혁명에 의한 공장 생산 방식의 증가는 가정에만 매여 있던 여성들을 노동시장에 나서게 했고, 공장 조직은 남성으로부터 여성을 분리시켰으며, 공장 소유의 주택정책으로 제공된 기숙사 생활은 공동체로부터 여성을 분리시키는 커다란 사회 변화를 가져왔다. 새로운 공간에서 젊은 여성들은 새로운 여성 문화를 창출할 수 있었다. 이런 환경은 여성들이 임금 삭감과 노동조건 악화에 항의하는 저항 연대의 기반이 되었다. 예를 들어 1840년 매사추세츠 주 로웰(Lowell)의 섬유공장 노동자들이 1일 10시간 노동법에 반대하는 주 의회에 저항하기 위해 이를 반대하던 주 의원들의 재선 반대 운동, 즉 낙선 운동을 전개해 일부 의원들을 패배시켰다. 이는 노조와 정치참여 역사에 여성들이 큰 영향을 남긴 경우라 할 수 있다.

그렇지만 남부 여인들은 북부 여인들과는 다른 방향의 변화를 경험하고 있었다. 남부는 전쟁 이후에도 여전히 농업 중심의 정치경제 체제에서 노예를 소유하지 못한 플랜테이션 여주인들은 정원 관리, 낙농, 식량 가공처리, 보관, 음식 준비, 의복 제공 등 노동의 과부하로 힘든 생활을 하게 되었다. 타운이나 도시에 거주하는 중산층 여성들은 단체를 조직하고 사회개혁 활동을 하거나 교회 내에서 자선 활동을 전개했는데, 집과 일의 구조적인 분리를 경험하는 변화를 가져왔다.

남북전쟁 이후 재건의 시기가 끝날 무렵인 1890년대는 미국의 모습이 상당히 변화된 시기였다. 대규모 기업이 소유하는 공장에서 남녀가 똑같이 일하는 모습을 찾아볼 수 있었다. 중산층 신여성, 노동 계층 미혼 여성 근로자가 자율성과 개성을 향유할 수 있는 시대가 왔다. 이들은 공동체 가정에서 이탈했고, 자율성, 쾌락, 소비에 대한 새로운 욕구와 이에 대한 충족으로 인해 기존 문화는 사라지게 되었다.

이렇게 신여성이 등장할 수 있게 된 이유는 이 시기 여성들의 대학 교육이 확대되기 시작했고, 대학 교육을 받은 여성들의 거의 절반이 결혼하지 않는 성향을 보였다. 독립 전문직, 주로 교직과 간호직의 여성들은 새로운 생활 방식을 창출해냈는데, 이들의 독립성은 신선하고 발랄한 깁슨(Gibson) 스타일로 불리는 패션을 즐기고, 테니스와 골프 등의 스포츠를 즐기며, 긴바지를 입고 자전거를 타기도 했다. 또한 여성의 교육 수준 향상과 함께 젠더의 연대성이 높아져 사회적·정치적 목소리와 참여가 활발해지기 시작했다. 결국 준주였던 와이오밍을 시작으로 다른 주들까지 여성의 투표권을 인정하기 시작했다. 하지만 1878년부터 매 회기마다 연방의회에 상정된 여성참정권 확대를 위한 헌법수정안은 1919년까지 통과되지 못했다.

1893–1894년 경제 불황이 발생하자 이런 신여성들은 노동 여성들과의 연대조직을 결성하기 시작했다. 교육 수준이 높은 신여성들은 사회사업가로 급진적 태도를 보였고, 사회적·시민적 개혁의 전위집단으로의 역할을 수행했다. 노동계층의 여성들과 중산층 여성들이 연대를 결성함으로써 근로 여성과 근로 임금을 위한 노동보호입법을 추진하기도 했다. 이 시기 여성계에서는 거의 200여 개에 달하는 여성클럽을 아우르는 여성클럽총연합회(GWFC)가 결성되기도 했는데, 처음에 약 2만여 명으로 시작된 이 연합회는 1900년에 15만 명, 1920년에 100만 명으로 증가하는 추이를 보였다.

미국의 여성 운동은 지금까지 세 번에 걸쳐 진행되었는데 첫 번째 물결은 19세기 초반의 여권 운동, 즉 참정권 운동에서 시작된 자유주의 운동이었다. 백인 남성들의 투표권 획득에 장애가 되었던 재산 조항이 폐지됨으로써 주로 중상류층 백인 여성들이 투표권 획득에 나서기 시작했다. 이 과정에서 여성들은 자신들의 투표권을 주장하는 것이 시기상조라 생각하고 우선 흑인 남성들의 투표권 확보를 지원하는 역할을 했다. 여성들이 자신들의 목표를 위해 목소리를 내기 시작했던 시기였다. 남북전쟁 이후에는 여성의 참정권 운동을 위해 본격적으로 조직을 결성한 후 정치적으로 영향력을 행사함으로써 목표인 참정권 획득에 성공했다. 더불어 산업화 과정에서 노동계로 진출하기 시작한 여성 및 아동 노동자의 노동 환경과 임금 문제 개선에 초점을 두면서 여성의 권리와 자유를 변화시키는 운동이 전개되었다.

두 번째 물결은 1960년대부터 시작된 페미니즘의 등장이다. 당시 급속히 변화되는 미국 사회에서 민권 운동에 참여했던 여성들이 조직 내에서 차별과 억압을 경험하면서 독립해 자신들만의 급진적인 여성 해방 운동을 전개했다. 베티 프리단(Betty Friedan)의 『여성의 신비』(*The Feminine Mystique*, 1963)가 출판되면서 많은 여성들이 영향을 받았다. 여성의 교육 수준도 점차 향상되면서 기성세대의 가치관에 저항해 사회를 변화시키려는 여성들이 스스로의 정체성 찾기와 고정된 성 역할에 대해 반기를 들면서 교육과 취업에서의 기회 균등, 낙태 권리, 정치 참여 확대, 성폭력 방지 등을 주장했다. 이 운동은 여성들이 법제도나 사회문화적으로 겪고 있는 불평등을 해소하기 위한 노력이었다. 가정과 직장에서 여성과 남성의 적합한 역할에 대한 논쟁이 대중적 이슈가 되었다. 여성 운동가들은 실질적으로 여성의 노동조건과 환경을 개선하는 성평등을 이루기 위한 운동과 함께 항상 남자들의 영역이었던 군대, 사관학교를 비롯한 군사학교, 연방 대법원 등의 분야에 더 많은 여성이 진출해야 한다고 주장했다.

세 번째 물결은 이전의 여성 운동의 연장선상에서 진행되어 별로 주목받지는 못했지만 1980년대 이후부터 포스트모더니즘의 영향으로 여성을 통일된 하나의 집단으로 취급하는 보편주의를 벗어나 다양성과 차이를 강조하는 여성 운동으로 전개되기 시작했다. 1990년대 새로운 여성 운동이 본격화된 이후 여성들은 계층적, 인종적, 종교적, 문화적 차이와 관련된 문제 해결에 초점을 두고 남녀의 보편적인 대안적 가치를 추구하고 있다. 고학력 백인 여성 노동자들은 유리천장(glass ceiling)을 깨야 하는 어려운 문제를 안고 있고, 기혼 여성들은 가정과 직장을 병행해야 하는 어려움을 토로하고 있으며, 여성 노동자 대다수를 차지하는 저임금 비정규직 여성들은 직업의 불안정성과 사회보장 혜택을 받지 못하는 어려움에 직면하고 있다. 따라서 여성 운동은 과거에 비해 행동주의 성향이 줄고 개별주의 방법에 의해 전개되는 성향을 보인다. 여성들이 가족, 사회, 정치, 경제, 교육 등 모든 삶의 영역에서 여전히 잔존하는 차별을 해소함으로써 여성의 권한 확대에 주력하고 있다.

제1차 세계대전이 끝난 1919년 여성들은 오랫동안의 숙원이었던 참정권을 얻었다. 이런 결과를 얻을 수 있었던 것은 여성들이 끊임없이 참정권 운동을 펼쳐온 결과이지만 여성들이 전쟁에서 공로를 세운 점도 인정되었기 때문이었다. 이런 선출직에서 여성들이 당선되는 결과가 많지는 않지만 하나둘씩 나타나기 시작했다. 또한 전쟁과 마찬가지로 여자들의 사회적 진출도 더욱 증가했다.

여성 운동을 했던 사람들은 또 다른 평등적인 이슈인 노동 문제에서 나타나는 차별행위 폐지, 인종차별 문제, 심지어는 국제사회에서의 평화 운동에 관심을 갖게 되었다. 이 시기가 '정지된 시대'라고 부르는 사람들도 있지만, 오히려 이런 과정에서 여성들은 새로운 역할로

〈그림 27〉 여성의 시기별 관심 분야

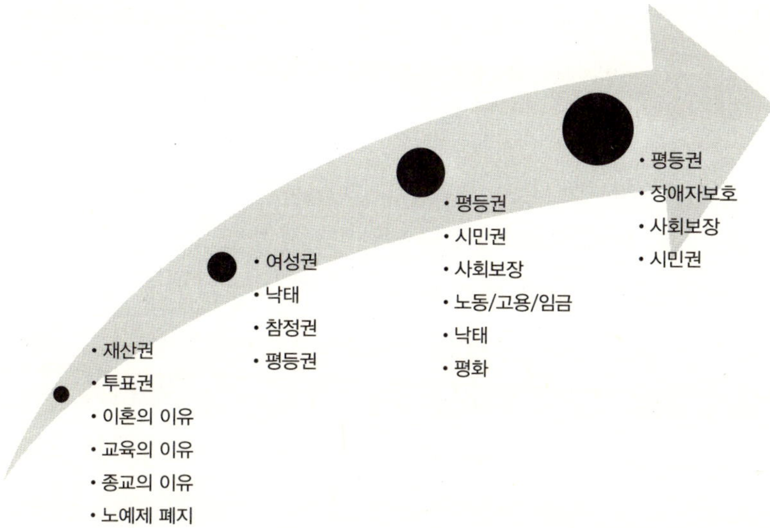

인해 지위의 향상을 느낄 수 있었다. 물론 경제적으로 발전과 번영을 기대할 수 없는 시기였지만, 기혼 여성들은 가족을 부양하기 위해 집 밖에서 일하는 것을 반대하는 전통적 시각을 무릅쓰고 일할 수밖에 없었다.

제2차 세계대전이 끝나자 미국에서는 전례 없던 이념논쟁이 시작되었다. 반공주의, 사회주의, 공산주의 등을 지지하는 사람들의 시위가 빈번했다. 경제 대공황에서 서서히 회복해 가는 과정 속에서 사회적으로 새로운 문제의식이 등장했다. 여성들은 이런 환경 속에서 또 다시 그들이 원하는 '평등권' 확보를 위해 활동했다. 미국은 보수적인 1950년대에서 벗어나 마치 새로운 혁명의 시대에 돌입하는 것과 같았다.

1960년대 시민권 운동으로 인해 사회 대변화가 일어났다. 여성들은 인종차별 폐지 운동과 동성애자 운동에도 관심을 두면서 평등을 외치는 여권 운동을 적극적으로 펼쳤다. 그 결과 평등권 수정법안을 제외한 시민권법, 평등임금법, 투표권법, 고용의 연령차별금지법 등에 나타난 평등 가치를 완벽하지는 않지만 이전보다 훨씬 나은 결과들을 얻을 수 있었다. 1940년대 16세 이상 여성 인구의 27%가 노동력을 제공했던 것이 1980년에는 거의 두 배인 52%까지 증가했다.

1990년대에는 남녀 간 직업 차별이 개선되던 부문에서도 지체나 반전이 시작되는 양상을 보였다. 1990년대에는 백인 여성과 흑인 여성 사이에 직업적 차별이 확대됐고, 고졸 이하의 학력을 가진 여성과 그 이상의 고등교육을 받은 여성 사이에 임금 불평등이 커지기 시작했다. 과거와는 다르게 모든 여성이 공감할 수 있는 불평등 문제가 아니라 다양한 집단에게 불평등이 분산되고 있었다. 물론 성불평등과 인종차별의 문제가 해결되지 못한 상황이지만, 새로운 불평등의 이슈인 빈부격차, 교육 불평등에 많은 사람들이 관심을 갖게 되었다. 심지어는 백인 여성과 흑인 여성 사이에도 간격이 커지고 있었다.

이렇게 미국 사회에서 다른 의미의 불평등을 인식하기 시작한 이유는 1980년대 전까지 이미 모든 여성의 공동 관심사로 평등을 이루기 위한 이슈는 많이 개선되었기 때문이다. 1970년대와 2000년대 사이, 법조계에 종사하는 여성은 5%에서 50%로 증가했으며, 의료계는 10%에서 35%로 증가했다. 하지만 정치권의 변화는 매우 느렸다. 2006년 의회는 15%만이 여성이며, 입법부와 모든 행정부에서는 20%만이 여성이다.

미국 의료계에서의 여성

19세기 중반까지 여성들의 의료행위는 주로 산파 역할만 가능했다. 미국에서 1847년 해리엣 헌트(Harriet Hunt)가 여자로는 처음으로 하버드 의과대학에 지원했으나 합격하지 못했다. 이후 1849년 엘리자베스 블랙웰이 뉴욕 소재 제네바 의과대학에서 학위를 받고 최초의 여의사가 되었다. 하지만 그녀가 의과대학에 지원했을 때 교수들이 여학생을 받지 않아 결국 학생회의 지원으로 표결에 부쳐 허락을 얻어 입학이 가능해졌다.[103] 그녀의 입학은 당시에는 단순한 사건처럼 여겨졌을지 몰라도 이후 미국 사회에 큰 변화를 가져온 사건이었다. 이런 결과가 나오자 여의사들을 배출하는 여자 의과대학이 펜실베이니아주에서 처음으로 개교한 후 40명의 여학생들이 등록하였다. 이렇게 미국 사회에서 여자들의 기회가 확대되기 시작하면서 1857년 여자들에 의해 최초로 병원이 세워져 어린이와 여성들을 치료했고 여성들을 위한 의료서비스 훈련도 병행했다. 이를 계기로 심지어는 흑인 여성의사가 탄생하기도 했다. 자발적 의료봉사를 포함하는 미국의 적십자가 이 시기에 창립된 것도 이런 분위기에서 가능했다.

전문적인 교육과 훈련을 받은 여의사와 간호사들은 남북전쟁 동안 의료 분야에서 활동하는 여자들에 대한 사회 인식을 바꾸는 데 중요한 역할을 했다. 1864년 남북전쟁에서 메리 워커가 여성 최초로 미

---

103 Eliza Lo Chin. 2002 "Historical Perspective." in *This Side of Doctoring : Reflection from Women in Medicine,* ed. Eliza Lo Chin. Thousand Oks : Sage publication. pp. 1-9.

육군 외과의사로 임명되어 활동하기도 했다. 하지만 공식적으로 여의사가 미군에 편입되어 활동한 것은 제2차 세계대전 중인 1943년이었고, 당시 마가렛 크레이그힐(Margaret Craighill)이 내과의사로 참전했다.

의료계가 법조계보다 여성에게 더 일찍 개방적이었던 것은 여성들이 공식적으로 교육을 받을 수 있는 기관이 제공되었고, 여성이나 어린이의 생활을 돌보는 역할에 여성들이 필요하다는 점을 인식했기 때문이었다. 1864년 등장한 최초의 흑인 여의사나 1889년 등장한 아메리칸 인디언 출신 여의사가 법조계 여성보다 일찍 활동할 수 있었던 것도 같은 맥락에서 설명할 수 있다.

19세기 말까지 19개의 여자 의대가 설립되었고, 아홉 개의 여성 병원이 지어졌다. 이는 남녀공학 의대가 보편화되지 않았음을 의미한다. 하지만 특이한 현상은 세월이 지나면서 법대에 진학하는 여자들이 계속 증가했던 반면, 의대는 특정 시기에 그 비율이 현격하게 줄어드는 추이를 보였다는 점이다. 그 이유는 가족들이 여자의 의대 진학을 좋아하지 않았고, 사회적으로 심한 차별대우를 받기도 했다. 의대 여학생들은 성차별 의식을 극복하기 위해 자신들의 학습 능력을 더 보여 주려고 열심히 공부했다.

그런데도 미국 의료계에서 여성들은 여전히 소수에 머물렀는데, 1905년 의대 졸업생의 4%였던 여성 비율이 1949년 5.5%, 1965년 7%로 증가했지만 큰 변화는 없었다. 그 이유는 의학 교육의 개혁이 있었을 뿐만 아니라 여자 의대들 중 하나만 제외하고 모두 폐교되었기 때문이었다. 게다가 간호, 공중보건, 사회사업, 그리고 의료계 개선 등을 통해 건강의료가 연합되는 분위기 속에서 인도주의가 아닌 과학적인 부분에 초점이 맞춰졌기 때문이었다. 또한 제2차 세계대전이 끝난 후 미국 사회는 여성에게 가정주부의 역할이 가장 중요하다는 가정 예찬을 또 다시 강조하기 시작했다. 이후 페미니즘이 다시 고개를 들면서 1974년에는 의대 졸업생 중 여성 비율이 16.2%로 큰 폭의 증가를 보였고, 그 비율은 2012년 47.8%까지 계속 증가했다.[104]

이런 추세에서 반영되듯이 여성 의사의 수는 1860년 약 200명 정도였다가 1880년 2,423명으로 큰 증가를 보였지만, 19세기 말 7,000명 정도로 전체 의사 중 5% 정도에 머물러 있었다. 하지만 1970년대 초까지도 8% 이하일 정도로 그 비율이 크게 늘지 않았다. 이후 비율이 점차 늘면서 1980년 12%, 1990년 17%, 2002년 25.2%, 2010년 30.1%로 최근에 증가의 폭이 커지고 있다. 그럼에도 불구하고 여전히 의료계에는 남녀 성비에서 큰 차이를 보이고 있다.

미국 법조계에서의 여성

미국에서 여성이 법 관련 업무를 시작한 것은 식민지 시절부터였지만 그 당시는 공식적으로 법률 공부를 받아야 하는 시기가 아니었다. 1638년 마가렛 브렌트(Margaret Brent)는 메릴랜드 식민지 주지사였던 캘버트(Calvert) 경의 재산에 대한 유언집행자 역할을 하면서 아메리카 식민지에서 법률 업무를 했던 최초의 여성 법조인으로 알려져 있

104 Association of American Medical Colleges. "Women in Academic Medicine Statistics and Medical School benchmarking, 2011-2012." Table 1 : Medical Students, Selected Years, 1965-2012. https://www.aamc.org/download/305282/data/2012_table1.pdf(검색일 : 2014년 1월 18일).

다. 이외에도 일부 식민지에서 문맹인 주민들이나 계약직 하인들의 법적인 문제를 해결해 주는 법적인 고문을 한 여성도 있었지만, 지금의 변호사와는 분명 차이가 있었다.

미국 독립 이후 오랜 시간이 지나고 남북전쟁이 끝난 1868년 여성 최초로 레마 바카루(Lemma Barkaloo)가 컬럼비아 대학 법대에 지원했지만 허가를 받지 못하고 이듬해 세인트루이스 소재 워싱턴 대학에서 입학 허가를 받을 수 있었다. 하지만 그녀는 수업을 같이 듣던 남학생들로부터 심한 괴롭힘을 받아 1년 만에 학교를 그만두었으나, 미주리 주에서 사법시험을 통과하였다. 불행히도 그녀는 얼마 후 장티푸스에 걸려 전문적인 변호사 업무를 하지도 못하고 사망했다. 하지만 그녀의 전기(Garza 1996)에는 그녀가 과도한 정신적 스트레스 때문에 사망했다고 쓰여 있을 정도로 여자가 법을 공부하는 데 당시의 사회적 편견이 매우 심했다는 것을 알 수 있다.

이후 일부 주에서는 여자가 법조인이 되는 것이 가능해졌고, 일부 주에서는 금지하기도 했다. 1969년 아이오와 주에서 공식적으로 23세의 아라벨라 맨스필드(Arabella Mansfield)라는 최초의 여성 법조인이 탄생했다.[105] 게다가 1970년 와이오밍 주에서는 에스터 모리스(Esther Morris)가 최초의 여성 판사로 임명되었다. 최초의 여자 변호사로 일리노이 주에서 1873년 알타 휼레트(Alta Hullet)가 임명이 되었는데, 변호사가 된 연령이 19세로 전 세계적으로 최연소 변호사로 기록되고 있다.[106]

105 http://www.infoplease.com/spot/womensfirsts1.html(검색일 2013년 9월 20일).

106 Professor Cunnea. 1998. "A Timeline of Women's Legal History in the United

1875년에는 아홉 개 주에서만 여성이 법정에서 일하는 것을 허용하고 있었는데, 1879년 '록우드(Lockwood) 법안'[107]이 통과되면서 연방법원에 여성 법조인들이 활동할 수 있게 되어 벨라 록우드(Belva Lockwood)가 미국 연방법원의 일원으로 최초의 여성 변호사가 되었다.

이 시기 7개 주에서 26명의 여성이 법정에서 활동했지만 여전히 30개 주에서는 성차별 때문에 여성을 배제했다. 1885년에는 18개 주, 10년 후인 1895년에는 29개 주, 1905년 37개 주, 1915년 43개 주, 1923년 49개 주에서 법정 내 여성 변호사의 활동이 허용되었다. 마지막 유일하게 알래스카 주는 1950년에야 법정 내 여성 법조인을 허락했다. 1979년에는 전국적으로 모든 수준의 사법체제에 여성들이 진출하는 결과를 보였다.

점차 여성들의 법조계 활동이 확대되었지만 법대는 여전히 여학생들을 선호하지 않고 있었다. 법대 중 약 25%만이 여학생들에게 문호가 열려 있었기 때문에 결국 1896년에는 최초로 여자 법대, 즉 워싱턴 법대(아메리칸 대학의 전신)를 개교했다. 법대로 진학한 여학생 비율은 1985년에 40%를 돌파했고, 최근에는 법대에 여학생이 남학생보다 더 많은 추이를 보이고 있다.

States." http://wlh-static.law.stanford.edu/articles/cunnea-timeline.pdf(검색일: 2012년 8월 18일).

107 벨라 록우드가 사회적 차별 때문에 자신의 법률 활동이 제한되는 것에 불만을 갖고 법정에서 남성 동료들과 동등한 대접을 받기 위해 반차별 법안을 제안했다. 1874년부터 5년간 연방의회를 대상으로 로비활동을 펼침으로써 통과되는 데 일조했다.

이렇게 법대에 진학하는 여성의 수가 증가된 것처럼, 법조계에서 활동하는 여성들의 수도 해를 거듭하면서 증가했다. 처음에도 일부 주에서만 가능했던 여성의 법률 활동 때문에 1880년에는 약 200명의 여성 변호사만이 활동했다. 1910년에는 인구 증가와 더불어 여성 변호인의 수가 559명이 되었지만 이는 전체 법조인의 1%에 해당되는 수준이었다. 법대들이 여학생에서 개방되어 많은 변호사들이 배출되면서 1994년에는 23%, 2001년에는 29.1%, 2013년에는 33.3%까지 여성 변호사들이 증가했다.[108] 그러나 법대에 진학한 여학생 비율에 비해 변호사 비율은 낮은 수준을 보이고 있다.

1872년 뉴욕 주 최초로 흑인 출신 여성 변호사가 등장했지만, 변호를 의뢰하는 고객이 없어 학교에서 강의만 했다. 한편 아메리칸 원주민 출신 리다 콘리(Lyda Burton Conley)도 1910년 자신의 인디언 부족의 의식과 묘지를 보호하기 위해 변호사가 되기도 했다. 1981년에야 레이건 대통령이 산드라 오코너(Sandra Day O'Connor, 1981–2006 역임)를 여성 최초의 연방대법원 법관으로 임명했다. 이후 1997년 루스 긴스버그(Ruth Ginsburg), 2009년 소니아 소토메이어(Sonia Sotomayor), 2010년 엘레니 케이건(Elena Kagan)이 차례로 대법관으로 임명되었다. 이것은 지금까지 총 112명의 연방대법원 법관 중 여성이 단지 3.6%일 정도로 매우 저조한 여성 참여의 현실을 보여 주고 있다. 미국에서 법대에 진학하는 여학생의 비율이나 법조계에 진출한 여성 법조인 비율에 비하

---

108 American Bar Association. 2013. *A Current Glance at Women in the Law*. February. http://www.americanbar.org/content/dam/aba/marketing/women/current_glance_statistics_feb2013.authcheckdam.pdf(검색일 : 2014년 2월 11일).

면 이 분야의 유리천장을 깨기가 가장 어려운 상황이다.

미국 정치권 내 여성[109]

한 사회 내부의 여성의 권한 변화는 어떤 다른 분야보다 정치 분야에서의 대표성과 관련된다. 의회 내 여성 대표성은 민주주의가 지향하는 평등이라는 가치와 참여라는 실천적 기회의 중요성을 내포하기 때문이다. 물론 여성 의원 역시 각 국가에서 엘리트 계층이라는 점이 한계지만, 대의민주주의 하에서 선거를 통해 의회에 진출하여 유권자를 대변할 수 있고, 남성 의원들과 동등한 활동을 할 수 있으며, 더 나아가 여성의 의견과 경험을 정책에 반영하는 통로의 역할을 한다는 점에서 매우 중요하다.

여성들은 자신의 권한을 확보하고 강화하기 위해 오랫동안 투쟁하면서 참정권 획득과 법적 권한 확대 등의 성과를 얻었다. 미국에서 연방 차원에서 여성 참정권이 허용된 것은 1920년이지만, 남북전쟁 이후 금주 운동 및 참정권 운동을 주도하던 사람들이 평등권협회를 창설하면서 일부 주들에서 여성의 참정권이 허용되기 시작하였다. 1869년 와이오밍 주와 유타 주를 시작으로 여성의 참정권을 허용한 주는 계속 증가해서 1894년 콜로라도 주의회에 세 명의 공화당 출신 여성 하원의원이 최초로 당선되었다. 1896년에는 유타 주에서 공화당 출신

---

109 일부 내용은 주미영, 2013 "미국 내 여성대통령의 등장 가능성 연구." 『의정연구』 제19권 제1호, pp. 183-187에서 인용됨.

여성이 최초로 주의회 상원의원이 되었다. 주 차원으로 여성 정치인 중 최초의 시장은 1924년 시애틀에서 공화당 출신의 벌서 랜디스(Bertha Landes)로, 임시 시장이 된 2년 후 정식 선거를 통해 시장으로 당선되었으며, 주지사의 경우 1925년 와이오밍 주에서 민주당 출신의 넬리 로스(Nellie Tayloe Ross)가 처음으로 여성 주지사가 되었다.

한편 연방 차원의 정치인으로서 1917년 몬타나 주 출신의 랜킨(Jeannette Rankin)이 연방의회에 진출해 최초의 여성 하원의원이 되었다. 상원의 경우에는 1922년 최초로 레베카 펠톤(Rebecca Felton)이 여성 의원으로 진출했는데, 그녀는 공식 선거를 통해 당선된 것은 아니고 전임자의 사망에 따라 공석을 채우기 위해 임명된 경우였다. 선거 경쟁을 통해 당선된 상원 여성 의원은 1931년 아칸사 주 민주당 출신 해티 캐러웨이(Hattie Caraway)였다. 다른 국가들에 비해 이른 1920년 미국에서 참정권이 인정되었는데도 여성 의원들의 연방의회 진출 속도는 매우 느리게 진행되었다.

아직도 민주주의 가치를 실현하기 위해 탄생한 미국이 다른 선진 민주주의 국가들보다 현저히 낮은 연방의회 여성 의원 비율(18.1%)을 보이고 있다. 이 비율은 2013년 전 세계 평균인 21.4%보다 낮은 수준이지만, 다른 국가들이 여성을 의회에 진출시키기 위해 비례대표제나 할당제를 사용하는 것과 달리 남녀가 동등하게 선거 경쟁을 하는 체제를 유지하고 있는 상황에서, 여성 의원이 연방의회에 진출한 지 거의 100년이 지난 현재에도 꾸준히 그 비율이 증가하고 있다는 점은 주목할 만하다. 그럼에도 불구하고 2007년 캘리포니아 주 민주당 출신 11선 의원인 낸시 펠로시(Nancy Pelosi) 하원의원이 연방의회 하원의장이 된 것도 미국 의회 최초의 사건이었다.

한편 대통령 선거와 관련된 여성 정치인들을 보면 의외로 그 역사가 훨씬 앞서간다. 미국에서 여성이 대통령 선거에 후보로 등장한 것은 여성이 투표권을 얻기 한참 전인 1872년이었다. 당시 소수 정당이던 평등권정당(Equal Rights Party)의 빅토리아 우드헐(Victoria Woodhull)은 투표용지에는 이름을 올리지 못했지만 대통령 선거에 출마했던 최초의 여성 후보였다. 왜냐하면 이 정당은 실제로 존재하지 않는 정당이었고, 그녀는 대통령이 되기보다는 당시 상황을 고려할 때 여성의 지위 향상 및 여성의 권리 획득을 위한 평등권 운동의 일환으로 대통령 선거에 출마했다는 상징성이 있었다. 이렇게 일부 여성들이 정치직에 출마한 이유는 정계 진출을 원하는 남성들과 별반 차이가 없는데, 대통령 후보로 선거에 나서면 전국적으로 사회의 중요한 이슈가 되거나 자신의 정치인으로서의 야망을 알릴 수 있는 기회를 얻을 수 있었기 때문이었다. 1884년 여성 법조인으로 연방법원에 최초로 진출했던 록우드가 평등권당 대통령 후보로 출마해 6개 주에서 4,000표 이상을 획득했다.

19세기에는 단지 2명의 여성 후보가 대통령직에 도전했었고, 20세기 이후에는 1968년 대통령 선거부터 대통령 후보 명단에 적어도 한 명의 여성 후보 이름이 포함되었는데, 그 수는 약 26명 정도에 이른다. 그런데도 이들 대부분이 유권자들로부터 주목받지 못하는 이유는 주요 정당인 공화당과 민주당 후보가 아닌 소수 정당이나 무소속으로 출마했기 때문에 선거 당시 전국적 차원에서 언론으로부터 관심을 끌지 못했고 일부 주에서나 유권자에게 알려졌기 때문이었다. 주요 정당인 민주당과 공화당 경선에서 경쟁했지만, 최종 후보가 되지 못한 여성 후보들도 몇 명 있었다. 최초의 인물은 1964년 공화당 예비선거에 출마한 상원의원 출신인 마가렛 스미스(Margaret Chase Smith)였다. 그녀는 정치권에서 여성 최초로 상·하원 의원직을 수행했던 경력을 지니고 있었다. 공화당 대통령 경선에서 좋은 결과를 얻지 못했음에도 그녀는 선거에서 끝까지 완주했다.

민주당의 경우 1972년 셜리 치솜(Shirley Chisholm)이 최초로 민주당 경선에서 경쟁한 여성 후보인데, 그녀는 흑인 여성으로 미국 연방의회 하원의원으로 당선되었고, 남녀 불문하고 주요 정당 경선에 최초로 참여한 흑인이었다. 21세기에 접어들어 2008년 영부인이자 뉴욕 상원의원이었던 힐러리 클린턴이 민주당 경선에서 오바마 후보와 박빙을 이뤘지만 대통령 후보가 되지 못했다. 하지만 그녀의 경선기록은 지금까지의 다른 여성 후보들과 비교되지 못할 정도로 대통령 후보로서의 경쟁력을 보여 주었다.

1988년 민주당 경선에 출마했던 팻 슈로더(Pat Schroeder)는 도중하차했고, 2000년 공화당 경선에 참가했던 엘리자베스 돌(Elizabeth Dole)은 출마 선언을 하고 예비선거가 시작되기도 전에 철회하기도 했다. 이밖에 대통령 후보는 아니지만 1984년 민주당 하원의원 출신 제럴딘 페라로(Geraldine Ferraro)가 미국 최초로 부통령 후보가 된 바 있고, 이후 2008년 공화당 출신 알래스카 주지사였던 사라 페일린(Sara Palin)이 공화당 부통령 후보로 결정되었지만 양쪽 모두 선거에서 성공적인 결과를 얻지는 못했다. 최근 각 정당의 대통령 예비선거에 꽤 많은 여성 후보들이 도전하고 있지만 중도에 하차하는 경우가 대부분이다. 1950년 이후 소수 정당에 속한 여성 후보들이 대통령직에 꾸준히 도전하고 공화당과 민주당에서도 선거 때마다 예비선거에 여성 후보들이 출마하는데, 현직 대통령이 재선에 도전하지 않거나 민주당 경선의 경우

더 많은 여성들이 출마하는 경향이 높다.

대통령직에 도전하는 여성 후보들 중 일부는 정치인으로서 유권자에게 인지도가 높거나 선거 경쟁성이 높다고 평가되던 여성들도 있었다. 하지만 이들 중 정치 가문의 배경을 가진 경우는 많지 않다. 1964년 스미스의 경우 하원의원인 남편이 갑자기 심장마비로 사망한 후 특별선거로 정계에 입문해 자신의 노력으로 꽤 능력 있는 정치인의 이미지를 구축했다. 2000년 대통령 선거 공화당 경선에 참여하겠다는 선언을 한 후 시작 전에 철회했던 엘리자베스 돌(Elizabeth Dole)은 관료 출신으로 상원의원인 밥 돌(Bob Dole)의 아내였고, 이를 계기로 상원으로 당선되기도 했다. 대통령 선거 경선에 도전했던 여성 후보들 중 현재까지 가장 인지도나 정치적 역량이 높았던 후보는 영부인 출신 힐러리 클린턴으로 국민들의 당선 가능성에 대한 기대가 가장 높았던 경우였다.

미국 내각 내 장관급 여성

선거가 아니라 대통령이 임명하는 행정 관료 중 고위직의 경우 여성 비율은 별로 높지 않다. 행정부 내각 장관의 수는 시기에 따라 다르지만 현재 15개의 부처 장관이 존재한다. 그리고 장관급에 해당되는 고위직에는 약간의 변화가 있었지만 현재는 부통령, 비서실장(Chief of Staff), UN 대사, 대통령실 관리예산처장(Director of Office of Management and Budget), 미국통상대표(U.S. Trade Representative), 중소기업청장(Administrator of Small Business Administration),[110] 환경청장(Administrator of Environmental Protection Agency), 경제자문위원회 위원장(Chair of Council of

Economic Advisors) 등 8개 고위직이 포함된다.

미국 초대 정부 이후 2014년 초반까지 장관 및 장관급 직책에 약 37명의 여성이 임명되었다.[111] 1933년 프랭클린 루스벨트 대통령이 퍼킨스(Frances Perkins)를 미국 최초의 여성 노동부 장관으로 임명한 것을 시작으로 총 28명의 여성 장관이 있었고, 약 19명의 여성이 장관급 직책에서 근무했다. 미국 역대 내각 장관 중 여성은 약 5% 정도였고, 장관급 임명자 중에서는 약 9%가 여성이었다. 하지만 최근 해를 거듭하면서 여성 장관급의 비율이 증가되어 클린턴 행정부 2기(1997-2001) 22명 중 9명, 즉 41%가 여성이었고, 오바마 행정부 2기에도 35%의 여성 장관 비율을 보이고 있다.

장관 및 장관급 직책이 선거직이 아닌 임명직이라는 점을 감안하면 향후 그 비율은 더 증가할 가능성이 높다. 왜냐하면 대통령이 내각을 구성하거나 고위직을 임명할 경우 과거 논공행상이나 지역안배를 했던 것과 달리 업무의 전문성과 성 배분에 중점을 두기 때문이다. 노동부 장관 7명, 보건복지부 장관 5명 등 노동부와 보건복지부는 여성이 임명된 반면, 재무부, 국방부, 재향군인부는 아직까지 여성 장관이 한 명도 없었다. 게다가 부통령, 백악관 비서실장의 경우도 여성이 직책을 맡은 적이 한 번도 없다. 반면 장관급 직책 중 환경청장이나 중소기업청장에 여성이 임명되는 경우가 비교적 잦은 이유는 그 분야에서

---

110 중소기업청은 오바마 행정부 하에서 2012년부터 장관급으로 승격되었다.

111 일부 여성은 2회 이상 장관급 직책에서 일했기 때문에, 이를 감안하면 실제 임명 회수는 약간 상회한다.

〈그림 28〉 1932년 이후 미국 행정부별 장관급 관료의 성비율

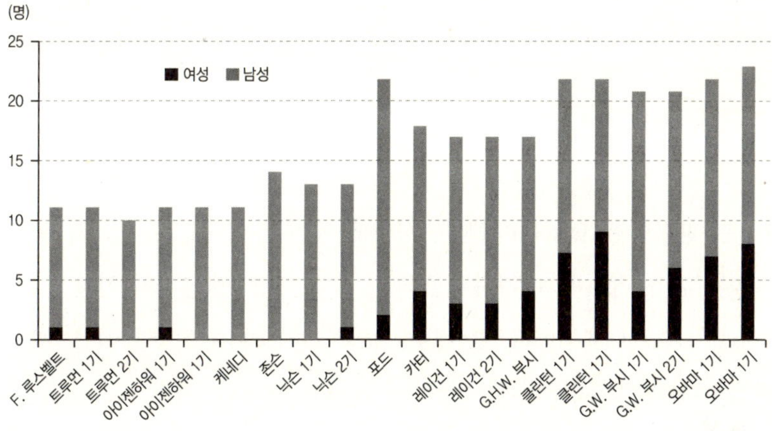

출처: Center For American Women and Politics. 2013. Fact Sheet "Women Appointed to Presidential Cabinets" http://www.cawp.rutgers.edu/fast_facts/levels_of_office/documents/prescabinet.pdf

활동하는 능력 있는 여성 인재풀이 많다는 점이 반영되었기 때문이다.

하지만 클린턴 대통령이 법무부장관인 검찰총장에 재닛 리노(Janet Reno)와 국무장관에 매들린 올브라이트(Madeleine Albright)를 임명한 것은 역대 어떤 행정부보다 각료 충원에서 파격적인 행보라는 평가를 받았다. 그 이유는 내각 부서 중 가장 중요한 핵심 부처 장관에 여성을 임명했기 때문이었다.[112] 그 이후 연속해서 부시 대통령이 콘돌리자 라이스(Condoleezza Rice), 오마바 대통령이 힐러리 클린턴을 국무장관으

112 내각 핵심부처(inner cabinet)는 국무부, 국방부, 재무부, 법무부이며, 국가 중요 사안을 논의하는 국가안보회의가 열릴 경우 이들 부처 장관은 반드시 참석해야 한다.

로 임명하면서 고위직 관료로서 여성에 대한 인식이 변화되는 계기가 될 수 있었다.

경제 분야의 CEO 여성

여성의 공적 활동의 시작은 경제 분야에서 시작되었다 해도 과언이 아니다. 여성들은 어머니와 아내는 물론 상품 생산자의 역할을 오랫동안 해왔기 때문이다. 그 예로 식민지 시절의 대표적인 여성 사업가로 사우스캐롤라이나에 거주하던 엘리자 핀크니(Eliza Lucas Pinckney)가 천을 남색으로 염색했던 경우를 들 수 있다. 그녀는 16세부터 아버지의 대농장을 운영했고, 형제들을 보살피면서도 섬유산업이 새로운 염색 시장을 만들 것을 예상하고 남색의 재료인 인디고(indigo)를 재배하기 시작했고, 마침내 2년간 13만 파운드나 생산하면서 인디고 시장을 지배했던 프랑스와 경쟁했다.[113] 그녀는 진정한 사업가였고 미국 기업의 발전 과정을 보여준 좋은 본보기가 되었다.

미국에서 수세기 동안 경제 분야와 직장에서의 여성의 역할은 사회 내에서 여성에게만 용인되는 문화적인 통념에 따라 정의되었다. 19세초 가정 예찬은 여성에게 적합한 장소는 가정이라는 점을 강조했고 공적 영역으로 확대되었다. 이런 변화가 발생한 이유는 영국 보통법의 영향을 받아 기혼 여성의 재산 소유권 관련 법률이 제정되었기 때문

113 Bois, Danuta. 2007 Eliza Lucas Pinckney(1722–1793). Distinguished Women of Past and Present(검색일 : 2013년 11월 21일).

이었다. 여성들이 할 수 있는 사업을 제한하고 여성에게 적합한 직업들을 인정하기 시작했는데, 19세기 중반부터 후반까지 음식, 제조업, 판매, 세탁, 도서관 사서, 산파, 간호사, 사회사업 등의 직업이 대부분이었다. 특히 여성들은 의상 제작, 모자 제작, 소매상 등의 분야에서 탁월했다. 또한 음식점이나 케이터링과 같은 서비스업에 종사했다.

1880년대에서 1920년대 사이에 사업가는 물론 노동자로서 여성들의 경제 참여에 획기적인 변화가 나타났다. 이 시기는 미국 경제가 호황이면서 농업, 화학, 석유 등의 대기업이 창립되거나 확장을 통해 기업이 대형화되었고 백화점이나 소매 기업, 기술기반 서비스 회사 등이 등장하기 시작했다. 산업화와 도시화는 미국 기업에서 여성들의 지위가 달라지는 동력이 되었다. 상당수의 여성들이 가정 밖에서 일하기 시작했지만 성 고정 관념에 기초한 직업인 상점과 공장 노동자, 비서직, 백화점과 소매상의 판매사원으로 여전히 일했다. 그렇지만 과거와는 달리 일부 여성들이 과감히 자신의 회사를 설립해서 경영하기 시작했다. 이때 여성이 창립된 기업은 거의 대부분 여성들을 위한 상품을 생산하는 곳이었다.

하나의 예로 흑인 여성으로 일찍이 사업가가 된 마담 워커(Madam C. J. Walker)는 흑인 여성들의 머리를 직모 머리처럼 만들어 주는 모발관리 제품과 쇠로 만든 빗을 개발해 판매했는데, 제품을 집집마다 배달하는 방문 판매 방법을 통해 사업을 확장할 수 있었다. 그녀는 1911년부터 1919년까지 매년 10만 달러 이상 벌어들이는 성공을 보였다.[114] 그녀는 식민지 시절 미국에 팔려온 노예의 후손으로 인종차별적이고 성차별적인 환경에서도 입지적인 업적을 보여줌으로써 흑인 미국인들은 물론 여성 사업가들에게 매우 중요한 영향을 끼쳤다.

20세기 초반 니먼 마커스(Nieman Marcus) 백화점을 만든 캐리 니먼(Carrie Marcus Nieman), 화장품 회사를 창립한 엘리자베스 아덴(Elizabeth Arden), 헬레나 루빈스타인(Helena Rubinstein), 그리고 에스티 로더(Estee Lauder) 등이 패션과 여성용 상품 관련 사업을 시작했다. 하지만 이 시기 이후에는 여성 기업인의 등장보다는 오히려 여성들이 조금씩 전 세계에 지점이 있는 미국 기업에서 경영진에 진출하기 시작하는 현상을 보였다. 다시 산업계에 여성 기업인들이 적극적으로 참여한 것은 페미니즘 운동이 활발히 진행되고 미국 의회에서 여성들의 사회적으로 평등한 기회를 보장했던 일련의 법안을 통과시킨 1970년대부터였다. 1980년대 말까지 미국 전체 기업 중 절반 정도를 여성들이 소유하고 있었다. 이는 1989년 MBA 학위를 받은 사람들 중 삼분의 일이 여성들인 것을 보아도 점차 많은 여성들이 회사 경영에 관심을 가졌음을 보여 주는 결과였다.

많은 여성들이 사업가가 되었고 미국 경제의 추진력이 되었다. 미국인들을 위해 물품, 직업, 기회를 제공해 줄 정도로 여성 기업의 수는 기록을 세울 정도로 증가해 왔다. 이와 더불어 회사 경영에서도 다양한 방면에서 뛰어난 능력을 발휘해 회사 성장에 기여한 경우도 늘었다. 예를 들면 저장용기로 잘 알려진 타파웨어(Tuppaware)의 판매원이던 브라우니 와이즈(Brownie Wise)가 '타파웨어 파티' 현상을 일으킬 정도로 새로운 판매 방식을 통해 엄청난 실적을 올려 부사장까지

114 Gibbs, Wilma L. and Landis, Jill. 1993. Madam C. J. Walker(1867–1919). *Indiana Historical Society.* Aug. 13(검색일 : 2013년 11월 21일).

승진하기도 했다. 1972년에는 캐서린 그래햄(Katherine Graham)이 포춘 1000(Fortune 1000)에 속한 기업인 《워싱턴포스트》의 CEO가 되었는데, 이것은 미국 최초의 여성 대기업 CEO의 탄생을 의미했다. 1986년 오프라 윈프리(Oprah Winfrey)가 하포(Harpo) 주식회사를 설립함으로써 자신의 쇼는 물론 다른 연예 사업을 이끌었다. 미국에서 여성이 노동력의 절반 이상을 차지하고 있지만 기업계 여성 CEO가 등장한 것은 그다지 오래된 일이 아니다.

2013년 포춘 500개 기업 CEO 중 4.6%가 여성이고, 포춘 1000개 기업 중 4.6%의 기업을 여성 CEO가 이끌고 있다. 2000년 포춘 500개 기업 중 여성 CEO가 0.6%(3명)이었음에 비하면 여성 CEO의 비율이 급증했다고 볼 수 있지만 재계 역시 여성들의 유리천장 깨기는 어려운 것이 현실이다. 하지만 여성이 소유한 기업이 1972년 미국 전체 기업들 중 4% 정도였는데, 1980년대 말에는 14.6%, 1990년대 말에는 28.8%, 2013년에는 30% 정도까지 급속도로 증가하는 추이를 감안한다면, 미국 경제계에서의 여성들의 역할은 분명 확대될 것이다.

여성이 CEO로 있는 포춘 500개 기업 중 제너럴 모터스(GM)가 2013년 메리 바라(Mary Barra, 7위)를 최고경영자로 임명했다. 많은 사람들은 그녀가 공학도 출신으로 경영계에 진출하는 미국의 현실이 반영된 결과라고 평가했다. 유리천장이 두껍기로 유명한 자동차 업계에서 100년 이상 유지되던 유리천장이 깨졌다는 점에 상당한 의미가 있다. 이외에도 여성 CEO로 휴렛팩커드의 마가렛 휘트맨(Margaret C. Whitman, 15위), IBM의 버지니아 로메티(Virginia Rometty, 20위), 아처 다니엘스 미드랜드(ADM)의 패트리샤 월츠(Patricia Woertz, 27위), 펩시코의 인드라 누이(Indra K. Nooyi, 43위), 록히드 마틴의 매릴린 휴슨(Marilyn Hewson, 59

〈그림 29〉 미국 기업 내 여성 CEO의 증가 추이(Fortune 500과 1000)

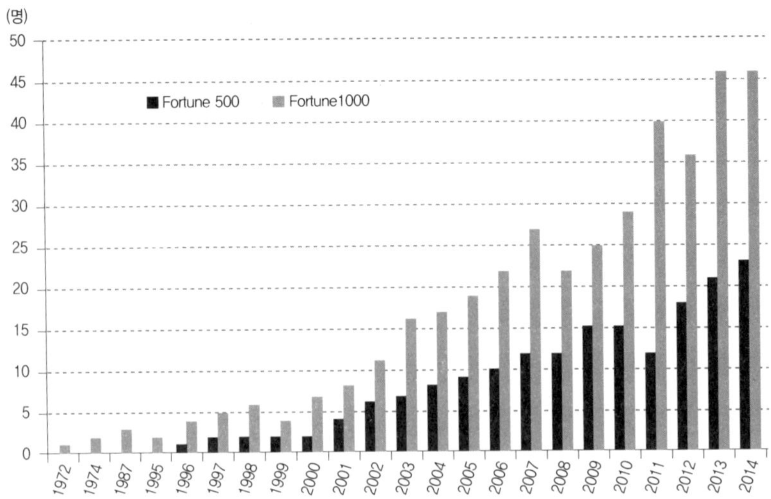

출처: Fortune. *Women CEOs*, 1955–2013.
http://money.cnn.com/magazines/fortune/fortune500/2011/womenceos/

위), 듀폰의 엘렌 컬맨(Ellen Kullman, 72위) 등 총 23명이 있다.

미국에서 여성의 고위직 진출 제약이 많다는 비판 속에서도 산업계 중에서 가장 남성 지배적인 분야인 방위산업체 제너럴 다이내믹스, 영국 BAE 시스템스의 미국 지사, 그리고 록히드 마틴을 여성 CEO가 경영하고 있다. 이들은 방산업계에서 10년 이상 근무하면서 승진한 전문가들이기 때문에 능력 부분에서 전혀 문제가 없다. 영국 다국적 군수산업체인 BAE 미국 지사의 린다 허드슨(Linda Hudson)은 군사 통신업체인 해리스에서 연구원과 개발 엔지니어로 활약했고, 여러 대형 방위산업체에서 일하다 2009년 CEO가 되었다. 한편 제너럴 다이내믹스의 피비 노바코빅(Phebe Novakobic)은 전직 미국 중앙정보국 요원으로 활동한 적이 있으며, 1997년부터 2001년까지 미국 국방장관과 부장관의 최고 보좌관을 하다 현재의 회사로 옮겨 계속 승진해 결국 2013년 CEO가 되었다. 록히드의 메릴린 휴슨(Marilyn Hewson)은 30년 근무의 결과 CEO로 승진했다. 미국의 기업 임금 조사기관인 에퀼러(Equilar)는 기업 경영진 5명 중 2명이 여성인 반면, 방위산업체는 경영진 8명 중 1명이 여성일 정도로 이들 여성들이 CEO로 활약하는 것은 대단한 일이다.

여성 CEO 비율이 낮은 이유에 대해 CEO로서의 경험과 자질을 갖춘 여성이 드물다는 견해도 있지만, 여성들은 기업의 손익 결과에 직접 책임지는 직책보다는 인사나 홍보 같은 참모 부서를 택하기 때문이라는 견해도 있다. 또한 여성 임원들이 최고경영진에 진입하지 못하면 CEO가 될 가능성이 낮을 수밖에 없는데, 이런 승진 과정에 서 대기업 CEO가 여성이라도 여성에게 매우 적대적인 성향이 높다고 한다. 그럼에도 불구하고 최고위직에 있는 소수의 여성들은 자신들의 젠더에 관한 얘기를 원하지 않는다. 이들 여성에게는 젠더가 더 이상 이슈가 되지 않기 때문이다. 이들의 업무 성과는 재계 여성뿐만 아니라 경력을 쌓고 있는 여성들 모두에게 중요한 이정표가 되기 때문이다.

이렇게 여성들이 낮은 비율이지만 기업의 CEO로 승진하는 경우는 점차 증가하고 있는 반면, 같은 제계나 월가에는 여성 최고경영자가 단 한 명도 존재하지 않는다. 월가의 심장인 뉴욕증권거래소가 탄생한 지 220년이 지났고, 타 산업에 비해 여성 직원들의 비율이 가장 높은 업종인 금융권에서 '여성 CEO 없는 은행'만 존재하는 것은 금융권의 보수성 때문이라는 비판이 있다. 이는 월가 금융계가 앵글로색슨 백인 신교도(WASP) 중에서도 남성들만 고위직에 진출하는 견고한 남성 중심적 문화가 여전하기 때문이다.

군부 내 고위급 여군

최근 국제사회에서는 군과 군사 관련 분야에서 활동하는 여성들이 자주 언급되고 있다. 특히 독일, 스웨덴, 노르웨이, 네덜란드 국방장관이 모두 여성이고, 이들이 2014년 초 독일에서 개최된 뮌헨안보회의에 나란히 참석했기 때문에 세간의 주목을 받기도 했다.[115] 이밖에도 유럽에는 알바니아의 미미 코델리(Mimi Kodheli), 이탈리아의 로베르타 피노티(Roberta Pinotti) 등 두 명의 여성 장관이 더 있다. 이들 중 스웨덴 장관은 군 경력이 있지만 다른 장관들은 군 출신이 아니라는 점에서 남성들의 마지막 보루인 군사 분야의 진출을 두고 새로운 시대의 예고라고 평가했다. 미국에서는 장관급은 아니지만 크리스틴 폭스(Christine Fox) 부장관의 임명도 전통적으로 여성에게 불리했던 군과 군사 분야에서 장족의 발전이라 할 수 있다.

2014년 현재 미군에서 여군이 차지하는 비율은 14.5%이며, 육군은 13.5%, 해군은 16.4%, 공군은 19%, 해병대는 6.8%의 분포를 보이고 있다. 사병의 비율은 14.2%인 반면, 장교급은 이보다 높은 16.6%이다. 장성급은 총 976명 중 69명으로 약 7.1% 정도를 차지한다. 육군 소속 장성급은 19명이며, 공군 소속은 28명, 해군은 21명, 그리고 해병대에는 유일하게 한 명만 존재한다.

---

115 이들 네 명은 독일의 우르줄라 폰데어라이엔(Ursula von der Leyen) 장관, 이네 에릭센 쇠르에이데(Ine Eriksen Søreide) 노르웨이 장관, 카린 엔스트룀(Karin Enstrom) 스웨덴 장관, 예니네 헤니스 플라샤르트(Jeanine Hennis-Plasschaert) 네덜란드 장관이다.

미국에서 여군이 공식적으로 군복무를 시작한 1901년 육군간호부대에서 가장 고위급 계급은 육군 대령이었다. 당시 장군 승진은 군에서 경력을 쌓으려는 여군에게는 불가능했다. 민간인 여성들에게 고위직으로 진출할 수 있는 기회는 1963년 동등임금법과 1964년 시민권법이 제정되면서 가능해졌지만, 군대에서는 이때까지도 전혀 가능하지 않았다. 1967년 여군이 장성급으로 승진할 수 있게 법이 통과되었지만 사실상 여성이 처음으로 장성급으로 임명된 것은 1970년이었다. 육군은 육군간호부대 메이 헤이즈(May Hayes) 대령을 준장으로 진급시켰다. 거의 동시에 육군에서 엘리자베스 호이싱튼(Elizabeth Hoisington) 대령이 준장이 되었다. 1971년에는 공군에서 여성 준장이 등장했다.

이후 1972년 육군간호부대에서 3명의 여성들이 장성급으로 진급되었고, 해군간호부대에서는 알린 두얼크(Alene Duerk)가 해군 소장이 되었다. 하지만 해병대에서는 이로부터 10년 후인 1978년에야 여성 장군이 등장했고 아직까지 중장까지만 배출되고 있다. 미 해안수비대(US Coast Guard/USCG) 또한 2011년 샌드라 스토츠(Sandra L. Stosz) 준장을 소장으로 진급시키며 뉴런던 해안수비대 사관학교장으로 임명하여 미 역사상 첫 여성 4대 사관학교장으로 기록되었다.

각 군에 따라 장성급 수는 큰 차이를 보이는데, 2011년 국방부 통계에 따르면 976명의 장성급 중 여성은 69명으로 7.1%를 차지하고 있다. 각 군마다 현직 장군의 수에서 큰 차이를 보이는데, 공군이 가장 많은 28명, 해군제독은 21명, 육군 장군은 19명, 해병대 장군은 1명을 기록하고 있다. 군의 장성급은 일반 회사의 CEO나 회사 사장보다 지위가 높다고 볼 수 있는데, 그 이유는 수백만 달러의 재정과 수천 명을 책임지는 지위 때문이다.

2008년 앤 던우디(Ann E. Dunnwoody)는 미국 최초의 4성 장군이 되었다. 그녀는 2012년 군에서 37년을 보낸 후 군수사령관을 끝으로 전역했다. 그녀는 군인인 부친 하에서 성장하면서 자연스럽게 대학에서 병참병과 소위로 임관하여 군인이 되었다. 1991년 걸프전에서 참전했고, 2005년에는 여군 최초로 중장이 되는 기록을 보이기도 했다. 공군에서도 2012년 재닛 울펜바거(Janet Wolfenbarger)가 4성 장군으로 승진해서 군수사령관이 되었는데, 그녀는 공군사관학교 출신으로 정보분석 전문가로 활약하다 대장이 되었다. 한편 해군은 타군에 비해 역사가 더 오래되었음에도 해군 역사상 최초로 해군 본부 작전·기획·전략 담당 참조차장인 미셸 하워드(Michelle Howard) 중장을 흑인 여성 4성 제독으로 승진시켰다. 그녀는 공군 상사 출신 부친 하에서 해군사관학교를 졸업한 후 1999년 여군으로는 처음으로 군수지원함인 '러쉬모어(USS Rushmore)' 함장을 역임했다.

어쨌든 전통적인 남성 중심 분야인 국방 분야에서 여군과 여성들의 활약이 계속 증가하는 것은 전 세계적인 추세이다. 최근 첫 여군 출신 주한 미 해군 사령관(COMNAVFOR-Korea)으로 임명된 리사 프란체티(Lisa Franchetti) 준장도 있었고, 영화 '탑건'의 여주인공 '찰리'의 실제 모델이자 임시직이지만 미 국방부 부장관 대행으로 최근 임명되어 미국 역사상 최고위 여성 국방부 공무원이 된 크리스틴 폭스(Christine Fox) 부장관도 눈여겨볼 인물들이다. 심지어 독일은 메르켈의 새 연립정권 내각에 우르줄라 폰 데어 라이엔(Ursula von der Leyen) 전 노동사회부 장관을 신임 국방부 장관으로 지명했다. 특히 그녀는 유럽통합 지지자로서 현 유럽연합군(Eurocorps)의 확장을 지지하고 있는데, 냉전 후 유럽의 핵심 국가로 자리 잡은 독일과 독일연방군의 전 세계에서의 역할을 어떻게 그려나갈지, 그리고 여성 지도자로서의 감성과 섬세함을 어떻게 작용할 지 관건이다. 여성의 역할은 계속 증대되었고, 전통적으로 여성에게 불리했던 군과 군사 분야도 예외가 아니다. 2014년 대장이 된 하워드 제독은 미 해군의 2인자인 해군참모차장이 되면 해군이 새로운 경쟁자들에게 다각적인 도전을 받는 현 상황에서 시대의 전환점 앞에 서 있는 미 해군을 여성 지도자의 감성으로 어떻게 인도할지 주목된다.

세계 각국의 여군 창설은 대체로 18세기 이후에 시작해 20세기에 들어서 거의 보편화되는 추이를 보이는데, 프랑스는 19세기, 미국은 1901년, 영국은 1922년, 서독, 노르웨이, 덴마크, 네덜란드 등은 1945년에 각각 여군을 창설했다. 한국은 한국전쟁 동안 1950년 임시 수도 부산에서 여자의용군교육대가 발족되면서 최초로 여군이 군 조직 내에 등장했다.

과거에는 여군의 존재를 매우 특별한 시선으로 보았지만, 미국 현역 중 여군 비율이 15%에 이르고 있고 군대 내 거의 모든 분야에 진출하고 있는 지금은 보편적인 존재로 인식되고 있다. 향후 여군의 비율이 더욱 증가될 것이기 때문에 더 이상 여군은 군대에서 '상징적인 역할'이 아닌 '전문적 직업인'으로서의 역할을 수행할 것이다. 그렇기 때문에 군대도 다른 일반 직장에서 발생하는 성범죄가 공론화 되는 실정이다. 권력을 기초로 위계질서가 특히 강하게 작용하는 군대에서도 여군들의 지위 향상과 권익 보호를 위한 방어막이 형성될 가능성이 높다. 2016년 여군들에게 공식적으로 전투직이 허용될 예정이기 때문에, 그때까지는 군대 내에서 여군을 둘러싼 수많은 문제점을 해결하는 대책들을 마련해야 한다.

미국은 영국의 식민지부터 현재까지 세계에서 가장 많은 전쟁을 경험한 국가라 할 수 있다. 국제사회에서 국가의 위상이 상승하면서 참전이 증가하는 경향이 있다. 자신들의 영토가 아닌 다른 국가에서 전쟁을 치르면서도 파견하는 군인 수나 군비도 증가하고 있다. 미국이 경험한 전쟁 속에서 미국 여성들은 오랫동안 전쟁의 주요 행위자가 되지 못했고, 최근에야 남자 군인들과 거의 동등한 지위가 부여되기 시작했다. 힘의 논리가 전형적으로 반영되던 과거에는 전쟁이 남성들의 전용 영역이었고, 그것을 통해 남성들은 자신들이 여성보다 우월함을 보여 주었다. 그럼에도 불구하고 전쟁을 경험하면서 미국 여성들은 남자들이 없는 세상에서 생계를 유지해야 하는 역할과 의무를 통해 스스로 자아 개선에 눈뜨기 시작했다. 이런 현상은 미국이 전쟁을 치른 전후의 변화를 통해 검증될 수 있었다. 물론 산업화나 경제 발전 등의 사회 변화도 여성들의 교육이나 노동계 진출에 많은 영향을 끼칠 수 있었지만, 여성들의 의식 변화와 권리 개선 운동이 뒷받침되지 않았다면 불가능한 일이었다. 이제 더 이상 전쟁의 주요 행위자인 군대는 남성들에게 남성성을 부각시키는 부문이 아니라 미국 사회의 일면을 보여 주는 직장과 같은 의미로 간주되어야 한다. 여성들이 사회의 모든 분야에서 투쟁, 확보, 개선했듯이 군대는 여군들의 권한을 개선해야 하는 최후의 장이 될 것이다.

참고문헌

국내 문헌

권용립. 2010. 『미국 외교의 역사』. 서울: 삼인.

김동춘. 2004. 『미국의 엔진 전쟁과 시장』. 파주: 창비.

독고순 외. 2005. 「여군의 직업성 및 모성보호 증진을 위한 복무제도 발전 방안」. 서울: 한국국방연구원.

드루 길핀 파우스트. 박현숙 옮김. 2008. 『시련에 맞선 여성들』. 서울: 솔과학.

로날드 M. 스노우. 권영근 옮김. 2003. 『미국은 왜 전쟁을 하는가: 전쟁과 정치의 관계』. 서울: 연경출판사.

리처드 솅크먼. 이종인 옮김. 2003. 『미국사의 전설, 거짓말, 날조된 신화들』. 서울: 미래 M&B.

박현숙. 2009. 『미국혁명과 공화국의 여성들』(즐거운 지식 24). 서울: 아담Books.

새뮤얼 헌팅턴. 형선호 옮김. 2004. 『새뮤얼 헌팅턴의 미국』. 파주: 김영사.

사라 에번스. 조지형 옮김. 1998. 『자유를 위한 탄생: 미국 여성의 역사』. 서울: 이화여자대학교 출판부.

알렉시 드 토크빌. 임효선 옮김. 2002. 『미국의 민주주의 I』. 파주: 한길사.

엘렌 블링클리. 황혜성 옮김. 2005. 『있는 그대로의 미국사 I & II』. 서울: 휴머니스트.

이원배 외. 2005. 「여군인력 최적 활용 방안 연구」. 서울: 한국국방연구원.

제임스 로웬. 김한영 옮김. 2005. 『미국의 거짓말』. 서울: 갑인공방.

케네스 C. 데이비스. 이순호 옮김. 2004. 『미국에 대해 알아야 할 모든 것, 미국사』. 서울: 책과 함께.

하워드 진. 김영진 옮김. 2007. 『하워드 진 살아있는 미국역사』. 서울: 추수밭.

외국 문헌

Beard, Mary. 1946. *Woman as Force in History*. New York : Macmillan Company.

Bellafaire, Judith A. 1993. *The Army Nurse Corps : A Commemoration of World War II Service*. U. S. Army Center of Military History.

Berkin, Carol. 1997. *First Generations : Women in Colonial America*. Hill and Wang, 1st edition. 1997.

Bird, Caroline. 1968. *Born Female*. David McKay Company, Inc.

Blaton, De Anne, and Lauren M. Cook. 2003. *They Fought Like Demons : Women Soldiers in the Civil War*. Vintage.

Boushey, Heather. 2006. "Are Mother Really Leaving the Work Place?" *Issue Brief*, Council on Contemporary Families and the Center for Economic and Policy Research. March 28.

Brown, Kathleen M. 1996. *Good Wives, Nasty Wenches & Anxious Patriarchs*. The University of North Carolina Press.

Burrelli, David. 2013. "Women in Combat : Issues for Congress." *CRS Report for Congress*. May 9. Congressional Research Service.

Calloway, Colin G. 1995. *The American Revolution in Indian Country : Crisis and Diversity in Native American Communities*. New York : Cambridge University Press.

Canon, Jill Canon. 1995. *Heroines of the American Revolution*. Bellerophon Books.

Carr, Lois Green, and Walsh, Lorena S. 1977. "The Planter's Wife : The Experience of White Women in Seventeenth-Century Maryland." *The William and Mary Quarterly*, Third Series, Vol.34, No.4(October) : 542–571.

Chambers, Patrisha. 2005. *Civil War Women : Their Roles and Legacies*. Author House.

Collingwood, R. G. 1994. *The Idea of History.* New York : Oxford University Press.

Cook. Bernard A. 2006. *Women and War : A Historical Encyclopedia from Antiquity to the Present.* Volume One(A-K). ABC-CLIO.

______________. Women and War : A Historical Encyclopedia from Antiquity to the Present. Volume Two(L-Z). ABC-CLIO.

Crawford, Mary M. (ed). 1944 *The Journal of Mrs. Lydia B. Bacon, 1811-1812.* Indiana Magazine of History. 1944.

De Pauw, Linda. 1975. *Founding Mothers : Women of American in the Revolutionary Era.* Boston : Houghton Mifflin.

Diamant, Lincoln.(ed.) 1998. *Revolutionary Women in the War for American Independence.* Praeger Publishers.

Elshtain, Jean Bethke. 1995. *Women and War.* University Of Chicago Press.

Filene, Peter. 1986. *Him/Her Self : Sex Roles in Modern America.* 2nd ed. Baltimore : Johns Hopkins University.

Frank, Lisa Tendrich. 2007. *Women in the American Civil War.* ABC-CLIO.

Garza, Hedda. 1996. *Barred from the Bar : A History of Women and the Legal Profession.* New York : Franklin Watts.

Gavin, Lettie. 2006. *American Women in World War I : They Also Served.* University Press of Colorado.

Gluck, Sherna Berger. 1988. *Rosie the Riveter Revisited : Women, the War, and Social Change.* Plume.

Goldstein, Joshua S. 2003. *War and Gender : How Gender Shapes the War System and Vice Versa.* Cambridge University Press.

Grayzel, Susan R. 1999. *Women's Identities at War : Gender, Motherhood, and Politics in Britain and France during the First World War.* The University of North Carolina Press.

Greenwald, Maurine Weiner. 1980. *Women, War, and Work : The Impact of World War I on Women Workers in the United States.* Greenwood Press.

Grizzard, Frank E. 2007. *Jamestown Colony : a political, social, cultural history.* ABC-CLIO, Inc.

Harper, Judith E. 2007. *Women During the Civil War : An Encyclopedia.* New Edition. Routledge Taylor & Francis Group.

Hatley, M. Thomas. 1993. *The Dividing Paths : Cherokees and South Carolinians through the Era of Revolution.* New York : Oxford University Press.

Henretta, James A., et. al. 1997. *America's History.* Third Edition, Worth Publishers Inc.

Hewitt, Linda L. 1974. *Women Marines in World War I.* Washington, D.C. : History and Museums Division Headquaters, U.S. Marines Corps.

Kerber, Linda K. 1997. *Women of the Republic : Intellect and Ideology in Revolutionary America.* Chapel Hill : University of North Carolina Press.

Koestler-Grack, Rachel A. 2005. *Molly Pitcher : Heroine Of The War For Independence.* Chelsea House Publications.

Kumar, Krishna. 2001. *Women and Civil War : Impact, Organizations, and Action.* Lynne Rienner Publishers.

Lewis, Branda Ralph. 2002. *Women at War : The Women in World War II, at Home, at Work, on the Front Line.* Readers Digest.

Litoff, Judy Barrett. 1996. *American Women in a World at War : Contemporary Accounts from World War II.* SR Books.

McDonald, Cornelia Peake. 2003. *A Woman's Civil War : A Diary, with Reminiscences of the War, from March 1862.* Gramercy.

Massey, Mary Elizabeth. 1994. *Women in the Civil War.* University of Nebraska Press.

Mayer, Holly A. 1996. *Belonging to the Army : Camp Followers and Community during the American Revolution.* Columbia : University of South Carolina Press.

Myers, Sandra L. 1982. *Westering Women and the Frontier Experiences, 1800–1915.* Albuquerque, NH : University of New Mexico Press.

Putney, Martha S. 1992. *When the Nation Was in Need : Blacks in the Women's Army Corps during World War II,* Scarecrow Press.

Regis, Margaret. 2008. *When Our Mothers Went to War : An Illustrated History of Women in World War II.* NavPublishing LLC.

Rhem, Kathleen T. 2000. "Defense.gov News Article : Korean War Death Stats Highlight Modern DoD Safety Record." defense.gov. US Department of Defense. June 8, 2000.

Ryan, Mary P. 1979. *Womanhood on America : From Colonial Times to the Present.* 2nd ed. New York : New Viewpoints.

Sachs, Albie and Wilson, Joan Hoff. 1978. *Sexism and the Law.* New York : The Free Press.

Sandra L. Myers. 1982. *Westering Women and the Frontier Experiences, 1800-1915.* University of New Mexico.

Sheafer, Silvia Anne. 1996. *Women in America's Wars.* Enslow Publishers, Inc.

Skaine, Rosemarie. 1999. *Women at War: Gender Issues of Americans in Combat.* McFarland & Company.

Silber. Nina. 2005. *Daughters of the Union : Northern Women Fight the Civil War.* Harvard University Press.

Silvey, Anita. 2008. *I'll Pass For Your Comrade : Women Soldiers in the Civil War.* Clarion Books.

Smart, Derek R. 2011. *Physician Characteristics and Distribution in the US.,*

2011. American Medical Association, Division of Survey and Data Resources. http://www.wic.org/misc/history.htm

Tompkins, Vincent.(ed.) 2010. "Working Women in the 1930s." *American Decades.* Vol. 4.(November). Detroit : Gale.

Treadwell, Mattie E. 1954. *The Women's Army Corps, United States Army in World War II.* Washington, D. C. : Government Printing Office.

Ulrich, Laurel Thatcher. 1982. *Good Wives : Image and Reality in the Lives of Women in Northern New England, 1650-1750.* New York : Alfred A. Knopf.

Von Drehle, David. 2010. "The Demon Drink." *TIME Magazine.* May 24.

Weiss, Elaine F. 2008. *Fruits of Victory : The Woman's Land Army of America in the Great War.* Potomac Books Inc.

Whites, Lee Ann. 2000. *The Civil War as a Crisis in Gender : Augusta, Georgia, 1860-1890.* University of Georgia Press.

Wise, James E., and Scott Baron. 2006. *Women at War : Iraq, Afghanistan, and Other Conflicts.* US Naval Institute Press.

Woodward, Grace S. 1963. *The Cherokees.* The Civilization of the American Indian Series, no. 65. Norman : University of Oklahoma Press.

Wright, Erik Olin, and Dwyer, Rachel. 2000. "The American Jobs Machine : Is the New Economy Creating Good Jobs?" *Boston Reviews* 25(December) : 21-26.

Yellin, Emily. 2005. *Our Mothers' War : American Women at Home and at the Front During World War II.* Free Press.

Zagarri, Rosemarie. 2007. *Revolutionary Backlash : Women and Politics in the Early American Republic.*

Zinn, Howard, and Anthony Arnove. 2009. *Voices of a People's History of the United States.* Seven Stories Press.

인터넷 자료

American History Timeline : American Involvement in Wars from Colonial Times to the Present. http://americanhistory.about.com/library/timelines/bltimelineuswars.htm

America's War : A Complete History. http://www.historycentral.com/wars.html

Military Women "Firsts". http://userpages.aug.com/captbarb/firsts.html

Women in the Armed Forces. http://www.au.af.mil/au/aul/bibs/women/womcom.htm

WWI 3,000 Women Were There. http://userpages.aug.com/captbarb/femvets4.html

http://www.infoplease.com/us/military/women-history.html

http://armishel.tistory.com/45

http://www.history.com/topics/world-war-ii/american-women-in-world-war-ii

미국 전쟁사 속 여성

발행일 1쇄 2014년 6월 30일
지은이 주미영
펴낸이 여국동

펴낸곳 도서출판 인간사랑
출판등록 1983. 1. 26. 제일 - 3호
주소 경기도 고양시 일산동구 백석로 108번길 60-5 2층
전화 031)901 - 8144(대표) | 977 - 3073(영업부) | 031)907 - 2003(편집부)
팩스 031)905 - 5815
전자우편 igsr@naver.com
페이스북 http://www.facebook.com/igsrpub
블로그 http://blog.naver.com/igsr
인쇄 인성인쇄 **출력** 현대미디어 **종이** 세원지업사

ISBN 978 - 89 - 7418 - 329 - 5 93340

이 도서의 국립중앙도서관 출판시도서목록(CIP)은 서지정보유통지원시스템 홈페이지(http://seoji.nl.go.kr)와 국가자료공동목록시스템(http://www.nl.go.kr/kolisnet)에서 이용하실 수 있습니다.(CIP제어번호: CIP2014018480)